LE GÉNÉRAL
BOURBAKI

PAR

UN DE SES ANCIENS OFFICIERS D'ORDONNANCE

AVEC PORTRAIT, CARTES ET FAC-SIMILE

Afrique, Crimée, Italie.
Armées du Rhin, du Nord, de la Loire
et de l'Est.

PARIS
LIBRAIRIE PLON
E. PLON, NOURRIT ET Cie, ÉDITEURS
10, RUE GARANCIÈRE
—
1885
Tous droits réservés.

www.ingramcontent.com/pod-product-compliance
Lightning Source LLC
Chambersburg PA
CBHW051830230426
43671CB00008B/908

LE

GÉNÉRAL BOURBAKI

L'auteur déclare réserver les droits de traduction et de reproduction à l'étranger.

Ce volume a été déposé au ministère de l'intérieur (section de la librairie).

Paris. — Typographie du MAGASIN PITTORESQUE (Jules Charton
15, rue de l'Abbé-Grégoire.

LE GÉNÉRAL BOURBAKI

PAR

UN DE SES ANCIENS OFFICIERS D'ORDONNANCE

AVEC PORTRAIT, CARTES ET FAC-SIMILE

Afrique, Crimée, Italie.
Armées du Rhin, du Nord, de la Loire
et de l'Est.

PARIS
LIBRAIRIE PLON
E. PLON, NOURRIT ET Cie, ÉDITEURS
10, RUE GARANCIÈRE

1885
Tous droits réservés.

A

MADAME BOURBAKI

Chère Madame,

Permettez-moi de vous dédier ce petit livre, où je raconte à mes enfants la vie de celui qui non seulement a été pour moi un chef bon et bienveillant, mais qui est encore un véritable et excellent ami.

Je sais bien que c'est beaucoup de présomption de ma part d'avoir entrepris un pareil travail; mais j'ai voulu que mes enfants n'oubliassent jamais leur vieil ami le général Bourbaki, cet homme qui est la loyauté, la droiture, le courage même, et qui a été si mal récompensé de son patriotisme et de son entier dévouement à son pays.

Je n'ai pas fait de politique, et m'en serais bien gardé. Je me suis borné à raconter ce que j'ai vu et entendu.

Veuillez agréer, chère Madame, l'expression de mes hommages les plus respectueux.

Louis d'Eichthal,

Les Bezards (Loiret).

A MES ENFANTS

WILLIAM, MARGUERITE ET ALINE

Mes chers enfants,

Je veux vous raconter à grands traits la vie de votre vieil et excellent ami, le général Bourbaki. Je dis à grands traits : pour le faire minutieusement, il faudrait vous raconter l'histoire de la conquête de l'Algérie, de la répression des insurrections qui y ont eu lieu, des guerres de Crimée et d'Italie, en un mot des époques de gloire de la France, et aussi de tristesse, car il y a la funeste guerre de 1870-71.

Je ne veux pas que vous puissiez jamais l'oublier, surtout toi, ma chère petite Aline, qui as le grand honneur d'être sa filleule.

Je n'ai pas besoin de vous dire combien il est bon, vous le savez mieux que personne. Ce que vous ne savez pas et ce que je veux vous apprendre, ce sont ses vertus d'homme et de soldat.

Le général Bourbaki a plus que personne la science de connaître et conduire les hommes, les commander,

les faire obéir sans les brusquer, pardonner et oublier les fautes, sans pour cela être faible. C'est une science qui ne s'acquiert pas, elle naît avec l'homme.

Pour le prouver, je vais vous citer deux faits que je lui ai entendu raconter moi-même, et qu'il donnait à l'appui de ce qu'il disait souvent à ses amis : Qu'il est dangereux de se laisser aller à un premier mouvement, quand on a affaire aux hommes, et surtout aux militaires ; qu'il arrive souvent qu'au début de la vie, vers les vingt ans, les jeunes gens commettent une faute ou se rendent coupables de faiblesses que toute leur existence dément plus tard ; qu'à cet âge, il faut les guider, les soutenir, et ne se décider à marquer du déshonneur la vie d'un homme que lorsqu'on est sûr d'avoir affaire à une nature misérable.

Voici le premier de ces faits. Appelé au commandement du bataillon des tirailleurs indigènes à Constantine, Bourbaki venait d'en passer la revue, quand des capitaines qu'il appréciait de vieille date se plaignirent à lui d'un jeune sous-lieutenant qui sortait de l'école, et qui pour ses débuts s'était montré dans la dernière expédition d'une faiblesse extrême au feu. Au nom du corps des officiers, ils demandaient qu'il fût mis en demeure de quitter le bataillon. Le commandant Bourbaki leur répondit que l'accusation était bien grave, qu'il regrettait que son prédécesseur ne l'eût pas jugée,

et priait ces messieurs de le laisser diriger la suite à donner à cette affaire.

Peu de temps après, eurent lieu les opérations contre Zaatcha. Le bataillon cheminait dans le dédale formé par les petits jardins de palmiers; il arrive enfin devant un mur complètement crénelé, chaque trou présentant un fusil qui fait feu. Le commandant avait observé autour de ce carré meurtrier un amoncellement de sables qui permettait, en s'aidant des mains et des crêtes du mur, de sauter au milieu des défenseurs.

Il appela le sous-lieutenant dont la bravoure était en suspicion, le fit avancer avec sa section, lui donna l'ordre de se diriger au pas de course, malgré la fusillade, vers le point où l'amoncellement des sables permettait d'atteindre la crête du mur, et de s'élancer avec ses hommes au milieu des Arabes qui défendaient l'enceinte; le commandant ajouta qu'il le suivait.

Ce qui avait été ordonné fut brillamment exécuté par le sous-lieutenant; le commandant eut la satisfaction de pouvoir, après la journée, féliciter le jeune homme devant le corps d'officiers, et de dire aux anciens capitaines : « Vous voyez que je suis plus sage que vous, et qu'au lieu de perdre un jeune homme, nous avons fait un brave de plus. »

J'arrive à la seconde anecdote qu'il nous racontait, et j'avoue que peut-être le tout était destiné à un cama-

rade que nous estimions, que nous aimions tous très particulièrement, le général en tête; mais ce camarade était inexorable sur les prescriptions, lois et règlements, les appliquant très sévèrement aux autres comme à lui-même.

Ceci se passait au 1ᵉʳ régiment de zouaves, commandé par le colonel Bourbaki. Un jeune sous-lieutenant, sortant de l'école, très brillant, très brave, était détaché avec sa compagnie dans un poste du Sud; par suite d'accidents divers, il commandait et administrait le détachement. Au lieu de payer avec l'argent qu'il avait reçu avant de partir les achats faits chez les épiciers, boulangers, bouchers, pou le compte de ses hommes, il les réglait avec des bons tirés sur le trésorier du corps, et disposait de l'argent appartenant à la compagnie pour ses plaisirs ou le payement de ses dettes. A la longue, ces agissements furent découverts et vinrent nécessairement à la connaissance du colonel. Celui-ci remboursa de ses deniers les bons indûment fournis aux industriels, fit relever l'officier du détachement dont il avait le commandement, l'appela devant lui, et lui dit qu'il venait de commettre un vol. Il déclara au sous-lieutenant qu'il ne voulait pas infliger à son vieux père, ancien militaire, le déshonneur, mais qu'il eût à lui remettre la démission de son grade, s'étant rendu indigne de l'épaulette; ce qui eut lieu.

Comme le jeune officier devait encore cinq années à l'État (les engagements étaient alors de sept années et on s'engageait avant d'entrer à Saint-Cyr), le colonel demanda à l'ex-sous-lieutenant, devenu soldat, sur quel régiment il désirait être dirigé. « Sur le 1er zouaves, mon colonel. — Comment, le 1er zouaves! songez un peu quelle y sera votre situation! — C'est au 1er zouaves que la faute a été commise, c'est là et sous vos ordres que je veux mourir ou être réhabilité. — C'est très bien, Monsieur, répondit le colonel. » Et il le fit incorporer comme simple soldat dans le régiment où il avait servi comme officier.

Eh bien, ce jeune homme racheta sa faute par une conduite exemplaire, se comporta héroïquement à la bataille de l'Alma, et reconquit ses épaulettes en Crimée.

Vous voyez par ces faits deux jeunes officiers qui, soutenus à point, ont évité le déshonneur pour eux, pour leurs familles, et ont donné au pays des serviteurs dont il n'a eu par la suite qu'à se glorifier.

Combien de faits pareils n'y aurait-il pas à citer du général Bourbaki! Aussi, aimant le soldat, aimant l'armée, aimant son métier, a-t-il su se faire adorer de tous, se créer un nom populaire et connu jusque dans la plus pauvre chaumière.

Vous verrez, par la suite, quelle droiture, quelle

loyauté, quel patriotisme se trouvent dans le général. Oubliant ses préférences, faisant abnégation de lui-même, il n'a jamais eu en vue, pendant toute sa vie, que l'amour de la France, de sa gloire et de sa grandeur.

Louis d'Eichthal.

LE GÉNÉRAL BOURBAKI

PREMIÈRE PARTIE

I

Années de jeunesse. — Campagnes d'Algérie.

Bourbaki (Charles-Denis Sauter) est né à Pau, le 22 avril 1816. Son père, colonel du premier empire, avait commandé le 31e régiment d'infanterie légère.

Le jeune Bourbaki reçut de bonne heure des leçons de droiture et de dévouement.

On lit, dans les Mémoires du comte Miot de Melito, qu'un Bourbaki, le grand-père du général, né à Céphalonie (îles Ioniennes), et capitaine au long cours, était entré, par suite de ses fréquents voyages à Marseille, en relations suivies avec la famille Clary et avec Joseph Bonaparte, mari d'une des demoiselles de ce nom.

Quand la famille du général Bonaparte voulut lui

faire connaître, pendant qu'il était en Egypte, la situation dans laquelle se trouvait la France et la nécessité pour lui de rentrer, on chercha quelqu'un qui voulût bien, au risque d'être pendu, traverser les flottes anglaises et remettre la dépêche au général. Le capitaine Bourbaki se présenta sans hésiter, promit de remplir cette mission, et, par son habileté, son sang-froid et son courage, sut tenir sa promesse.

En 1827, lors de la guerre d'indépendance de la Grèce, nous voyons le colonel Bourbaki, le père du général, quittant sa femme, ses enfants, voler au secours de ce pays, berceau de sa famille : après une conduite héroïque, il fut, en février, blessé et pris par les Turcs, dans un combat devant Athènes, martyrisé par eux et enfin mis à mort.

Charles Bourbaki fit ses études à la Flèche, se destinant à la carrière militaire. Le 15 novembre 1834, il entrait à Saint-Cyr; il en sortait sous-lieutenant, le 12 octobre 1836, et était placé au 59e régiment d'infanterie de ligne, commandé par le colonel Petit d'Hauterive. C'est alors qu'il mit le pied sur ce sol africain où il allait conquérir honneurs et gloire, et où son nom devait devenir aussi populaire que celui des Cavaignac, des Lamoricière, des Changarnier, des Bugeaud, des Pélissier, des Canrobert, des Mac-Mahon.

Il prit part avec son régiment à la première expédi-

tion de Constantine, du 10 novembre au 1ᵉʳ décembre 1836, dirigée par le maréchal Clauzel, et qui échoua si malheureusement.

Le 23 décembre 1837, il passa avec son grade dans le corps des zouaves commandé par le colonel Lamoricière, et il entra dans le bataillon du commandant Cavaignac. Ce régiment de zouaves fournit divers détachements, créa Coléah, etc.

Bourbaki fut nommé lieutenant le 21 décembre 1838; mis en non-activité par suite de la suppression d'un bataillon de son régiment, on le plaça au 24ᵉ de ligne, et on le détacha aux compagnies turques de Constantine sous les ordres du commandant Mollière, qui était à la tête de cette légion indigène.

En 1840, avec cette troupe, il concourut à la prise de Sétif, et prit part à la sanglante bataille qui eut lieu devant la redoute d'Aïn-Turck (mai 1840); il s'y conduisit si courageusement que son commandant le proposa pour la croix et le fit citer à l'ordre de l'armée. Voici le texte même du rapport :

« En proposant, ainsi que j'y étais autorisé, M. le lieutenant Bourbaki pour la décoration de la Légion d'honneur, je lui ai donné la note suivante qui ne m'a été dictée que par esprit de justice :

« Jeune officier d'une haute intelligence et de la plus impétueuse bravoure, destiné à un bel avenir mili-

taire; a pris une part brillante aux actions en avant de la redoute du 62ᵉ de ligne, les 9 et 11 mai, en engageant à fond sa compagnie contre un ennemi décuple, avec une extrême hardiesse et beaucoup d'entente du terrain. Cité à l'ordre de l'armée le 16 mai 1840.

« Sétif, le 30 mai 1840, le commandant des tirailleurs et des spahis,

« *Signé* : ALEXANDRE MOLLIÈRE. »

Que pouvait-on dire de plus glorieux pour un jeune lieutenant de vingt-quatre ans?

Le 7 juillet 1840, nous retrouvons Bourbaki en expédition contre les Kabyles. Il eut un cheval tué sous lui dans une affaire entre Milah et Djemilah, et y reçut une blessure à la jambe gauche; le tibia fut gravement atteint. Cette blessure ne se guérira jamais; au bout de quarante-cinq ans, il en souffre encore. C'est même de ses suites que, en 1867, il a failli être enlevé à son pays et à ses amis.

Je trouve, dans *l'Autographe* du 28 octobre 1871, une lettre du lieutenant Bourbaki à son ancien commandant devenu colonel, au colonel Mollière. Le journal fait suivre la lettre de cette appréciation si juste :

« Lisez cette lettre. Vous y verrez le caractère de l'homme qui a su se faire accepter par tous les partis,

du vaincu qui n'a pas eu besoin d'écrire sa défense. Mêlé à tous les événements ténébreux de l'année, commandant en chef de la garde impériale, assiégé de Metz, parlementaire de Bazaine, général de Gambetta, puis commandant de l'armée de Lyon, Bourbaki s'est conduit en toutes circonstances en homme d'honneur, et le jeune officier respectueux est devenu le général respecté. »

Mais nous voilà bien loin de 1841 ; revenons à notre lettre :

25 décembre 1841.

« Mon colonel,

» Je suis vraiment peiné que vous ayez pu supposer, un seul instant, que j'avais pu prendre sous *mon bonnet* de vous demander, de la part du général, si vous voudriez accepter la belle tâche de présider à l'organisation des corps indigènes de l'Algérie. Je n'ai jamais commis d'étourderie de ce genre; ce serait me supposer une tendance à vouloir me donner une importance que je n'ai pas, et, grâce au ciel, pas un acte de ma vie ne peut faire supposer une chose aussi misérable.

» Malheureusement, mon colonel, le gouverneur ne part pas, et probablement M. de Rumigny va s'en aller de suite en France. Cela me fait beaucoup de peine; car bien sûr le général eût donné une organisation

puissante aux corps turcs, et j'ai peur que, malgré les ordonnances royales, l'on ne fasse guère mieux que vous n'avez fait à l'époque où, dans la province de Constantine, vous avez conservé la vie à un bataillon que le mauvais vouloir, l'intrigue et le rassemblement bâtard devaient étouffer en peu de temps. Ce brave bataillon est toujours bien beau : il se conserve intrépide et bon marcheur.

» Malgré tout mon amour pour le bataillon indigène, je commence à désespérer de m'y retrouver sous les ordres d'un chef comme vous : aussi, prenant les choses au sérieux, je crois que, sur la demande du colonel Cavaignac, je vais rentrer aux zouaves. Il a eu la bonté de me faire les premières avances, et j'en profiterai.

» Vous ne pouvez pas savoir combien le souvenir de votre commandement est une chose sainte pour tous les anciens officiers de votre bataillon.

» A chaque polichinade de vos successeurs (car certes ils ne sont pas méchants), on se rappelle ce que vous faisiez dans des circonstances analogues, l'on se réunit et l'on vous regrette. Duchesne et Poujol, avec qui j'ai passé la matinée, vous présentent leurs respects.

» Je n'ai pas besoin de vous dire, mon colonel, tout le plaisir que j'ai eu à lire votre bonne lettre. Chaque conversation ou chaque lettre que je reçois de vous m'agrandissent l'esprit, nettoient des doutes dans mon

cerveau pour bien me faire comprendre et saisir les questions. Si vous n'êtes pas fatigué de vos bontés pour moi, écrivez-moi de temps à autre; moi je n'oublierai rien de ce qui se passera sous mes yeux.

» Croyez, mon colonel, que je suis bien fier de votre amitié pour moi et que je tâcherai d'en être digne.

» Je vous prie de présenter mes respectueux devoirs à Mme Mollière, un baiser à vos enfants.

» Je suis avec respect, mon colonel, votre affectionné et tout dévoué serviteur,

» *Signé* : C. BOURBAKI. »

Il y a à tirer de cette lettre une autre conclusion que celle du journal. Non seulement nous voyons le lieutenant respectueux et dévoué à son ancien chef, mais encore l'officier mécontent de ne pas voir conduire son corps comme il devrait l'être et rentrant dans son cher régiment de zouaves. Nous y voyons surtout le colonel de ce régiment, appréciant Bourbaki à sa juste valeur, faire des avances pour tâcher de le ramener sous ses ordres.

Un nouveau bataillon de zouaves ayant été créé, il alla reprendre sa place dans ce beau corps, le 22 janvier 1842; il fit avec lui l'expédition de Cherchell et le ravitaillement de Médéah et de Milianah.

Il fut, le 15 juin 1842, nommé capitaine au corps.

Ainsi, en moins de six ans, le jeune Bourbaki était arrivé à être capitaine, chevalier de la Légion d'honneur, et à obtenir une citation à l'ordre de l'armée.

Le capitaine Bourbaki prit part aux expéditions qui amenèrent la soumission des Beni-Menasser, des Saumatas, des Beni-Menad, etc... Son régiment était commandé par le colonel Cavaignac, et les colonnes étaient sous les ordres des généraux Bugeaud et Changarnier.

Il fit en 1843 partie de l'expédition qui amena la prise de la smalah d'Abd-el-Kader, le 16 mai, sous les ordres du duc d'Aumale.

Le maréchal Bugeaud, appréciant le capitaine Bourbaki, le nomma, le 16 février 1844, chef du bureau arabe de 1re classe de la province d'Alger, en résidence à Blidah, avec mission spéciale d'assurer la réussite des essais de colonisation entre Médéah, Milianah, Cherchell, Alger et Aumale. Pendant le peu de temps qu'il passa dans cette situation, il sut, par sa bonté, son intelligence, son énergie, s'attirer les sympathies de tous, Européens et indigènes, civils et militaires.

Le 12 novembre 1845, le roi l'appela auprès de lui en qualité d'officier d'ordonnance; mais, au bout d'un mois, le maréchal Bugeaud demanda au souverain de se priver de ses services et de le rendre à l'Algérie.

Ceci est la meilleure preuve de la haute estime que le gouverneur général avait pour le jeune capitaine, estime bien méritée par sa conduite. Le roi accéda à la demande du gouverneur et lui renvoya le capitaine Bourbaki.

Dès son retour en Algérie, le général Comman demanda que Bourbaki revînt à Blidah, et voici ce qu'il écrivait au maréchal Bugeaud :

Monsieur le maréchal duc d'Isly, gouverneur général de l'Algérie. (Pour lui seul.)

Blidah, 20 mai 1846.

« Monsieur le maréchal,

» Ce n'est point par intérêt personnel que je vous ai prié de renvoyer M. le capitaine Bourbaki au bureau arabe de Blidah, puisque je ne dois pas rester ici ; mais c'est dans l'intérêt général. Nulle part M. Bourbaki ne fera mieux qu'ici et ne sera plus nécessaire. Je ne vous fatiguerai pas, monsieur le maréchal, en vous disant les motifs qui m'engagent à vous prier de mettre le capitaine Bourbaki à la tête du bureau arabe de Blidah ; il me suffira de vous répéter que je le *crois nécessaire.*

» Je suis, avec un respectueux attachement, monsieur le maréchal, votre vieil et dévoué,

» *Signé :* COMMAN. »

Peu de jours après, Bourbaki fut nommé chef d'état-major d'une colonne qui, sous les ordres du même général, avait pour mission de débloquer Orléansville et de rétablir les communications avec Ténès. Cette expédition fut couronnée de succès, et Bourbaki se fit particulièrement remarquer dans le combat livré aux Medjajas.

La récompense de cette belle conduite fut sa nomination de commandant, le 28 août 1846, au 2ᵉ bataillon d'infanterie légère d'Afrique.

Par la même ordonnance, il passait avec son grade au 6ᵉ régiment d'infanterie légère, et enfin, le 27 du même mois, on lui donnait le commandement des tirailleurs indigènes de Constantine.

Voilà donc Bourbaki chef de bataillon à trente ans.

Avec ce corps, qui entre ses mains était devenu une des troupes les plus appréciées, nous le retrouvons faisant l'expédition de la petite Kabylie, sous les ordres du général Herbillon : dans les divers combats qui eurent lieu pendant cette période, son bataillon et lui-même obtinrent les marques les plus flatteuses de la satisfaction du général.

Il opéra ensuite sous les ordres du colonel Canrobert dans les Aurés et la vallée de l'Oued-Abdi.

Plus tard, il eut le commandement d'une colonne formée pour réprimer un soulèvement chez les Harectas.

Le commandant Bourbaki s'acquitta de cette mission à la satisfaction de son chef, dont il reçut les éloges.

Nous voici arrivés au fameux siège de Zaatcha. Le commandant Bourbaki, sous les ordres du général Herbillon, y déploya avec son bataillon une vigueur, un courage tels, que tous ses chefs non seulement le félicitèrent, mais conçurent pour lui une estime qui ne se démentit jamais. Il fut, pour ce siège, cité dans le rapport du général.

C'est pendant son passage aux tirailleurs indigènes comme chef de bataillon, que fut faite la chanson connue de tout le monde, et dont voici un couplet :

<pre>
           Gentil Turco,
     Quand, autour de ta boule.
       En serpent s'enroule
            Le calicot
       Qui te sert de shako,
          Ce chic exquis
        Par les Turcos acquis
      Ils le doivent..... à qui?
            A Bourbaki.
       Honneur à Charles Bourbaki!
</pre>

Le 16 janvier 1850, sur la proposition du général Herbillon, le commandant Bourbaki était nommé lieutenant-colonel du 3ᵉ régiment d'infanterie légère.

Il quitta alors l'Algérie, mais non pour longtemps; car à peine depuis un mois en garnison à Briançon, il

reçut l'ordre de s'y rendre de nouveau et fut placé aux zouaves.

Vous voyez, mes chers enfants, comme on appréciait votre ami; puisque les gouverneurs de l'Algérie demandaient, à l'époque de la conquête si rude et si difficile, sa permanence sur le sol africain.

Pendant tout le temps qu'il fut lieutenant-colonel aux zouaves, il exerça le commandement du régiment, le colonel d'Aurelle de Paladines se trouvant détaché au commandement supérieur de la subdivision d'Aumale.

Le lieutenant-colonel trouva un instant, au milieu de ses expéditions et de ses travaux, pour voler à Paris, et le 15 juillet 1850 il y épousait Mlle Thérèse Adam, fille de vieux amis de sa famille.

Vous connaissez Mme Bourbaki, vous savez combien elle est bonne, généreuse, aimant à soulager les infortunes, montant jusque dans les mansardes les plus repoussantes pour soigner et secourir les pauvres. Sous cette apparence bonne et douce, Mme Bourbaki cache un grand cœur et une énergie peu commune. Elle a toujours été pour son mari non seulement une femme aimante et dévouée, mais elle a su aussi l'encourager dans les jours de chagrin et d'épreuve.

Revenons au lieutenant-colonel Bourbaki. A peine rentré en Algérie, il fut obligé d'abandonner sa jeune

femme pour prendre le commandement d'une colonne chargée de protéger la construction d'un fort chez les Beni-Mansour, dans la vallée du Sahel, dont les riverains étaient en pleine insurrection.

Cette expédition terminée, il reçut du général Pélissier le commandement d'une nouvelle colonne, destinée à réprimer les incursions faites par un shérif sur les tribus soumises et alliées des Neslionos, des Guechtaulas, des Beni-Raten, riverains de la vallée de Bogni et du Sahel. Pendant neuf mois, il parcourut toutes ces régions et obtint un plein succès. En dernier lieu, il établit ses campements à Drà-el-Mizan, et c'est là qu'il fut rejoint par le général Pélissier.

Le général, dès son arrivée, et après avoir entendu les rapports du lieutenant-colonel Bourbaki, décida qu'au lieu de rester sur la défensive on prendrait l'offensive, qu'on porterait la guerre chez l'ennemi et qu'on irait bivouaquer sur les hauteurs des Maatkas. Les avis et les conseils que donna alors le jeune lieutenant-colonel furent écoutés, suivis et couronnés de succès.

A la fin de l'expédition, le général Pélissier félicita d'une manière toute particulière le lieutenant-colonel Bourbaki et les troupes sous ses ordres. Il le fit nommer colonel de ce régiment de zouaves où avant lui avaient commandé Cavaignac, Lamoricière, Ladmi-

rault, Canrobert, d'Aurelle de Paladines, dont les noms brillent avec éclat dans les fastes glorieux de l'Algérie.

Au sujet de la nomination du lieutenant-colonel Bourbaki au grade de colonel, j'ai entendu raconter une bien jolie histoire. Le général Pélissier fit venir le lieutenant-colonel, et, de son ton bourru et nasillard, lui demanda s'il avait été proposé pour l'avancement à l'inspection générale; sur sa réponse affirmative, il lui demanda s'il désirait être nommé colonel. — Bourbaki ne répondit rien ; le général lui posa la question une seconde fois : même silence. Alors, comme se parlant à lui-même, il dit : « J'ai besoin de vous comme colonel, parce que 1 500 zouaves et Bourbaki me font 3 000 hommes. Vous serez colonel des zouaves. » Ce qui eut lieu, comme vous l'avez vu plus haut.

Cette nomination fut faite le 24 décembre 1851. Bourbaki avait trente-six ans et se trouvait à la tête du plus brillant régiment de l'armée française.

Dans l'hiver 1851-1852, la création de deux autres régiments de zouaves fut décrétée, et le ministre décida qu'il y aurait un régiment dans chacune des provinces d'Alger, d'Oran et de Constantine. Pour former ces trois régiments, on prit les trois bataillons de celui qui existait déjà. Le premier bataillon et l'état-major restèrent à Blidah et formèrent le 1er zouaves;

le 2ᵉ et le 3ᵉ bataillons furent dirigés sur Oran et Constantine, où ils formèrent les deux autres régiments.

Par décret du 13 février 1852, le colonel Bourbaki fut nommé au commandement du premier régiment.

Lors de l'expédition des Babors, le maréchal Randon emmena avec lui le 1ᵉʳ zouaves.

De retour à Alger, le colonel Bourbaki reçut l'ordre d'aller renforcer le corps expéditionnaire qui opérait contre Laghouat.

Le 26 décembre 1852, il était nommé officier de la Légion d'honneur.

L'année 1853 fut calme; c'est la première dans ce cas depuis qu'il était en Algérie.

Le 2 avril 1854, le 1ᵉʳ zouaves fut envoyé en Orient et désigné pour faire partie de la division du général Canrobert. Bourbaki se trouvait ainsi de nouveau sous les ordres de son ancien chef.

II

Campagnes de Crimée et de la grande Kabylie.

Mes chers enfants, je ne peux et ne veux pas vo retracer toute l'épopée de la guerre de Crimée : des plumes plus autorisées que la mienne l'ont fait, et vous n'avez qu'à vous reporter aux ouvrages de MM. Camille Rousset, de Bazancourt, etc..... Ce que je désire, c'est vous raconter seulement ce qui concerne le colonel Bourbaki, devenu général pendant cette guerre.

Le colonel Bourbaki et son régiment débarquèrent à Gallipoli, puis furent transportés à Varna.

De là, ils furent envoyés pour appuyer une pointe du général Yusuff dans la Dobrutcha. Le général Canrobert étant en reconnaissance devant Sébastopol, ce fut le général Espinasse qui prit le commandement de la division, et le colonel Bourbaki celui de la brigade du général Espinasse.

Le 23 juillet, le 1er de zouaves et les vivres de la division étaient embarqués pour Kustendgé. Le 31, le général Canrobert y arrivait de son côté, pour reprendre le commandement de sa division. Hélas! il la retrouvait dans le plus triste état. Le choléra avait éclaté avec la

violence la plus terrible. « Le 1ᵉʳ zouaves, et il n'avait que deux bataillons, dit M. Camille Rousset, n'avait le 25, en débarquant à Kustendgé, pas un seul cholérique; le 28 il en a plus de cinquante. »

Le régiment se mit en route pour soutenir le général Yusuff marchant sur Kargalik. Marche inutile, pendant laquelle le fléau frappa tous les corps qui faisaient partie de cette opération : le colonel ramena à Varna tous les malades de la division et les valides de ses deux bataillons.

Camille Rousset raconte que le colonel du 1ᵉʳ zouaves disait laconiquement :

« Moral toujours bon, du chagrin, pas de désespoir. »

Le régiment et son colonel reçurent, pour leur dévouement et leur énergie dans cette cruelle retraite, les éloges de tous.

Le 1ᵉʳ septembre le colonel Bourbaki s'embarquait avec sa division pour la Crimée.

Le 14, l'armée débarquait à Eupatoria, et le 19 elle se mettait en marche sur Sébastopol.

Le 20, se livra la bataille de l'Alma. Le général Espinasse étant atteint du choléra, le colonel Bourbaki le remplaçait à la tête de sa brigade (1ʳᵉ brigade, 1ʳᵉ division). Cette brigade était composée des 1ᵉʳ zouaves, 7ᵉ de ligne et 9ᵉ bataillon de chasseurs à pied.

D'après des documents que j'ai dans les mains, la

narration suivante, retracée par M. Roger de Beauvoir dans l'ouvrage intitulé *Nos Généraux,* est parfaitement exacte, et je la reproduis ici :

« Le colonel donna leur direction d'attaque au 7e de ligne, au 9e bataillon de chasseurs à pied, et, se mettant à la tête de son régiment, il traversa le lit abrupt et encaissé de la rivière en chassant les tirailleurs russes qui se trouvaient sur la rive droite. Il franchit les pentes opposées sous un feu nourri de mousqueterie et d'artillerie, et enleva le télégraphe, point culminant du champ de bataille, en détruisant le régiment russe qui gardait cette position et faisant battre en retraite les troupes ennemies qu'il avait devant lui. Après un instant donné pour se remettre, la marche en avant continua jusqu'à ce que le commandement de s'arrêter fût donné par le général Saint-Arnaud. »

Le général en chef distingua le colonel Bourbaki, et M. Camille Rousset dit que le 22 septembre il écrivait au ministre de la guerre :

« La blessure du général Canrobert va très bien ; il a été superbe, et sa division au-dessus de tout éloge. Bourbaki est un Bayard, il était magnifique à la tête de ses zouaves. Le colonel Cler ne lui cède en rien. Quels officiers ! quels soldats ! et que je me sens fier de les commander ! Beau succès, monsieur le ministre... »

La récompense de cette belle conduite fut que, le 14 octobre 1854, le colonel Bourbaki était nommé général et placé à la tête de la 2ᵉ brigade de la 2ᵉ division de l'armée d'Orient (corps Bosquet).

Voilà Bourbaki général de brigade à trente-huit ans !

Très heureux d'être nommé général, ce n'est pourtant pas sans regrets qu'il quittait ce régiment de zouaves où il avait fait presque toute sa carrière jusqu'à ce jour, où il était si aimé, qu'il aimait tant et qu'il n'oubliera jamais. Un vieux zouave du 1ᵉʳ régiment est certain d'avance de toujours trouver chez le général Bourbaki aide et protection.

Devant Sébastopol, il fit partie d'abord du siège de gauche, puis du corps d'observation. Il était dans cette dernière position, le 5 novembre 1854, quand eut lieu la bataille d'Inkermann. Envoyé avec deux bataillons de 400 hommes chacun (un du 7ᵉ léger, l'autre du 6ᵉ de ligne) à une lieue de la division Bosquet, il arrive en vue des hauteurs d'Inkermann et aperçoit une colonne russe de 10 000 hommes qui monte le ravin de Carabelnaïa ; si elle atteint le sommet, elle va se déployer et conquérir le plateau.

Sans hésiter, sous un feu d'artillerie formidable, il fait obliquer ses deux bataillons l'un à droite, l'autre à gauche ; il va au 7ᵉ léger recommander au brave commandant Vaissier et à son bataillon la plus grande

vigueur, se met de sa personne à la tête du bataillon du 6ᵉ de ligne, fait exécuter une décharge à bout portant sur les flancs de la colonne russe, et ordonne la charge.

Cet acte instantané de vigoureuse initiative fut récompensé. La première colonne russe fut repoussée dans le ravin des carrières en laissant sous les pieds des deux bataillons français, qui venaient de tirer leur premier coup de feu, 1 500 cadavres ou blessés. Mais ces deux bataillons étaient réduits aussi de moitié. Heureusement le 3ᵉ bataillon de chasseurs à pied, le 3ᵉ zouaves, les tirailleurs indigènes, conduits par les généraux Bosquet et d'Autemarre, arrivèrent, et la lutte continua jusqu'à quatre heures du soir. Le général Bourbaki quitta le champ de bataille à sept heures, après y être arrivé à neuf heures du matin, quand il vit les Anglais de retour dans toutes les positions qu'ils devaient occuper.

Le général, dans cette journée, eut un cheval tué sous lui, et ses habits percés de différents projectiles. Le général Canrobert et lord Raglan accordèrent des félicitations précieuses au jeune général.

Atteint par la maladie, il fut obligé de prendre un congé et de rentrer en France. Dès qu'il fut rétabli, il retourna en Crimée, et, le 8 août 1855, il prit le commandement de la 1ʳᵉ brigade de la 4ᵉ division

d'infanterie du 2ᵉ corps (division Lamotte-Rouge, du corps Bosquet).

Je retrouve ici encore, dans le livre de M. de Beauvoir, un récit parfaitement exact de la part que prit le général Bourbaki à la chute de Sébastopol. Je reproduis ce passage :

« Le 8 septembre, jour de l'assaut de Sébastopol, chargé en première ligne d'enlever la courtine qui reliait Malakoff au petit redan, il réussit dans cette attaque, pénétra jusqu'à la deuxième enceinte ayant à peine 500 hommes dans la main ; tourné par une colonne russe sur la droite, ne recevant aucun soutien, il fut obligé de revenir de la deuxième enceinte à la première. Là, il fut atteint par un éclat d'obus en pleine poitrine et mis hors de combat. »

Le 22 septembre, le général Bourbaki, pour ces nouveaux faits d'armes, fut nommé commandeur de la Légion d'honneur.

Le 29 mai 1856, il rentrait en France, et était le 28 juin nommé au commandement de la subdivision de la Gironde, à Bordeaux.

Quelques mois après, une grande expédition se préparait en Algérie, sous les ordres du maréchal Randon, pour obtenir la soumission de la grande Kabylie. Naturellement on songea de suite au général Bourbaki, qui fut mis à la disposition du gouverneur général et

renvoyé en Algérie le 27 avril 1857. Il eut, sur la demande du général de Mac-Mahon, le commandement de la 1re brigade de sa division. Pour faire cette conquête, on réunit 25 000 hommes à répartir en trois divisions, sous les ordres des généraux Mac-Mahon, Renault et Yusuff. Ces troupes, venant de Bougie, Dellys, Aumale et Sétif, partirent toutes d'Alger et montèrent à l'assaut de la Kabylie. Le 24 mai, le général Mac-Mahon enleva, après une lutte acharnée, le village de Tacheraieh et le piton de Bélias. Le 24 juin, le but était atteint, et la campagne se termina par la sanglante bataille d'Icheriden, qui amena la soumission de la grande Kabylie.

Là comme partout, le général Bourbaki, enlevant par son courage ses troupes fatiguées et un instant hésitantes, décida du succès de la journée. Il eut un cheval tué sous lui, fut cité à l'ordre de l'armée, et proposé pour le grade de général de division par le général Mac-Mahon et le maréchal Randon.

Je lis dans l'ouvrage de M. Gaffarel sur l'Algérie, au sujet de cette conquête de la grande Kabylie, le passage suivant, qui prouve quelle impression profonde avait aite sur la population kabyle cette terrible bataille d'Icheriden :

« A partir de 1857, la soumission fut complète. Les Kabyles le comprirent si bien, qu'ils renoncèrent à la lutte.

» Un de leurs poëtes, un de ces improvisateurs dont le facile génie et la verve entraînante charment si volontiers les veilles de leurs compatriotes, a consacré un de ses chants à la bataille d'Icheriden. Il est remarquable par l'expression de découragement et d'amers regrets qui remplissaient le cœur du poëte. Le voici dans sa naïve simplicité.

« Le Français, quand il se met en marche, roule
» comme les flots d'une rivière ; il a fait avancer de
» nombreux bataillons, des zouaves plus encore que
» des autres ; il s'est abattu sur nous comme la glace
» ou la neige lorsqu'elle couvre et durcit la terre.

» Notre tribu était pleine d'émigrés ; de tous côtés
» chacun se réfugiait chez les Aït-Iraten. Allons, disait-
» on, allons dans la confédération puissante, là nous
» habiterons en lieu sûr.

» L'ennemi n'en est pas moins tombé sur nos têtes,
» guidé par le maréchal, le père de la sagesse, dont la
» tête mûrit les projets. Le mercredi à l'aurore a été
» pour les hommes un jour terrible. Les étoiles bril-
» laient encore quand la lutte commença.

» Bientôt cavaliers et fantassins s'entremêlent ; la
» fumée s'élève en nuages, elle monte et descend dans
» le ciel. Il en est dont la vie se prolonge ; mais celui
» qui meurt enlève une houri, ses péchés sont lavés,
» il est pur.

» Comprenez, ô vous qui savez comprendre. L'Alger
» des zouaouas est tombé. Ce qui arrive aux Aït-Iraten
» ne s'est pas vu depuis le commencement du monde. »

Le général Bourbaki fut nommé général de division le 12 août 1857, et mis en disponibilité.

Le 11 juin 1858, il fut appelé au commandement de la 2ᵉ division d'infanterie du camp de Châlons, et l'exerça jusqu'au 11 octobre, date de la levée du camp.

Le 30 octobre 1858, il fut placé à la tête de la 7ᵉ division militaire, à Besançon. C'est là que le trouva la guerre d'Italie. Il fut, le 16 avril 1859, nommé au commandement de la division qui devint la 3ᵉ du 3ᵉ corps d'armée, sous les ordres du maréchal Canrobert.

C'est alors qu'il prit pour aide de camp notre pauvre ami Leperche, capitaine d'état-major, qui, après avoir été son aide de camp, puis son sous-chef et son chef d'état-major, ne le quitta que quand il fut mis en disponibilité, en 1879.

III

Campagne d'Italie. — Divers commandements en France. — Mission en Allemagne. — Nomination d'aide de camp de l'empereur.

Le général Bourbaki entra en Italie avec sa division, par Briançon, Oulx, Exiles et Suse. Voici son ordre du jour à la 3ᵉ division, le 1ᵉʳ mai 1859 :

« Soldats !

» Sa Majesté l'empereur me fait l'honneur de me confier le commandement de la 3ᵉ division du 3ᵉ corps de l'armée des Alpes.

» Je ne veux pas vous recommander la patience dans les souffrances, la discipline de tous les instants, la bravoure dans les combats. Ces vertus militaires, vous les possédez à un haut degré.

» C'est par elles que vous illustrerez vos régiments, que vous augmenterez l'honneur et la grandeur de la France, et que vous vous rendrez dignes de la bienveillance de notre empereur qui, aimant par-dessus tout son armée, sera heureux de récompenser les plus braves.

» Le maréchal Canrobert nous commande; vous le

connaissez tous. Vous êtes donc assurés d'avance que si vous souffrez, c'est que la nécessité, qui peut faire échouer les plus sages prévisions, aura exigé ces souffrances.

» C'est avec autant de savoir et d'expérience de la guerre que d'intrépidité qu'il vous conduira au combat.

» Braves et patients comme vos anciens des 11e, 14e, 46e et 57e demi-brigades de la glorieuse armée d'Italie, aux temps héroïques de nos pères, comme eux vous saurez fixer la victoire. Montrons-nous leurs dignes enfants.

» Soldats! votre général compte sur vous, comptez sur lui; il ne vous fera pas défaut.

» Au quartier général, à Briançon, le 1er mai 1859.

» Le général commandant la division,

» *Signé :* C. BOURBAKI. »

Pendant cette courte et glorieuse campagne, le général avec sa division eut le regret de ne jamais avoir d'engagement sérieux avec l'ennemi, et d'arriver à Magenta et à Solférino après que les autres avaient cueilli les lauriers.

Il resta en Italie avec l'armée d'occupation commandée par le maréchal Vaillant, et rentra en France en mai 1860.

Le 6 juin, il fut mis à la tête de la 22e division mi-

litaire à Grenoble, division nouvelle, formée à la suite de l'annexion de la Savoie.

Le 6 août, l'empereur, qui faisait un voyage dans les nouveaux départements, le nomma à son passage grand officier de la Légion d'honneur.

Le 19 février 1861, il était appelé au commandement de l'importante 5ᵉ division militaire à Metz, où il resta jusqu'au 13 avril 1864, époque où on l'envoya prendre le commandement de la 2ᵉ division d'infanterie du camp de Châlons. Le maréchal Mac-Mahon, qui commandait le camp, fut désigné à sa levée comme gouverneur général de l'Algérie; il demanda et obtint à cette occasion d'emmener le général Bourbaki avec lui. L'empereur revint sur cette décision, et pour vous donner une idée de l'estime affectueuse dont le maréchal Mac-Mahon honorait le général, je n'hésite pas à transcrire la lettre par laquelle il lui annonçait cette nouvelle :

La Forêt, près Montargis, 7 septembre 1864.

« Mon cher général,

» Je n'ai su positivement qu'hier soir, à Saint-Cloud, que le général Yusuff restait dans ce moment en Algérie, et que par suite je n'avais plus de raison de vous emmener; je le regrette vivement, mais je conserve toujours l'espoir que, un peu plus tôt, un peu

plus tard, en Algérie ou en Europe, je finirai par vous enlever même malgré vous; toutefois je n'agirais dans ce sens qu'après vous en avoir prévenu.

» Tout à vous du fond du cœur.

» *Signé :* Maréchal DE MAC-MAHON. »

N'ayant pas été envoyé en Algérie, le général Bourbaki fut appelé au commandement de la 1re division d'infanterie du 1er corps d'armée, à Paris.

C'est alors qu'il fut envoyé en mission en Prusse. A son retour, il fit un remarquable rapport sur le fusil à aiguille et à tir rapide, qui contribua grandement à amener la transformation de notre armement et à l'invention de notre fameux fusil Chassepot.

Le 16 décembre 1865, le général Bourbaki fut nommé au commandement de la 1re division d'infanterie de la garde impériale (voltigeurs et chasseurs à pied).

Le 7 juillet 1869, l'empereur Napoléon, appréciant le général, comme le roi Louis-Philippe avait apprécié le capitaine, l'appela auprès de sa personne, et le nomma son aide de camp.

Le 15 juillet de la même année, c'est-à-dire quelques jours après cette dernière nomination, il quittait la division de voltigeurs de la garde pour prendre le commandement en chef du camp de Châlons.

Voici l'ordre du jour qui annonçait qu'ayant fini sa

troisième année de commandement dans la garde, il était appelé à d'autres fonctions:

« *Ordre général.*

» M. le général Bourbaki, commandant la 1re division d'infanterie de la garde, arrivé au terme de la durée de son commandement, a été désigné, par décision impériale du 19 mai 1869, pour commander en chef le second camp de Châlons de cette année : en vertu de la même décision, M. le général Deligny, ex-commandant de la province d'Oran, a été appelé au commandement de la 1re division d'infanterie de la garde.

» M. le général Bourbaki, précédé dans la garde par la brillante réputation que lui ont value ses glorieux services, a su se faire aimer du soldat tout en maintenant la discipline, et entretenir dans la division de voltigeurs l'esprit militaire, le sentiment du devoir et le dévouement à l'empereur.

» Le maréchal commandant en chef, en lui exprimant ses regrets de le voir quitter la garde, lui adresse ses remerciements pour le loyal et habile concours qu'il lui a constamment prêté. Ses vœux, comme ceux de toute la garde, le suivront dans le poste éminent auquel il a été appelé par l'empereur, qui vient de lui donner une nouvelle preuve de son estime en le nommant son aide de camp.

» M. le général Bourbaki remettra le commandement de la 1re division d'infanterie le 14 juillet.

» M. le général Deligny entrera immédiatement en fonctions, et sera reçu avec les honneurs qui lui sont dus.

» Par décision impériale du 26 mai dernier, M. le général Deligny a été également nommé inspecteur général en 1869 des corps de troupes composant la 1re division d'infanterie de la garde. »

» Paris le 12 juillet 1869.

» Le maréchal commandant en chef la garde,

» *Signé* : REGNAUD D'ANGÉLY. »

A la fin de son commandement, le 15 octobre 1869, le général Bourbaki eut la présidence du comité consultatif de l'infanterie, et enfin, le 21 janvier 1870, celle de la commission des présidents de comités d'armes.

Ici finit la partie heureuse de la vie militaire de notre ami; nous arrivons aux événements si affreux pour la France, pour lui, pour nous, de l'année terrible. Cette seconde période de la vie du général Bourbaki vous paraîtra, avec raison, plus longue, plus détaillée que la première; mais il n'y a là rien qui doive vous étonner. En effet, pour l'une, je n'ai pu m'appuyer que sur des documents, tandis que pour l'autre, et justement la plus triste et la plus douloureuse, j'en ai vécu une partie avec lui, en qualité d'officier d'ordonnance.

DEUXIÈME PARTIE

I

Guerre de 1870-71. — Nomination au commandement en chef de la garde. — Retraite sur Metz. — Combat de Borny.

Je n'ai pas, mes chers enfants, à vous raconter et ne vous raconterai pas ce qui a amené la fatale guerre de 1870. Ce que je puis vous dire, c'est que la veille de la déclaration de guerre, l'empereur croyait à la paix et la voulait.

En effet, le 12 juillet, le général Bourbaki accompagna à Paris l'empereur, qui était à Saint-Cloud, et qui se rendait au conseil des ministres. En sortant de ce conseil et en rentrant au château, l'empereur, en donnant une cigarette au général Bourbaki, lui dit : « C'est la paix, l'Espagne renonce à la candidature Hohenzollern. La guerre serait une absurdité sans aucune nécessité. Supposons qu'une île se soit élevée dans la Méditerranée, sur les côtes de France ; l'Allemagne veut s'en emparer, je m'y oppose. Mais pendant

que nous sommes en présence, l'île disparaît. Ni l'Allemagne, ni la France, n'auront la folie de se battre pour une île qui aura disparu. »

Le soir même, le général écrivait à Mᵐᵉ Bourbaki le billet suivant :

12 juillet.

« Ma chère Aline,

» Je t'embrasse.

» La paix est assurée, le désistement est arrivé pour le trône d'Espagne. »

Le 14, la guerre est déclarée. Que s'était-il passé? Vous n'avez qu'à lire l'*Officiel* et tout ce qui a paru depuis, sur cette époque, pour vous en rendre compte; je n'ai pas à l'apprécier ici.

Le 14, à six heures du soir, le général Bourbaki prévient sa femme du revirement qui s'est effectué, la charge de tout préparer pour son départ immédiat. il annonce à son aide de camp, le commandant Leperche, qu'il est nommé au commandement du 1ᵉʳ corps d'armée, et lui envoie l'ordre d'acheter deux autres chevaux, de se munir de cartes, de lui procurer tout ce qui lui était nécessaire.

Le lendemain, l'empereur posa carrément la question suivante au général Bourbaki : « Voulez-vous commander le 1ᵉʳ corps, ou la garde impériale? » Le

général, contrarié de cette question, lui répondit : « Je ferai en cette circonstance, comme toujours, ce que l'empereur croira utile au bien du service. — Ma première idée, dit l'empereur, était de vous confier le commandement de la garde. J'ai été amené à y renoncer, je vous demande ce que vous préférez ; mon désir serait que vous prissiez le commandement de la garde, mais je vous laisse le choix. » Dans ces conditions, le général opta pour la garde.

C'est ainsi qu'il eut ce commandement, le plus beau de l'armée ; mais aussi, au lieu de conduire les premières opérations et de frapper les premiers coups, il passait à la réserve de l'armée, la garde ayant cette destination.

Le 21, le général Bourbaki quitta Paris à cinq heures, par la gare de l'Est à destination de Nancy, avec son état-major particulier composé de la manière suivante : commandant Leperche, aide de camp ; capitaine de Lacalle de l'artillerie, capitaine de Sancy de la cavalerie, lieutenant Sédillot des zouaves, officiers d'ordonnance ; enfin, Frémy des chasseurs à cheval de la garde, porte-fanion.

Les commandements de la garde étaient ainsi répartis :

Commandant en chef. — Général Bourbaki.

Chef d'état-major général. — Général d'Auvergne.

1° Division de voltigeurs. — Général Deligny.

Généraux Brincourt et Garnier.

2° Division de grenadiers. — Général Picard.

Généraux Janningros et Lacroix.

3° Division de cavalerie. — Général Desvaux.

Généraux du Frettay (chasseurs et guides);

De France (dragons);

Du Preuil (cuirassiers).

4° Artillerie de la garde. — Général Pé-dé-Arros.

Chef d'état-major, Melchior.

5° Génie. — Général de Villars.

Chef d'état-major, Bressonnet.

Le 26, le général se dirige sur Metz où il a l'ordre de se rendre. Le 27, son corps d'armée y arrive.

Pendant ce séjour à Metz, l'organisation avançait, les approvisionnements de toute nature, vivres, équipement, munitions, etc., s'accumulaient, les réservistes arrivaient; mais aussi quel temps précieux on avait perdu et dont l'ennemi qui, lui, était prêt, avait su profiter pour se concentrer! Il allait nous attaquer avec des forces imposantes, et battre successivement nos corps isolés et en préparation.

Le 2 août, on apprenait à Metz l'affaire de Sarrebrück, qui ne signifiait rien et qui fit tant de bruit.

Le 3, la garde reçoit l'ordre de se mettre en route

pour Volmerange en passant par Noisseville, Glatigny, les Étangs, Condé-Northen.

A cinq heures trois quarts, ordre de l'état-major général de rentrer à Metz. Le général demande à se rapprocher de Saint-Avold, on lui répond par un refus.

Le 5, le général reçoit un télégramme lui annonçant la prise de Wissembourg par l'ennemi et la mort du général Abel Douai.

Le même jour, deux armées sont formées : la première, sous le commandement du maréchal Mac-Mahon, comprenant les corps Mac-Mahon, Douai, de Failly ; — la seconde, sous les ordres du maréchal Bazaine, comprenant les corps Bazaine, Frossard, Ladmirault, Canrobert, garde impériale.

Que n'avait-on pris cette mesure dès le début? En lisant les péripéties de la bataille de Frœschwiller, on reste convaincu que cette organisation nous eût donné un succès qui sans nul doute eût changé la défaite en victoire.

Le 6, le général, qui avait opéré très lentement sa marche de retraite sur Metz, reçoit l'ordre de se rapprocher de Saint-Avold et de partir de suite. La bataille de Spickeren avait eu lieu. Il répond : « Je prends mes mesures pour exécuter ordre reçu à trois heures trois quarts; partirons à quatre et demie. » — A minuit, la cavalerie de la garde couvrait toute la

route de Saint-Avold à Courcelles-Chaussy ; le matin, l'infanterie et l'artillerie bivouaquaient entre Saint-Avold et Longeville, sur les hauteurs dominant Saint-Avold.

Le même jour, on apprenait la sanglante bataille de Frœschwiller, où le maréchal de Mac-Mahon fut obligé de se replier.

Le 7 au soir, le général Bourbaki reçoit l'ordre de se rendre à Courcelles-Chaussy, et le 8 au matin la garde se mit en marche.

Le maréchal Bazaine vint l'y rejoindre avec son corps d'armée ; le général alla au-devant de lui, et, après avoir parlé de l'établissement des troupes et des quartiers généraux, il lui dit :

« Nous avons ici une position des plus fortes ; si vous me permettez d'émettre mon avis, ce serait de choisir notre ligne de bataille sur les plateaux de Colombiers et de Frécourt : nous aurions devant nous la Nied comme un fossé, un pays coupé donnant des difficultés d'attaque quand les Prussiens auraient passé la rivière s'ils la passaient, et là nous livrerions bataille. Si nous étions vainqueurs, l'effet moral des insuccès de Frœschwiller et de Spickeren serait effacé, la concentration des troupes du maréchal de Mac-Mahon et des réservistes de toute la France pourrait avoir lieu en profitant du temps d'arrêt que cette victoire occa-

sionnerait à l'ennemi. Si, contre toute espérance, dans cette situation, nous étions battus, nous aurions les routes se dirigeant sur Château-Salins, Nancy, Toul, Metz, pour nous mettre en retraite. Mon avis dans ce cas serait de ne plus nous arrêter, de nous retirer en gagnant le plus de temps possible, tout en gardant l'ordre le plus strict, sur Châlons-sur-Marne, et si cela était nécessaire jusque sous Paris. Là, nous attendrait tout ce que la France aurait pu produire en matériel et hommes, pour livrer une bataille, où vainqueurs nous reconduirions l'ennemi jusque chez lui; vaincus, le mal que nous lui aurions fait serait assez grand, le respect infligé assez entier, pour qu'on pût limiter les sacrifices à faire une paix douloureuse ; paix qui s'imposerait à tous les patriotes pour ne pas aggraver les sacrifices que la France serait obligée de faire quand elle se trouverait épuisée de tous moyens de résistance. »

Le maréchal lui répondit : « Vous avez peut-être raison. » Mais comme conclusion l'ordre de retraite fut maintenu, et l'armée se retira jusque sous Metz.

Le 12 août, l'empereur quittait le commandement de l'armée et le remettait au maréchal Bazaine, nommé commandant en chef de l'armée du Rhin, avec le général Jarras pour chef d'état-major général.

L'armée commence à passer le 14 sur la rive gauche

de la Moselle, et le bivouac de la garde est indiqué entre Longeville-sous-Metz et le fort Moselle. Elle doit partir le lundi matin par la route de Verdun pour Mars-la-Tour.

Au moment où se faisait le mouvement, l'ennemi attaque du côté de Borny, vers quatre heures de l'après-midi. Il est arrêté par la vigoureuse résistance du corps Ladmirault, et ce combat, qui s'appelle le combat de Borny, ne prend fin qu'à la nuit.

La garde cessa son mouvement de passage en entendant le canon, se porta en avant, et laissa les troupes engagées s'écouler derrière elle.

Pendant la nuit, le mouvement de passage à travers Metz, sur la rive gauche de la Moselle, s'acheva. L'encombrement fit perdre un temps précieux.

II

Batailles de Gravelotte et de Saint-Privat. — Journées des 26 et 31 août, 1er septembre.

Le 15 au matin, le général Bourbaki reçut l'ordre d'envoyer la division de voltigeurs à la disposition du maréchal Bazaine. Elle alla s'établir sur le plateau en arrière de la maison de poste de Gravelotte. Le 16, le général, suivant les ordres donnés, vint s'établir avec les grenadiers et l'artillerie de réserve de la garde de l'autre côté du ravin, à Gravelotte même. Les deux divisions se trouvaient donc séparées par un énorme ravin qui demandait beaucoup de temps pour être franchi. Sur les dix heures, trouvant cette séparation dangereuse, le général envoya l'ordre au général Deligny de le traverser, et de venir s'établir auprès des grenadiers. Vers onze heures et demie, il entendit le canon et fit prendre les armes pour être prêt à exécuter les ordres qu'on lui enverrait. A ce moment, il vit un grand désordre se produire dans le 2e corps, qui était à la gauche du corps Canrobert, tous les deux s'appuyant sur Rezonville. Voyant le désarroi s'accentuer de ce côté, il monta à cheval, lorsque ar-

riva un officier de chasseurs à pied, officier d'ordonnance du maréchal Bazaine, s'écriant que le maréchal venait d'être enlevé, que l'armée était en retraite, et le suppliant de la sauver. Le général fit la part du trouble que ces événements avaient pu produire sur l'officier; mais, voyant la gauche dégarnie par la retraite du 2ᵉ corps, il envoya le général Brincourt occuper le bois des Oignons sur sa gauche, et donna l'ordre au général Picard de marcher avec ses grenadiers sur deux lignes, la première déployée, la seconde en colonne, et d'aller occuper tout l'emplacement abandonné par le 2ᵉ corps. La garde avança de cette façon sur l'ennemi, et, le faisant reculer, occupa la position indiquée. Malgré les instances du général Bourbaki, l'artillerie de réserve de l'armée se retira (c'était dire qu'on renonçait à l'offensive), et il fut obligé de la remplacer sur le plateau de Rezonville, qui occupe la cote 311, par l'artillerie de réserve de la garde. Il continua à combattre sans la moindre alternative d'insuccès jusque vers cinq heures, moment où le 1ᵉʳ régiment de voltigeurs prit la gauche des grenadiers et gagna encore un millier de mètres sur l'ennemi. Il envoya l'ordre au général Jeanningros d'occuper Vionville, ce qui ne put être fait. La garde resta jusqu'à la nuit sur ses positions, et y coucha.

Le lendemain, sans attaque, on peut même dire avec

fort peu d'ennemis en face, au lieu de continuer la route sur Verdun, ce qui était positivement convenu avec l'empereur, le maréchal donna l'ordre de retourner à Metz, disant que, d'après l'avis du général en chef de l'artillerie, il manquait de munitions. A ce sujet, le général Bourbaki pria le général de Villers, qui avait des relations amicales avec le maréchal, de lui dire que ce n'était pas possible, parce que son artillerie et ses troupes d'infanterie de la garde, qui avaient été engagées pendant sept heures, n'avaient pas dépensé le quart des gargousses et des cartouches dont elles étaient porteurs; qu'elles avaient encore intactes les trois quarts de ce qu'elles avaient dans les cartouchières et les caissons; que ses cartouches de réserve étaient au complet, et qu'il devait en être dans tous les autres corps comme dans le sien. Cette communication officieuse n'ayant apporté aucun changement dans les ordres, le général se conforma à celui qu'il avait reçu, et à sept heures il rentrait avec ses troupes dans l'emplacement indiqué.

Vous voyez, mes chers enfants, qu'en prenant sur lui d'engager la réserve, et de lui faire remplacer le 2ᵉ corps depuis Rezonville jusqu'au bois des Oignons, notre ami avait changé en un succès relatif une défaite imminente.

Pourquoi le maréchal Bazaine, profitant de l'occa-

sion, ne poussa-t-il pas en avant et n'essaya-t-il pas de passer? C'est ce que je n'ai pas à expliquer. Ceci est d'autant plus extraordinaire que le général, ayant envoyé ses bagages sur la route de Conflans, et les ayant fait rappeler quand il vit qu'on revenait à Metz, apprit de ses ordonnances qu'ils étaient allés jusqu'à Conflans sans rencontrer un ennemi.

Les Allemands, voyant que l'armée française évacuait le terrain conquis, se préparèrent à attaquer de nouveau, et le 18 se livra la non moins sanglante bataille de Saint-Privat.

Le général Bourbaki reçut le matin un officier d'ordonnance du maréchal Bazaine, M. de Mornay, qui lui donna en communication une lettre, écrite au crayon, du maréchal le Bœuf, disant qu'il y avait des masses ennemies devant lui et le général Frossard, et que très certainement ils seraient attaqués. Il reçut en même temps l'ordre d'envoyer une brigade de voltigeurs en soutien à chacun de ces deux commandants de corps d'armée, ce qu'il exécuta avec son respect ordinaire pour la discipline, mais avec grand regret.

Par une lettre qui se trouve annexée au procès du maréchal Bazaine et que le général de Rivière, rapporteur à ce conseil de guerre, montra au général Bourbaki, lui demandant s'il se souvenait l'avoir écrite, le général suppliait le maréchal de ne pas diviser

constamment la garde comme il le faisait, car il était
évident pour lui qu'on en demanderait des contingents
partout; il ajoutait que la garde, disséminée de cette
manière, ne serait que d'une utilité minime, tandis que,
réunie, il se faisait fort d'accomplir telle mission qu'il
conviendrait au général en chef de donner à ce corps
d'élite, soit de battre l'aile gauche ou droite de l'ennemi, soit de percer son centre.

Le général Bourbaki demanda à M. de Mornay s'il
avait des ordres particuliers à lui transmettre, et de
plus si le maréchal croyait à une attaque générale.
M. de Mornay répondit que le maréchal n'y croyait pas,
et que le général Bourbaki n'avait plus qu'à attendre de
nouveaux ordres du quartier général. Le maréchal
Bazaine croyait sans doute que le maréchal de Moltke
voulait le séparer de Metz, tandis que ce dernier ne
manœuvrait que pour l'empêcher d'en sortir.

Sur les deux heures, n'ayant rien reçu, n'entendant
rien, le général monta à cheval avec ses officiers, pour
aller voir ce qui se passait. Quand il eut dépassé le
Saint-Quentin, il découvrit dans la plaine de la fumée,
indiquant de la canonnade et de la fusillade, car le
vent étant contraire on n'entendait pas le moindre
bruit. Il donna l'ordre au général Picard de faire
prendre les armes à ses grenadiers, seule troupe qui
lui restait, puisqu'on avait disposé des voltigeurs et de

sa cavalerie, qui du reste ne furent pas engagés, et de s'avancer dans la direction qu'il suivait; ainsi, dans le cas où l'on aurait besoin d'eux, ils auraient toujours gagné trois ou quatre kilomètres sur le champ de bataille. Le général continua de se porter en avant, et s'arrêta à cheval sur la route de Lorry, entre celle qui va à Metz par Sainte-Marie, Saint-Privat et Saulny, et celle qui y entre par Amanvilliers, Chatel et Moulins. Dans cette position, à six heures un quart, MM. Pesmes et la Tour du Pin venaient le trouver, réclamant son appui au nom du général Ladmirault : « Le général, disent-ils, est en plein succès, mais il a besoin du concours du maréchal Canrobert qui se trouve à sa droite, et dont les troupes commencent à être fatiguées. La journée a été heureuse, et l'on a pris une batterie à l'ennemi. »

Pendant ce temps, on apercevait un assez grand nombre d'hommes descendant en toute hâte les hauteurs de Plesnois et du Chesnois, ainsi que la route de Briey à Metz par Woippy, passant entre ces hauteurs.

Le général Bourbaki, qui avait envoyé en reconnaissance son aide de camp le commandant Leperche, y envoya ensuite un officier de grenadiers et son peloton; ces derniers n'étant pas encore rentrés, il hésitait beaucoup à quitter l'excellente position qu'il occupait, et de laquelle il pouvait, soit soutenir la droite de

l'armée française, soit s'opposer à un mouvement tournant de l'ennemi.

MM. Pesmes et la Tour du Pin insistent au nom de leur général pour que la garde prête son appui. Le général Bourbaki se décide, et met en route la division de grenadiers, déployée en deux lignes, par bataillon en colonne à demi-distance à intervalles de déploiement. Le commandant Pesmes resta avec lui pour indiquer la direction à prendre.

Au fur et à mesure qu'il avançait, le général lui faisait remarquer combien le terrain devenait moins favorable. Il exprima des regrets encore plus vifs au moment où il s'agit de traverser un bois situé au sud-est d'Amanvilliers, qu'il croyait peu profond, mais qui avait en réalité 800 mètres environ, et qui était fort épais. Le chemin sinueux qui traversait ce bois donnait à peine passage à deux voitures de front; à son entrée, à sa sortie, et dans tout son parcours, il était encombré de blessés revenant à pied, en charrette ou en cacolet.

Avant de s'engager dans ce chemin, le général chercha à décider un groupe de soldats d'infanterie de ligne à revenir avec lui; ces hommes répondaient en se montrant les uns les autres : « Voilà, mon général, tout ce qui reste de notre régiment. »

Dans le trajet, les hommes qui rencontraient la garde

s'exclamaient, les uns pour témoigner de la joie de la voir arriver, les autres pour exprimer le regret que sa venue fût aussi tardive; tous paraissaient croire qu'il ne fallait plus songer à arrêter l'ennemi.

C'est à la sortie du défilé que le spectacle devint le plus attristant. Le corps du maréchal Canrobert, forcé d'abandonner Saint-Privat, battait en retraite; de nombreuses troupes d'infanterie et de cavalerie s'entassaient contre le bois. Toute illusion cessa pour le général Bourbaki, à l'endroit du succès dont on lui avait parlé et qui l'avait empêché de prendre, avec la division qui lui restait, d'autres dispositions plus aptes à arrêter l'ennemi s'il continuait sa marche en avant. Il essaya en vain, malgré son propre calme et celui de ses magnifiques troupes, de faire occuper le bois par le régiment de zouaves. Il crut ne pouvoir mieux faire que d'ordonner le demi-tour à sa colonne pour aller se remettre en ordre. Le désordre en avant et sur le chemin était à son comble. Une fois sorti du bois, il fit déployer les bataillons et les y fit pénétrer pour l'occuper. Il appela en même temps l'artillerie de la division Picard, et fit prévenir l'artillerie de réserve, qu'il avait fait chercher près du col du Saint-Quentin, par un de ses officiers, de hâter son mouvement; il était six heures et demie; à sept heures et demie elle arrivait. Immédiatement le général passa avec les zouaves le défilé

et alla choisir de l'autre côté la position de son artillerie.

Avec quel bonheur et quelle fierté on vit déboucher cette superbe troupe à laquelle allait incomber l'honneur d'arrêter le succès de la gauche prussienne! Les pièces et les caissons se succédaient avec une rapidité inouïe, soulevant un immense nuage de poussière au milieu duquel on distinguait cependant très bien les conducteurs pleins d'entrain, agitant le bras droit pour exciter le sous-verge. Cette artillerie dépassa la crête qui se trouve en avant du bois et s'établit hardiment en batterie à 500 mètres environ de Saint-Privat la Montagne, à 6 où 700 mètres de l'ennemi. Elle reçut une grêle de mitraille; mais, soit que le tir des prussiens eût été trop précipité, soit que la chute du jour ne leur eût pas permis d'apprécier suffisamment la distance, les pertes subies furent relativement peu sensibles.

Les trois batteries de la division Picard et deux des batteries de la réserve exécutèrent un feu violent qui obligea l'ennemi à s'arrêter, au lieu de profiter des succès qu'il avait obtenus sur la droite française. Ces trente pièces, on peut le dire, ont rendu un service signalé à l'armée. Un instant elles ont été peu en sûreté, obligées de reculer en manœuvrant à la prolonge, mais battant en retraite batterie par batterie.

et avec le plus grand calme. Les deux dernières de la réserve, placées sous les ordres du commandant Dejean, n'ont pas eu à se former avec les autres, le général Bourbaki ayant jugé prudent de leur faire rebrousser chemin, pour se tenir sur la hauteur en arrière du bois, près de deux bataillons de grenadiers laissés en réserve pour protéger la retraite en cas de besoin.

Le général, voulant mettre sa grande batterie à l'abri d'une attaque des tirailleurs ennemis, la fit flanquer à gauche, dès le début, par un régiment de dragons de la ligne qui se trouvait dans le voisinage, déployé, prêt à charger, et qui, au point de vue de l'aspect du théâtre de la guerre, ne manquait pas de produire un effet digne d'être remarqué; puis, dès qu'il put faire venir un bataillon de grenadiers, il le plaça à la gauche des zouaves, en arrière de la crête, au delà de laquelle se trouvait la grande batterie, à peu près sur le terrain même occupé précédemment par le régiment de dragons. Malgré les craintes que cette situation inspirait à juste titre, aucune tentative ne fut faite par l'ennemi pour enlever une seule pièce. Le succès de l'artillerie de la garde dans cette journée a donc été complet, puisqu'il a permis aux corps Ladmirault et Canrobert de prendre leurs nouvelles positions en arrière, sans être nullement inquiétés.

Si le général Bourbaki avait été mis exactement au

courant de la situation relative de notre armée et de celle de l'ennemi, il se serait bien gardé de suivre le chemin étroit traversant le bois, et qui constituait, vu l'encombrement des caissons de munitions, des cacolets, des blessés, des troupes de toute nature battant en retraite, un véritable coupe-gorge : il se serait avancé par la route de Briey, se faisant couvrir de tirailleurs et soutenir par son artillerie, pour se placer ensuite sur le flanc gauche de l'ennemi et arrêter ce dernier avant d'avoir tiré un seul coup de fusil. Le résultat désiré aurait été obtenu ; il est probable en outre que les troupes du maréchal Canrobert et du général Ladmirault, au lieu de continuer leur mouvement rétrograde, se seraient reportées en avant et eussent tenté d'arrêter l'ennemi. Il eût même été possible de causer beaucoup de mal à ce dernier et de le battre complètement, si le corps d'armée de la garde avait été réuni dès le matin sur la route de Briey, au lieu d'être dispersé sur tout le champ de bataille comme l'avait ordonné le général en chef de l'armée.

Au moment où le général prenait ses dispositions pour s'opposer à la poursuite des corps Canrobert et Ladmirault par l'ennemi, un colonel d'infanterie, puis un chef de bataillon, tous deux blessés, vinrent le prévenir que l'ennemi occupait Amanvilliers, et qu'on allait être tourné. L'insistance du chef de bataillon fut telle,

que le général crut devoir se renseigner. Mais pendant ce temps, un capitaine d'état-major lui apprit qu'il ne pouvait en être rien. Cet officier était envoyé par le général de Lorencez, dont les troupes occupaient Amanvilliers, et qui se plaignait que des batteries d'artillerie qu'il croyait être celles du commandant Dejean (de la garde), que le général Bourbaki avait laissées en position en arrière pour garder l'entrée du défilé, fissent feu sur elles; ce qui était une erreur, car elles n'avaient pas tiré un coup de canon.

Pendant ce temps, le feu continuait sur toute la ligne, mais les Prussiens restaient en place. Quoique la nuit fût venue à huit heures, les derniers coups de canon et de fusil ne furent tirés qu'à huit heures et demie. Dans cette journée, pour la première fois, le général recevait un ordre du général en chef lui disant de battre en retraite, et de reprendre les positions occupées le matin.

Le général Bourbaki resta sur les lieux pour organiser le mouvement ordonné, en couvrant avec la division de grenadiers les troupes de la ligne. Il fit avancer les zouaves dans le bois, jusqu'à l'extrémité de la route de Briey, route qu'il n'aurait pas manqué de faire suivre à ses troupes, en marchant à l'ennemi, comme je l'ai dit plus haut, s'il avait connu la situation exacte des corps Canrobert et Ladmirault.

Il envoya le commandant Leperche prescrire à l'ar-

tillerie, au bataillon de grenadiers et aux dragons de soutien de se retirer lentement. Il ordonna ensuite la retraite successive en échelon des grenadiers et des zouaves, et resta avec cette dernière troupe. Puis, une fois qu'il jugea sa présence inutile, il traversa le bois pour rentrer dans les campements précédemment occupés. Il était plus de minuit lorsqu'il arriva à son quartier général.

Vous voyez, mes enfants, comment le courage, les efforts, se brisent quand l'idée d'ensemble manque à une bataille. Les commandants de corps d'armée on tous rempli leur devoir, mais la direction suprême a fait défaut; tant d'héroïsme dépensé en deux batailles est resté inutile.

Voilà le rôle que jouèrent la garde et son commandant en chef pendant cette sanglante bataille de Saint-Privat. Le général Bourbaki, là encore, comme le 16, par son initiative, facilita grandement la rentrée dans d'autres positions en arrière des corps Canrobert et de Ladmirault, et leur permit ainsi de se retirer sans être poursuivis.

Le 21 août, on annonce une attaque de l'ennemi sur Woippy; le général fait prendre les armes : on reste ainsi jusqu'au soir sans rien entendre ni voir. A six heures et demie seulement, quelques coups de fusil sont tirés aux avant-postes.

Le 25 août, à dix heures trois quarts du soir, arrive un ordre du maréchal Bazaine de faire un mouvement le lendemain matin à la pointe du jour. Aux termes de cet ordre on doit, en passant par deux ponts jetés sur le bras gauche de la Moselle, arriver dans l'île Chambière, et sortir de cette île au moyen de deux autres ponts jetés sur le bras droit du fleuve. L'armée doit prendre position de la route de Sarrelouis aux pentes qui descendent vers la Moselle, le front se tenant en arrière des villages de Chieulles, Vany et Nouilly. Cette position est réservée aux 8e, 4e et 6e corps. Le 2e corps et la garde formeront une seconde ligne à 1 800 mètres environ de la première, la droite appuyée à la ferme de Bellecroix, la gauche s'étendant jusqu'aux hauteurs qui descendent vers la Moselle, en arrière de la ferme de Châtillon. Une division du 3e corps s'établira en avant du fort de Queuleu, près du village de Grigny, poussant ses compagnies de partisans vers Mercy-le-Haut, Ars-Laquenexy et s'il est possible Aubigny; un rideau de troupes sera laissé sur les emplacements occupés actuellement, jusqu'à ce que le mouvement soit terminé.

Pour cette journée, ainsi que pour celles du 31 août et du 1er septembre, je suis les notes du commandant Leperche, prises au moment même où les faits se passaient.

Le 26 au matin, le général fait donner l'ordre aux troupes de faire le café dès qu'elles seront arrivées en position ; les chevaux devront rester sellés, on pourra en débrider la moitié à la fois seulement.

Le départ des troupes appelées à franchir les ponts avant la garde est considérablement retardé, sans doute à cause de l'heure avancée à laquelle ont été donnés les ordres de marche.

Le général Bourbaki, voyant enfin les ponts libres, envoie chercher les grenadiers appelés à prendre la tête de colonne.

Dans le voisinage de la gare de Devant les Ponts, il rencontre le maréchal Bazaine entouré de son état-major. Le maréchal le prévient qu'il réunira les commandants de corps d'armée à son quartier général dès leur arrivée. Il était midi. Dix minutes après, accourt le capitaine Lemoine, de l'état-major général, qui invite le général Bourbaki à ne pas continuer son mouvement si ses troupes n'ont pas encore passé les ponts, et à attendre de nouveaux ordres. Le général manifeste son étonnement à l'officier en lui disant : « De nouveaux ordres ? et si je n'en reçois pas ? »

Prenant ensuite son aide de camp, le commandant Leperche, à part, il lui dit : « Voici de mauvais présages. Le maréchal réunit les commandants de corps d'armée, puis il me fait dire de ne plus bouger si je

n'ai pas engagé mes têtes de colonne. Avez-vous remarqué comme tout le monde paraissait triste dans cet état-major? Je crains que le général en chef n'ait de mauvaises nouvelles à nous annoncer, par exemple un insuccès du maréchal Mac-Mahon ou quelque autre déboire. »

Quelque temps après, on se remit en route pour aller retrouver le maréchal Bazaine au Saint-Julien, où il avait prévenu qu'il établissait son quartier général; mais il avait changé d'avis et se trouvait au château de Grimont. Le temps devenait affreux, la pluie torrentielle, accompagnée d'un vent des plus violents.

Enfin, à deux heures, le général arrive au château de Grimont, et se rend sur-le-champ au conseil. Le changement de quartier général du maréchal, sans qu'il en eût été prévenu, était cause de son arrivée tardive.

Quand il entra, le maréchal lui dit: « Vous arrivez en retard, mais je vais vous mettre au courant de ce qui s'est passé. La question de savoir si on resterait à Metz, ou si l'armée prendrait une autre position, a été posée à messieurs les commandants de corps d'armée, qui, à l'unanimité, après les explications données par le général Coffinières, ont décidé qu'on resterait sous Metz; êtes-vous de cet avis? » Le général répondit qu'il était désolé, se trouvant le plus jeune d'eux tous, d'être

d'un avis contraire; que son désir le plus entier était de sortir de Metz, de se diriger de manière à reprendre les communications avec la France, afin de conserver les relations avec la base d'opérations. Le maréchal ne répondit pas; mais les généraux Frossard et Coffinières le prirent à partie pour lui prouver qu'en restant à Metz, on se trouverait sur les lignes d'opération de l'ennemi, et qu'au moindre échec arrivé à sa tête d'envahissement, on pourrait, se jetant sur ses derrières, détruire toutes ses armées. — Le général répondit que le premier besoin qu'il sentait pour l'armée, c'était de prendre l'air, c'est-à-dire de rétablir ses communications avec le restant de la France. C'est alors qu'un de ces messieurs lui dit qu'on était sans cartouches et sans vivres. — Il croyait ces assertions très exagérées, mais comme il voyait un parti pris et décidé, il répondit impatiemment : « Sans vivres et sans munitions, on ne peut rien faire, c'est évident. » Cependant il maintint son avis de ne pas rester collé à la place de Metz.

C'est après ces colloques que le maréchal donna l'ordre de reprendre les positions occupées précédemment.

A trois heures et demie, en rejoignant Saint-Julien, le général Bourbaki remarqua des mouvements d'infanterie et d'artillerie de l'armée ennemie; il en fit prévenir le maréchal Bazaine, pensant qu'une attaque

pouvait être exécutée d'un instant à l'autre, et produire des résultats d'autant plus regrettables que les troupes en position étaient mal placées, mal gardées, entassées, occupant des pentes de terrain susceptibles d'être battues par le feu de l'ennemi.

Les zouaves arrivaient sur le terrain situé en arrière du fort Saint-Julien, lorsque le général Bourbaki donna lui-même au général Picard l'ordre de rétrograder, et de faire reprendre à sa division ses campements du matin. Le général Picard le regarda quelques instants sans mot dire, paraissant ne pouvoir en croire ses oreilles. Il demeurait ébahi. On l'aurait été à moins.

Le soir, le général Bourbaki rentrait à son quartier général du château de la Ronde, qu'il avait quitté le matin avec l'espoir de n'y point revenir.

Le 30 août, à dix heures dix minutes du soir, le général reçoit l'ordre d'un mouvement à exécuter le 31. Cet ordre est à peu près le même que celui du 26.

Le lendemain 31, à dix heures trois quarts, la division de voltigeurs peut enfin prendre les armes et quitter son bivouac. Comme toujours, des retards regrettables s'étaient produits. Le général Bourbaki, après avoir passé le bras gauche de la Moselle, s'arrête quelque temps dans l'île Chambière, où stationne la division de voltigeurs attendant son tour de pas-

sage. A midi quarante-cinq minutes, on se remet en marche; à ce moment, le fort Saint-Julien commence à tirer.

Le général, pour se rendre compte de ce qui se passe, monte au fort, d'où il voit non seulement notre mouvement, mais aussi celui de l'ennemi, auquel arrivent des renforts de la rive opposée par un pont situé au-dessus d'Olgy. Après cet examen, il retourne vers le village de Saint-Julien à la recherche de la tête de colonne de la garde, lorsque le maréchal, qui était dans le voisinage du château de Grimont, le fait mander près de lui. Quand le général vint rejoindre son état-major, il était environ quatre heures; il prit la route de Sainte-Barbe, cheminant quelque temps avec le régiment de zouaves.

A ce moment, le canon annonce le commencement de l'action. Il est évidemment beaucoup trop tard. Le feu de l'artillerie devient immédiatement très intense. Le général s'installe en avant et à droite du Saint-Julien.

A cinq heures cinquante, il envoie prescrire au général Deligny de déployer sa division, pour qu'elle soit moins exposée au tir à longue portée de l'artillerie ennemie, et qu'elle se trouve prête à marcher dans cet ordre pour se porter en avant. Il prescrit en même temps au général Picard de faire porter à gauche de

la route de Sainte-Barbe une brigade de la division de grenadiers chargée d'appuyer le 4e corps. Le 1er régiment de voltigeurs était lui-même placé à gauche de cette route, en arrière du château de Grimont.

A six heures trois quarts, le maréchal Bazaine fait porter au général Bourbaki l'ordre de remplacer la division de Lorencez (3e du corps Ladmirault), qui se porte en avant, et de s'installer à hauteur d'un remblai voisin des fours à chaux qui se trouvent à droite de la route de Sainte-Barbe, à 5 ou 600 mètres du fort Saint-Julien, et dont l'origine est primitivement à hauteur du mur le plus avancé du parc du château de Grimont.

A sept heures, nouvel ordre du maréchal de faire cocuper le terrain situé à gauche de la route de Sainte-Barbe, comme l'a été celui de droite. Le général prescrit alors au général Picard de s'établir à gauche de la route de Sainte-Barbe, à la hauteur de la division Deligny, puis il recommande à ce dernier de refuser sa droite afin de couvrir convenablement son flanc de ce côté.

A sept heures, le village de Servigny est incendié comme ses malheureux voisins. A peine le feu s'est-il déclaré sur ce point que la charge bat sur toute la ligne de bataille, surtout au centre. Les troupes couronnent les crêtes en avant d'elles, et une fusillade s'engage alors à droite de la route de Sainte-Barbe.

Sept heures vingt minutes. On entend encore une canonnade et une fusillade éloignée. L'obscurité qui se produit permet de voir plus distinctement l'incendie des villages de Montoy et de Noisseville. Quant à celui du village de Servigny, il est des plus intenses ; les lueurs qu'il projette sont très vives. On aperçoit de la fumée de l'autre côté de la route de Sainte-Barbe, mais on ignore sa provenance.

Sept heures quarante-cinq minutes. La mousqueterie exécutée en avant de Servigny cesse presque complètement. On entend en même temps pendant quelques minutes de la fusillade à gauche de la route de Sainte-Barbe ; cette fusillade, après avoir cessé, ne tarde pas à recommencer. Il fait complètement nuit.

Sept heures cinquante-cinq minutes. La fusillade reprend à gauche de Servigny ; elle dure jusqu'à huit heures et demie.

A onze heures et demie, on vient prévenir le général que l'engagement recommence dans la direction de ce village. Il remonte à cheval, et vient reprendre sa place auprès des voltigeurs.

Le 1er septembre, à six heures du matin, la fusillade et la canonnade reprennent en avant de la garde.

A sept heures quarante-cinq minutes, une partie des troupes venant à se replier, ordre est donné à la bri-

gade Brincourt de s'installer dans l'espace abrité par les remblais et d'en garnir la crête de tirailleurs.

A huit heures cinq minutes, le maréchal Bazaine prescrit lui-même au général Bourbaki de faire occuper le village de Mey par un bataillon du 1er voltigeurs, de faire appuyer celui-ci par une batterie ayant pour mission de balayer le thalweg avoisinant le village, et de disposer une autre batterie avec épaulements de terre en avant des remblais occupés par la brigade Brincourt. Il prescrit en outre de tenir la réserve générale de cavalerie du général Desvaux prête à protéger la retraite en prenant position sur le versant gauche du ravin de Mey, et attendant l'occasion de charger obliquement, par rapport à la route de Sainte-Barbe, les troupes ennemies dès qu'elles apparaîtraient sur la première crête que l'on rencontre en suivant la route du parc de Grimont à Sainte-Barbe. Une maison isolée, située sur le bord de la route, devait être choisie comme point de direction.

Pendant que le général de Villers, commandant le génie de la garde, fait exécuter sous sa direction l'épaulement de la batterie et les tranchées nécessaires à la division Deligny, à droite de la route de Sainte-Barbe, le général Picard fait exécuter, à gauche de cette même route, des travaux analogues.

Huit heures trois quarts. Le général Desvaux arrive

de sa personne auprès du général Bourbaki, afin de recevoir ses instructions et prendre connaissance du terrain de charge. Il est convenu qu'il ne s'occupera que de la protection de son flanc droit par l'artillerie, la batterie de 12 avec son épaulement devant suffire pour son flanc gauche; que la division de cavalerie de la garde sera formée sur trois lignes avec une réserve bien défilée sur le versant gauche du ravin de Mey, à droite des remblais occupés par la brigade Brincourt; que la division du général Forton sera disposée dans le même ordre, en arrière de ces mêmes remblais, défilée par eux et l'inclinaison du terrain.

Huit heures cinquante minutes. Le fort Saint-Julien commence à tirer. Le général de la Croix déploie une partie de sa brigade à droite de la route de Sainte-Barbe au lieu de la déployer toute entière à gauche, comme l'ordre en a été donné au général Picard. Le général Bourbaki fait vivement rectifier ce faux mouvement.

Neuf heures. La réserve générale de cavalerie commence à se placer comme il a été dit plus haut.

Neuf heures cinq minutes. Le maréchal Bazaine fait prescrire au général Bourbaki de protéger la droite par une brigade.

Neuf heures quinze minutes. Le fort de Queuleu tire deux coups de canon. Le maréchal Bazaine fait encore

transmettre aux commandants de corps d'armée l'ordre de faire enlever des villages qu'on serait obligé d'abandonner tout le bétail qu'ils renferment. C'est une mesure bonne en elle-même, mais bien tardive. Que ne l'avait-on prise quand on battait en retraite de Saint-Avold?

Neuf heures vingt-cinq minutes. Le feu devient insensiblement moins intense.

Dix heures et demie. Le général Bourbaki se porte près de la batterie de 12, à l'extrémité des remblais, où il trouve le maréchal Bazaine. Ce dernier lui fait lire un billet du maréchal le Bœuf le prévenant qu'il bat en retraite, la division Fauvard-Bastoul, du corps Frossard, l'opérant elle-même. Le maréchal Bazaine donne à ce moment l'ordre de se retirer, et il ajoute en terminant : « Le général Bourbaki envoie une brigade de voltigeurs remplacer le général Frossard qui doit appuyer le maréchal le Bœuf manquant de cartouches. »

L'ennemi, voyant ce mouvement s'effectuer, reste sur ses positions, sans chercher à poursuivre ou inquiéter la retraite ; des nuages de poussière indiquent que les troupes venues de la rive gauche repassent sur cette rive, comme se rendant compte de l'intention du maréchal de revenir à Metz.

Toutes les dispositions étant prises pour assurer la retraite et empêcher qu'elle soit inquiétée, le général

Bourbaki, après avoir donné ses derniers ordres, se met en route et rentre au château de la Ronde ; ses dernières troupes ne campaient qu'à onze heures.

On est en droit de se demander pourquoi le maréchal Bazaine, qui avait décidé que l'armée resterait à Metz, faisait blesser et tuer inutilement tant de braves gens.

A dater de ce jour, il n'y a plus que des actions partielles, mais sans aucune tentative pour quitter la place. Cependant, le bruit de nos désastres commence à circuler. Enfin, le 14, est affichée une proclamation aux habitants de Metz signée du général Coffinières, commandant la place, de M. Paul Odent, préfet de la Moselle, et de M. Félix Maréchal, maire, annonçant la défaite de l'armée française, la capitulation de Sedan, l'empereur prisonnier, la révolution du 4 septembre, et la formation d'un gouvernement de la Défense nationale.

III

Sortie de Metz. — Mission en Angleterre. — Arrivée à Tours.

Nous touchons, mes chers enfants, au 24 septembre 1870, date néfaste pour le général Bourbaki.

On pouvait prévoir le dénouement du drame : la faim se faisait déjà sentir; les chevaux de la cavalerie et de l'artillerie disparaissaient rapidement, servant à l'alimentation non seulement de l'armée, mais encore des habitants. Le maréchal Bazaine avait envoyé un de ses aides de camp auprès du prince Frédéric-Charles pour tenter un arrangement, mais ces démarches avaient échoué. Les bruits de capitulation commençaient à circuler dans l'armée.

Parmi les chefs éminents qui commandaient les divers corps enfermés dans Metz, le plus jeune, par conséquent le plus ardent, et celui dont le nom était resté le plus populaire depuis les guerres d'Afrique, était le général Bourbaki. On pouvait craindre qu'au moment d'une capitulation devenue inévitable par la faute du commandement en chef, le général ne tentât un coup de désespoir, et que, se mettant à la tête de la garde, il n'essayât une dernière fois de faire une

trouée à travers l'ennemi. Le général, en effet, dans une conversation avec le général Deligny et avec le colonel Dumont, leur avait dit que si l'on arrivait à une capitulation, il rappellerait aux troupes qu'il avait l'honneur de commander l'exemple de la garde du premier empire, et que, se mettant à la tête de ses soldats, il essayerait de percer les lignes prussiennes. Si l'on réussissait, sous le prétexte d'une négociation avec l'impératrice, à éloigner le général Bourbaki de Metz, on écartait cette éventualité. Pour y réussir, on se servit d'un certain Regnier, qui, autorisé par l'état-major allemand à entrer dans Metz, se donna pour chargé d'une mission par l'impératrice et se fit conduire près du maréchal Bazaine.

Vous allez voir combien, à dater de ce jour, la conduite du maréchal Bazaine à l'égard du général Bourbaki a été indigne. Il a commencé par lui remettre un ordre de mission daté du 15 septembre au lieu du 24, et dans le corps de cet écrit, en tête duquel il y a le mot *ordre*, il a employé l'expression : *est autorisé*, comme si c'était le général qui demandait à s'éloigner, tandis qu'il ne faisait qu'obéir à l'ordre qu'il avait exigé.

Un peu plus loin, je vous dirai les réponses du maréchal Bazaine aux questions que lui posait le commandant Leperche, inquiet, ainsi que les amis du général et son corps d'armée, de ne pas le voir rentrer :

tous craignaient, en effet, qu'il ne lui fût arrivé un accident, qu'il ne fût malade ou que les Allemands ne l'eussent arrêté et fait prisonnier.

Nous sommes restés au 24 septembre.

Ce jour-là, à cinq heures du soir, le maréchal Bazaine manda le général Bourbaki, qui était en ce moment sorti pour aller du côté du Saint-Julien voir exécuter un petit fourrage. Il rentra à six heures, et sans descendre de cheval se rendit au grand quartier général.

En arrivant, il rencontra le général Boyer, aide de camp du maréchal, et l'interrogea sur les motifs qui l'avaient fait appeler. Le général Boyer lui montra alors le maréchal Bazaine se promenant dans le jardin avec un étranger, et lui demanda s'il reconnaissait ce dernier, s'il ne se rappelait pas l'avoir vu aux Tuileries. — Le général répondit que non, qu'il ne l'avait jamais vu nulle part; il ajouta, qu'il a une mémoire très mauvaise pour les noms, mais excellente pour les figures, et que quand il a vu quelqu'un une fois, il se le rappellera toujours : quant à ce monsieur, il lui était totalement inconnu. — Le général Boyer parut étonné, et lui dit que c'était M. Regnier. Le général Bourbaki s'impatienta, demandant ce que le maréchal lui voulait de si urgent, et ce qu'il pouvait avoir de commun avec ce M. Regnier.

Le maréchal, à ce moment, rentra dans son cabinet

avec le maréchal Canrobert et Regnier; il dit au général Bourbaki que l'impératrice demandait auprès d'elle le maréchal Canrobert, ou lui; mais que le maréchal Canrobert étant souffrant ne pouvait pas partir. Il termina par ces mots : « Écoutez M. Regnier, et vous déciderez ensuite. »

Cet individu prit alors la parole, et expliqua qu'il était question de paix entre Bismarck et Jules Favre; que M. de Bismarck avait une certaine répugnance à traiter avec le gouvernement de la Défense nationale, et qu'il ferait des conditions bien meilleures s'il négociait avec l'impératrice régente; que l'impératrice, de son côté, ne voulait rien faire avant d'avoir vu le maréchal Canrobert ou à son défaut le général Bourbaki, et que, par conséquent, c'était donner une preuve de dévouement à son pays que de se rendre auprès d'elle. Le général Bourbaki ne répondit rien à M. Regnier, mais il demanda au maréchal Bazaine ce qu'il pensait qu'il fallait faire, et quel ordre il lui donnait. Le maréchal répondit : « Je crois que vous devez y aller, et je désire que vous partiez. »

Le général hésitait beaucoup; mais il avait devant les yeux cette malheureuse armée de Metz, manquant de tout, mourant de faim, sur le point de capituler, l'empereur en captivité, l'armée du maréchal de Mac-Mahon prisonnière, et la France sans ressources mili-

taires : il fallait donc, dans l'intérêt de la patrie et de l'armée, faire la paix, et la faire le plus tôt possible. Voilà ce que le général vit et sentit en ce moment tragique; ses hésitations cessèrent, et il dit au maréchal :

« Puisque vous croyez que je dois partir, j'accepte, mais sous quatre conditions :

» 1° Vous me donnerez un ordre écrit ;

» 2° Demain vous mettrez à l'ordre du jour de l'armée que vous m'avez envoyé remplir une mission ;

» 3° Je ne serai pas remplacé dans mon commandement et je le reprendrai à ma rentrée à Metz, ma mission accomplie ;

» 4° Enfin, si vous devez engager des troupes, n'engagez pas celles que j'ai l'honneur de commander avant mon retour. »

Le maréchal promit tout ce qui lui était demandé. Se mettant à sa table, il écrivit un ordre qu'il donna au général, et que celui-ci mit dans sa poche sans prendre la précaution de le lire; s'il l'avait lu, il aurait remarqué la fausse date et le mot *est autorisé*, au lieu de celui de *j'ordonne*.

Le général Bourbaki ne serait certainement pas parti sans faire faire ces deux rectifications.

Le maréchal Canrobert assista à tout ce qui venait de se passer.

Voici l'ordre du maréchal écrit de sa main :

ARMÉE DU RHIN.
Cabinet du maréchal commandant en chef.

Ordre.

« Sa Majesté l'impératrice régente ayant mandé auprès de sa personne M. le général de division Bourbaki, commandant la garde impériale, cet officier général est autorisé à s'y rendre.

» Le Maréchal de France commandant en chef l'armée du Rhin,

» Maréchal BAZAINE. »

Metz, 15 septembre 1870.

Le maréchal dit au général qu'il fallait partir de suite. Ce dernier voulut absolument se rendre à son quartier général, pour prévenir son aide de camp, ses officiers, son chef d'état-major général, et prendre quelques effets. L'autorisation lui fut accordée; il ne resta que fort peu de temps absent. A son retour, le commandant en chef lui fit observer qu'il ne pouvait pas sortir en tenue, qu'il fallait qu'il se mît en bourgeois, et que, devant partir avec des médecins de l'Internationale, il prendrait un brassard comme eux. Sur la réponse du général qu'il n'avait pas de vêtements civils, le maréchal lui en fit apporter des siens,

qui allaient fort mal, vu la différence de taille. Ce déguisement lui parut d'un mauvais présage.

Le maréchal Bazaine voulait évidemment se débarrasser du général Bourbaki et le compromettre. La droiture, la loyauté, la noblesse des sentiments du général, facilitèrent cette mauvaise action.

Le général se mit en route, accompagné de ce M. Regnier. Ils allèrent jusqu'aux avant-postes; le lendemain matin ils traversèrent les lignes et arrivèrent, après mille peines, à Ars. Là, M. Regnier rencontra un colonel prussien, avec lequel il causa quelque temps et qui les fit conduire en voiture à Corny, quartier général du prince Frédéric-Charles. M. Regnier demanda alors au général Bourbaki s'il ne désirait pas voir le prince, « *serrer la main à un camarade.* » Le général remit M. Regnier à sa place, et lui déclara qu'ayant affaire à des ennemis, il ne voulait même pas leur adresser la parole; il ajouta qu'il regrettait vivement d'être parti avec lui.

Dès ce moment, le général fut bien persuadé que tout ceci était convenu avec le prince, qu'on savait très bien qui il était, et qu'après ce qu'il avait vu dans les lignes prussiennes on ne le laisserait pas rentrer. Il vit qu'on s'était joué de lui.

On l'obligea à passer par Sarrebrück et Trèves. De là il se rendit à Bruxelles, et, le 27, il arrivait au but

de son voyage, à Chislehurst, chez l'impératrice ; mais ici je laisse la parole au général lui-même, qui, dans sa déposition devant le conseil de guerre de Trianon, a raconté en ces termes ses entrevues avec l'impératrice :

« L'impératrice fut fort étonnée de me voir ; elle n'avait pas voulu recevoir ce Régnier, qui était venu se présenter ; elle savait seulement qu'il s'occupait de cela. Je lui racontai ce que je savais de l'armée de Metz, et je lui dis que très-certainement elle serait réduite à une perdition ou matérielle ou morale. Je lui dis encore dans quel état se trouvaient les villages de la Lorraine, et elle eut alors un paroxysme de douleur tel que cela m'empêcha de continuer la conversation.

» Le lendemain matin, je la revis de bonne heure, et elle me dit qu'elle était complètement décidée ; qu'elle croirait entraver le gouvernement de la Défense nationale, qui, au total, pouvait faire un miracle, en traitant avec qui que ce soit ; que, par conséquent, elle refusait de traiter. Je lui dis de tâcher de m'aider à rentrer ; je savais que le prince Frédéric-Charles avait beaucoup de prudence, et j'avais vu son gros approvisionnement ; je pensais que, s'il y avait moyen de rentrer, il y aurait peut-être au moins des difficultés. »

Suivant le désir du général Bourbaki, l'impératrice demanda à lord Granville d'obtenir du roi de Prusse, ou de M. de Bismarck, un ordre pour le prince Fré-

déric-Charles de laisser passer le général Bourbaki rentrant à Metz.

Le général attendait impatiemment la réponse. Croyant de son devoir de mettre le gouvernement de la Défense nationale au courant de ce qui se passait à Metz, il écrivit la lettre suivante à l'amiral Fourichon, ministre de la guerre et de la marine, avec lequel il avait des relations d'amitié.

Désirant que ce document arrivât sûrement à destination, il le remit, en passant par Bruxelles, au ministre de France, M. Taschard, qui se chargea de le faire parvenir.

Voici cette lettre :

« Monsieur le ministre,

» Une aventure des plus extraordinaires m'a fait sortir de Metz. Un M. Regnier est venu voir le maréchal Bazaine.

» Il disait que M. de Bismarck traiterait avec S. M. l'impératrice à des conditions possibles pour la France.

» Le 24, je revenais du fort Saint-Julien vers cinq heures ; mon chef d'état-major me dit que le maréchal Bazaine me faisait chercher partout, et qu'un officier était porteur d'une lettre pour moi, qu'il n'avait pas voulu laisser.

» Pendant cette conversation, je reçus un télégramme qui m'ordonnait de me rendre chez lui.

» Le maréchal me mit en rapport avec ce M. Regnier, qui me dit tous ses désirs de voir la paix se rétablir, qu'il espérait porter bientôt un traité de paix à signer à l'impératrice, etc... Je prêtais une attention peu soutenue à tout ce que l'on me disait, ne comprenant pas trop la situation, dénué que j'étais de nouvelles certaines depuis trois semaines.

» Le maréchal me dit que l'impératrice désirait avoir auprès d'elle M. le maréchal Canrobert ou moi, que le maréchal Canrobert était souffrant, et que lui, le maréchal Bazaine, me proposait d'autant plus de me rendre auprès de Sa Majesté, que ma position d'aide de camp de l'empereur et de commandant de la garde impériale me désignait mieux que tout autre.

» Je répondis que j'étais prêt à faire tout ce qui pouvait être utile à la France, à notre armée et à l'impératrice, mais que je ne voulais pas de quiproquos, et que je ne partirais que sur un ordre du général en chef, et avec l'assurance qu'il mettrait au rapport du jour la cause de mon absence momentanée de l'armée.

» Le maréchal m'a donné un ordre écrit.

» Devant le maréchal Canrobert, il s'est engagé à mettre au rapport le motif qui m'enlevait pour quelque temps à mon commandement; il m'a donné ses

habits bourgeois, a ôté ses bretelles, m'a procuré une casquette avec la croix de médecin de la Société internationale, et, vers les sept heures, j'ai suivi M. Regnier.

» Les avant-postes passés, il a été évident pour moi que les avant-postes ainsi que les Prussiens savaient parfaitement que le maréchal envoyait un officier avec M. Regnier, et qu'ils obéissaient aux ordres de M. de Bismarck.

» Bref, je suis arrivé à Chislehurst, où j'ai eu l'honneur de voir S. M. l'impératrice, qui m'a dit qu'elle n'avait jamais exprimé le désir d'avoir auprès d'elle ni le maréchal Canrobert, ni moi.

» Cette déclaration, dont j'avais le pressentiment depuis que j'avais pendant la route lu les papiers publics, m'a frappé au cœur.

» Tout en obéissant à mon général en chef, je me trouvais en fausse position.

» J'ai écrit à lord Granville pour lui signaler que M. Regnier, par ses conversations avec le maréchal Bazaine, avait fait croire qu'il venait de la part de l'impératrice et que la présence d'un officier de l'armée du Rhin auprès de Sa Majesté était chose utile et nécessaire; que les Prussiens, en se prêtant, sur un ordre de M. de Bismarck, au passage de cet officier, avaient surpris la bonne foi de M. le maréchal Bazaine

et la mienne; que je demandais, pour mettre à couvert mon honneur de soldat, la faveur insigne de rentrer à mon poste.

» J'attends la réponse : si elle est affirmative, je vais rejoindre mon poste à Metz; si elle est contraire à mes désirs et à mes espérances, je me rendrai à Tours me mettre à la disposition du gouvernement provisoire, pour aider à la défense de notre pauvre pays.

» Ceci rapidement dit, en omettant des détails bien inexplicables, je vais vous donner des nouvelles de l'armée du Rhin.

» Les soldats ont des cartouches pour une grande journée de combat.

» Les caissons d'artillerie sont moins bien pourvus.

» Tant que l'armée restera dans ses lignes autour de Metz, l'ennemi ne peut attaquer sérieusement la ville.

» La ration des hommes était à mon départ de 500 grammes de pain et de 400 grammes de viande de cheval; le sel manquait.

» La ration de pain devait être réduite à 300 grammes.

» Les chevaux recevaient 3 kilogrammes les uns, et 2 kilogrammes les autres, de grains de toute espèce. La mortalité par la faim et par l'abatage sur ces bêtes était grande. La moitié des chevaux doit être disparue à cette heure. Ceux qui restent ne sont plus en

état de marcher longtemps, ni de traîner des canons.

» Les hommes se portaient bien, leur discipline se conservait excellente. Les lignes de Metz sont gardées avec un soin entier par les Prussiens; tous nos essais pour faire passer des nouvelles ont échoué, et le maréchal nous a donné sa parole qu'il n'avait reçu aucune nouvelle du gouvernement français depuis le 24 août.

» Les chemins sont coupés; de nombreuses batteries construites, des tranchées, des abatis, nous entourent, et en arrière se trouvent les cantonnements; le maréchal m'a dit plusieurs fois que nous avions autour de nous 250 000 ennemis.

» Beaucoup de personnes croyaient que l'armée pourrait percer la ligne prussienne; mais dans ce combat les cartouches seraient brûlées, et, le lendemain et le surlendemain, on se trouverait en face de forces considérables qui, nous prenant avec peu de cartouches dans nos gibernes, presque sans artillerie, une cavalerie réduite des deux tiers, et avec des chevaux faméliques et se traînant à peine, nous infligeraient un désastre aussi complet que celui de Sedan. Je crois que ce raisonnement, qui est vrai aujourd'hui, ne l'était pas il y a vingt jours.

» Si les maladies ne s'implantent pas trop cruellement à Metz et dans le camp, je crois que l'armée peut

tenir encore un mois, peut-être cinq semaines; après, la faim forcera à prendre, et pour la ville et pour les troupes, un parti quelconque. Je raisonne de cette façon, espérant que la discipline se maintiendra jusqu'à la fin.

» Il n'y a pas dans Metz plus de douze à quinze mille blessés.

» Le chiffre des combattants de l'armée est d'environ 90 000 hommes, mais avec les habitants, les isolés, les différents services, on doit avoir cent quatre-vingt mille bouches à nourrir.

» Voilà à peu près ce qu'il peut vous être utile de savoir sur la critique position de notre armée du Rhin. Dieu la protège !

» Je ne sais quand j'aurai le bonheur de la rejoindre. J'espère un peu avoir mon laissez-passer dans trois jours, et, quel que soit le sort qui m'attend, j'ai hâte de me retrouver au milieu de mes soldats.

» Agréez, monsieur le ministre, l'hommage de mon respect.

» *Signé* : Ch. BOURBAKI. »

Les démarches aboutirent enfin, et le 4 octobre le général Bourbaki recevait de lord Granville la lettre suivante, contenant la réponse de l'ambassadeur de Prusse aux démarches faites auprès de lui.

Walmer Castle Deal, oct. 4/70.

« Monsieur le général,

» Je viens de recevoir une lettre de l'ambassadeur de Prusse, dans laquelle il me dit :

« Telegraphed to head quaters and received the
» following answer from count Bismarck about gene-
» ral Bourbaki. — Prince Frederic-Charles is instruc-
» ted from here to permit and facilitate general Bour-
» baki's return to his post at Metz, to the latter's
» wishes. — Regnier makes the impression of being,
» a swindler, but seems to have honestly wished to
» serve the emperess Eugénie in bringing Bourbaki
» to her. »

» Agréez, monsieur le général, je vous prie, l'assurance de mes sentiments les plus distingués.

» *Signé :* Granville. »

Voici la traduction de la dépêche de l'ambassadeur de Prusse à lord Granville :

» J'ai télégraphié au quartier général, et j'ai reçu la réponse suivante du comte de Bismarck à propos du général Bourbaki :

« Le prince Frédéric-Charles est prévenu d'ici de
» permettre et de faciliter au général Bourbaki son re-
» tour à son poste à Metz, selon les désirs de ce der-

» nier. Regnier fait l'impression d'un aventurier, mais
» semble avoir honnêtement voulu servir l'impératrice
» Eugénie en lui amenant Bourbaki. »

Le général Bourbaki, muni de cette lettre, partit aussitôt et se rendit à Luxembourg. De cette dernière ville, il télégraphia au chef d'état-major du prince Frédéric-Charles, lui donnant copie de la dépêche de l'ambassadeur de Prusse à lord Granville, et demandant un laissez-passer pour rentrer à Metz.

Le 6 octobre, à cinq heures douze minutes du soir, il recevait la réponse suivante du général Stolz, commandant à Trèves :

Général Bourbaki, hôtel de Cologne, Luxembourg.

« Obligé de voir personnellement votre autorisation d'entrer à Metz, je suis forcé de vous prier de vous rendre ici. En présentant cette dépêche, on vous autorisera à franchir la frontière prussienne.

» *Signé :* Stolz, *major général.* »

Le 7 octobre, le général, n'osant pas entrer sur le territoire prussien, de peur d'y être retenu prisonnier, car il n'avait que la lettre de lord Granville et pas de laissez-passer prussien, télégraphiait de nouveau. A deux heures quarante-cinq minutes il recevait cette dépêche :

Général Bourbaki, hôtel de Cologne, Luxembourg.

« Par ordre de Son Altesse Royale le prince Frédéric-Charles, j'ai à vous prévenir que vous voudrez attendre à Luxembourg jusque après la réception d'une réponse demandée à Sa Majesté le roi de Prusse.

» *Signé :* Stolz, *major général.* »

Le général Bourbaki, voyant que, malgré les ordres envoyés, le prince Frédéric-Charles ne voulait pas le laisser rejoindre son poste, et désirant savoir définitivement à quoi s'en tenir, télégraphiait pour la dernière fois, le 9 octobre, au major-général Stolz :

« Général,

» Je vous ai communiqué la lettre de lord Granville du 4 octobre ; il m'annonce que Sa Majesté le roi de Prusse m'autorisait à rentrer à mon poste, et en avait averti le prince Frédéric Charles.

» Depuis quatre jours, j'attends ici ; je ne peux rester plus longtemps dans la situation qui m'est faite. Si je ne reçois pas de réponse *positive* aujourd'hui, je me rendrai où la défense nationale m'appelle.

» *Signé :* Bourbaki. »

Le même jour, à neuf heures et demie du soir, la réponse arrivait :

Général Bourbaki, hôtel de Cologne, Luxembourg.

« La décision du roi n'est pas encore arrivée.

» *Signé :* Stolz. »

Pendant ce temps, le gouvernement de la Défense nationale, par l'intermédiaire de son ministre à Bruxelles, réclamait le général. Voici la dépêche que remettait à ce dernier le consul de France à Luxembourg :

Taschard à Consul, Luxembourg.

« Priez immédiatement le général Bourbaki de venir me trouver ici ; j'ai à lui faire une communication de la plus haute importance. J'attendrai le général toute la nuit (14) place de l'Industrie. Montrez traduction et chiffres au général, et donnez-lui copie certifiée de cette dépêche avec le timbre du consulat. Très urgent. »

M. Taschard lui-même avait reçu la dépêche suivante :

« Priez de la part du gouvernement, et dans l'intérêt de la patrie, le général Bourbaki de se rendre à Tours, où il sera admirablement reçu et où il peut rendre les plus grands services à son pays. »

Le général Bourbaki, certain maintenant que le prince Frédéric-Charles ne le laisserait pas rentrer à Metz, malgré les ordres du roi, éprouva un désespoir

profond. Il vit où le devoir l'appelait. Il quitta Luxembourg pour Bruxelles, d'où, après avoir vu le ministre de France, il se rendit à Tours pour mettre son épée au service du gouvernement de la Défense nationale.

Pour en finir avec l'armée du Rhin et avec Metz, je vais vous raconter maintenant ce qui s'y passa au sujet du général Bourbaki.

Dès le 25 septembre, lendemain du départ du général, le maréchal Bazaine nommait au commandement provisoire de la garde le général Desvaux, le plus ancien des divisionnaires de ce corps d'armée.

Au bout de peu de temps, à Metz et dans l'armée, on commença à s'inquiéter de l'absence prolongée du général. Son aide de camp, le commandant Leperche, craignait qu'il ne fût malade ou prisonnier; car les bruits disant que le maréchal Bazaine l'avait éloigné pour pouvoir capituler sans opposition, se répandaient de plus en plus.

On allait jusqu'à dire que le maréchal l'avait fait arrêter à son retour à Metz, et qu'il était enfermé à l'Arsenal. L'état-major général de l'armée laissait courir le bruit qu'il était l'âme d'un complot bonapartiste, etc... En un mot, les rumeurs les plus étranges et les plus monstrueuses circulaient sur son compte. Ses amis et les officiers sous ses ordres refusaient d'y

ajouter foi, mais n'en étaient pas moins fort mécontents.

Enfin, le 18 octobre, devant tous ces bruits, devant le mécontentement de la garde de se voir privée de son chef, devant l'inquiétude de ses amis et la sienne, le commandant Leperche se décide à se présenter chez le maréchal Bazaine, pour lui demander des nouvelles précises du général Bourbaki.

Ici, je reproduis textuellement la relation de cette démarche qu'a conservée Leperche dans ses notes. Il avait appris que le général Boyer, envoyé par le maréchal à Versailles auprès de M. de Bismarck, était rentré à Metz, et il pensait à juste titre qu'il pourrait par lui avoir des nouvelles toutes fraîches.

« Je me suis dirigé, dit-il dans son journal, vers le grand quartier général, afin de demander au maréchal des nouvelles du général Bourbaki. Arrivé au Ban Saint-Martin à une heure, j'appris que le général en chef avait présidé un conseil qui s'était prolongé, et qu'il venait de se mettre à table. J'allai donc faire une visite au général Picard, et, à deux heures, je me présentai de nouveau chez le maréchal. J'ai été reçu immédiatement. »

La conversation du maréchal et du général Boyer avec le commandant Leperche a été notée à part par ce dernier : je n'ai pu la retrouver, mais on peut la

reconstituer. Le maréchal raconta au commandant la sortie de Metz : le général serait bien arrivé auprès de l'impératrice, où il aurait été fort mal reçu; il aurait obtenu une première autorisation de rentrer, mais le prince Frédéric-Charles aurait refusé le passage ; il se serait présenté à Verneville une seconde fois, muni d'une nouvelle autorisation ; alors le prince Frédéric-Charles l'aurait fait arrêter. Le maréchal ajouta qu'il avait envoyé un émissaire dans cette localité ; mais ce dernier était revenu sans avoir pu y pénétrer. « Le maréchal m'a ensuite engagé à demander au général Boyer les renseignements pouvant m'intéresser. »

Le général Boyer dit au commandant Leperche qu'il ne pouvait que confirmer ce que venait de dire le maréchal ; il ajouta qu'il avait vu une lettre du général Bourbaki sur la table de M. de Bismarck, mais qu'il n'en avait pas remarqué la date (c'était probablement la lettre écrite au comte Granville) ; qu'en un mot, il y avait eu mystification, etc.

« Ces renseignements que j'obtins jettent dès à présent un certain jour sur la situation faite au général Bourbaki, et me démontrent que sa bonne foi a dû être surprise par quelqu'un ; qu'il est devenu par son honnêteté même la victime d'un coquin. A peine étais-je rentré, que le général Desvaux, qui m'avait déjà fait mander, me répéta ce qu'avait dit le maréchal Bazaine,

dans le conseil des commandants de corps d'armée, au sujet du général Bourbaki. Les paroles du maréchal dans ce conseil ne diffèrent en rien de ce qu'il m'a dit personnellement. Le général Desvaux a ajouté que le général Changarnier, à la suite des explications données sur l'absence du général Bourbaki, avait fait l'éloge le plus grand, le plus chaleureux du général, et qu'il avait exprimé, avec une grande autorité et une conviction profonde, les sentiments professés par tous les maréchaux et généraux auxquels il s'adressait.

» Que penser maintenant de la teneur des conversations que j'ai eues avec le maréchal Bazaine et le général Boyer? Que penser aussi des expressions dont l'un et l'autre ont paru vouloir se servir de préférence? Comment l'agent envoyé à Verneville, s'il est allé réellement jusque-là, et s'il n'a pas osé pénétrer dans le château, n'a-t-il pas demandé des renseignements aux gens de la localité, ou n'en a-t-il pas fait demander par eux à M. de Verneville aîné, qui est maire, et qui habite le château? Comment le maréchal a-t-il accordé quelque créance à la mission de M. Regnier, si ce dernier n'avait aucun titre écrit permettant de savoir en quelle qualité il se présentait? Pourquoi le maréchal Bazaine et le général Boyer s'attachent-ils à dire que le général Bourbaki a été autorisé à se rendre près de l'impératrice, alors qu'il a eu une mission à

remplir, un ordre à exécuter? Si M. Regnier n'était pas venu, le maréchal Bazaine n'aurait-il donc pas songé à demander à l'impératrice régente ce qu'elle comptait faire? à la prier, le cas échéant, de nous délier de notre serment? Que signifie la mauvaise réception du général Bourbaki par l'impératrice? comment cette mauvaise réception serait-elle justifiée? Tout ceci est étrange. Il est à regretter que le général Boyer n'ait remarqué ni la date de lieu, ni la date de temps de la lettre écrite par le général Bourbaki à M. de Bismarck. Pourquoi cette insinuation d'une démarche possible de Jules Favre, alors que le général a été envoyé à l'impératrice? Enfin, à quel propos le mot mystification a-t-il été prononcé par le général Boyer sans avoir été amené par la teneur même des phrases précédentes? Tout ceci donne beaucoup à penser. Nous aurons plus tard le mot de l'énigme. »

Évidemment, les assiégés de Metz ne pouvaient pas l'avoir, le mot de l'énigme. Ils le soupçonnaient bien, mais c'était tout.

De plus en plus inquiets, les amis du général Bourbaki pressaient le commandant Leperche, fort impatient lui-même, de faire une nouvelle démarche. Ce dernier se rendit chez le maréchal Canrobert.

« Je suis allé trouver le maréchal Canrobert et lui ai dit qu'en raison de son affection pour le général Bour-

baki, j'éprouvais le besoin de lui dire ce qui s'était passé ces jours-ci à propos de l'absence prolongée du général ; je lui ai raconté ma conversation avec le maréchal Bazaine et le général Boyer, je lui ai fait connaître les points que j'avais demandé à préciser hier, dans la réunion des généraux, chefs d'état-major et de service, chefs de corps, présidée par le général Desvaux :

» 1° Assurance formelle du maréchal Bazaine au général Bourbaki que toutes facilités lui seraient données pour rentrer comme pour sortir de nos lignes ;

» 2° Assurance formelle donnée au général qu'il pourrait, en toutes circonstances, partager le sort de la garde ;

» 3° Délivrance d'un ordre écrit, et non d'une autorisation, par le maréchal Bazaine au général Bourbaki ;

» 4° Remplacement du général Bourbaki dans le commandement de la garde impériale.

» — Tout ce que vous m'avancez, me dit le maréchal Canrobert quand j'eus terminé, est parfaitement exact ; Bourbaki n'a fait qu'exécuter un ordre du maréchal Bazaine, et il n'a dû rien avoir à démêler avec les Prussiens. J'étais présent quand les conditions de son départ ont été rédigées, et je me fais garant de l'exactitude entière des faits, qui se sont passés tels que vous les présentez.

» — Maintenant, repris-je, vous avez compris comme moi, monsieur le maréchal, tout ce qu'il y a d'inquiétant dans ce fait que le général Bourbaki ait reçu l'autorisation de franchir les avant-postes prussiens, et qu'il n'en ait point usé.

» — Peut-être est-il malade, me dit le maréchal; il a été très éprouvé en ces derniers temps, en raison même de la qualité de son cœur, par tous les événements qui se sont succédé; par les épreuves de la France et de son armée, et, il faut le dire, par toutes les fautes commises; l'affection de sa jambe aidant, il a pu se trouver arrêté dans une ville quelconque.

» — J'ai songé à cette explication, dis-je à mon tour; mais il me semble impossible que le général, ayant reçu l'autorisation de rentrer, ne soit pas parti pour en profiter, en même temps qu'il adressait une lettre de remerciements à M. de Bismarck, et que, dans le cas extraordinaire où il serait tombé subitement assez malade pour ne pouvoir être transporté, il n'ait pas fait donner de ses nouvelles au commandant en chef qui l'avait envoyé en mission et aux officiers attachés à sa personne, de l'affection desquels il est assuré, et dont il doit comprendre l'inquiétude. La cause de la prolongation de son absence ne peut être expliquée quant à présent. Plus tard on sera peut-être à même

de constater que le général aura été victime d'odieuses machinations.

» — C'est précisément pour cela, me dit le maréchal Canrobert, que j'ai demandé à deux reprises différentes, au maréchal Bazaine, de réclamer près du prince Frédéric-Charles des nouvelles du général Bourbaki; mais j'ignore s'il l'a fait.

» — En agissant ainsi, dis-je ensuite au maréchal, vous avez eu la bonté de prévenir un de mes désirs; je me propose de me présenter de nouveau demain au maréchal Bazaine et de lui soumettre moi-même une demande semblable. Le maréchal ne saurait se préoccuper davantage de ma requête, mais je considère comme un devoir vis-à-vis du général Bourbaki de la lui adresser.

» — Vous ferez très bien, me dit le maréchal Canrobert, et je vous engage à mettre cette idée à exécution. »

Le lendemain 21 octobre, le commandant Leperche se rendit de nouveau au grand quartier général.

« Je me suis présenté au grand quartier général. En y arrivant, j'ai rencontré Laveuve qui m'a dit avoir entendu parler des observations présentées par moi avant-hier à la réunion des généraux et chefs de corps de la garde. J'ai complété les explications qu'il m'a données à ce sujet, et lui ai fait comprendre l'esprit de mes démarches actuelles. Je ne me fais aucune il-

lusion : mes démarches n'aboutiront pas, j'en suis sûr, à des nouvelles certaines de la situation du général Bourbaki.

» Le maréchal Bazaine, quoique paraissant peu satisfait de me voir, me reçut immédiatement; il se trouvait dans son cabinet avec un colonel d'infanterie que je ne connaissais pas. En raison de la présence de ce colonel, je gardai le silence tout d'abord, attendant que le maréchal m'interrogeât. Voulant lever mes scrupules, il se tourna de mon côté et m'engagea à parler.

» — Dites, nous n'avons pas de secrets.

» Je commençai :

» — Depuis que vous avez bien voulu, monsieur le maréchal, me dire il y a trois jours ce que vous saviez du général Bourbaki, j'ai été constamment préoccupé par cette idée que le général, ayant reçu l'autorisation de rentrer et n'en profitant pas, ne faisant pas même donner des nouvelles de sa santé, devait se trouver dans une situation des plus fâcheuses. J'ai pensé que vous trouveriez peut-être bon de faire demander au prince Frédéric-Charles s'il ne saurait pas quelque chose concernant le général, si le général se serait de nouveau présenté pour passer. Dans le cas où vous le jugeriez ainsi, je serais très heureux d'être chargé de cette mission.

» — Que voulez-vous? dit le maréchal, le général est

peut-être retourné auprès de l'impératrice, peut-être est-il allé trouver l'empereur, peut-être s'est-il rendu auprès du gouvernement de la Défense nationale, afin de savoir comment il pourrait arranger les affaires.

» — Cette hypothèse me semble très improbable. Le général Bourbaki n'avait d'autre mission que celle que vous lui aviez confiée vous-même. Connaissant son grand désir de rentrer parmi nous, les démarches réitérées pour faire lever les difficultés qui lui avaient été opposées, je ne comprendrais guère qu'il n'eût pas profité de l'autorisation obtenue à grand'peine, et qu'il fût allé là où vous ne l'auriez pas envoyé. Je me permettrai donc d'insister pour que vous fassiez demander, si vous le jugez convenable, des nouvelles au prince Frédéric-Charles.

» — C'est inutile, reprit le maréchal; d'ailleurs j'ai vu un des aides de camp du prince il y a quelques jours, et il n'a pu m'en donner. Boyer nous en rapportera peut-être, je l'ai chargé de s'en occuper; il reviendra demain ou après.

» — L'objet de ma visite n'étant autre que de provoquer une demande de nouvelles auprès du prince Frédéric-Charles, il ne me reste plus, monsieur le maréchal, qu'à vous présenter mes respects.

» Je me retirai ainsi, sans avoir obtenu d'autre résultat que la constatation de l'indifférence opposée

par le maréchal Bazaine aux deux demandes du maréchal Canrobert et à la mienne. Il semble que si la situation du général Bourbaki lui importe peu, il devrait au moins être désireux d'avoir de ses nouvelles au point de vue des résultats de la mission qu'il lui avait confiée. »

Je me suis longuement étendu sur cette triste affaire, mes chers enfants : si je l'ai fait, c'est pour vous montrer combien le général Bourbaki a été trompé, et comment l'indifférence du maréchal Bazaine à son égard prouve qu'il avait fait son possible pour se débarrasser de lui ; c'est aussi afin de lever tous les doutes que pourrait jeter dans vos esprits la lecture des journaux du temps, celle des ouvrages traitant de cette époque, et enfin ce que vous pourriez entendre raconter.

Nous avons laissé le général arrivant à Tours, où il fut fort bien reçu. On lui offrit le commandement de l'armée de la Loire, armée en formation ; mais il le refusa, ce commandement venant d'être donné à son ancien colonel des zouaves, le général d'Aurelle de Paladines.

Après une longue conférence, il demanda et obtint le commandement supérieur de la région du Nord. La nomination fut signée le 17 octobre 1870.

En acceptant cette situation, le général Bourbaki espérait encore pouvoir faire quelque chose en faveur

de cette malheureuse armée de Metz, où il avait laissé son cœur.

Nous allons voir maintenant le rôle qu'il va jouer dans la seconde partie de ce drame terrible; nous allons le voir faisant la guerre en province avec des troupes jeunes, sans expérience, sans cohésion, manquant de tout, et démoralisées souvent par les privations, le froid et la maladie.

C'est alors, mes chers enfants, qu'en ma qualité d'ancien militaire, j'ai cru de mon devoir de reprendre du service, et que le général m'a fait l'honneur de m'attacher à sa personne en qualité d'officier d'ordonnance.

Pendant que je servais mon pays, votre bonne et courageuse mère restait avec vous aux Bezards, et y établissait une ambulance, où elle a soigné de nombreux blessés; elle a risqué plus d'une fois sa vie, tantôt à l'ambulance des Barres pleine de varioleux, tantôt aux Bezards et à Sainte-Geneviève, que, par son énergie, elle a sauvés du pillage et de l'incendie.

IV

Lille. — Armée du Nord.

Le général Bourbaki, en arrivant à Lille pour prendre le commandement de la région du Nord, fut péniblement affecté de la situation qu'il trouvait. Pas une pièce de canon; toutes avaient été prises pour la défense de Paris! Pas de fusils, pas d'effets d'habillement ni d'équipement; tout avait été envoyé à l'armée de la Loire! Le 21 octobre, le général écrivait au ministre de la guerre une lettre dont voici un extrait :

Lille, 21 octobre 1870.

« J'ai eu une déception bien grande en apprenant que, jusqu'au jour de mon arrivée, par ordre du ministre de la guerre, on avait enlevé à la région du Nord toutes les forces armées qui étaient à peu près organisées; qu'on avait fait refluer sur les différents points où devait s'organiser l'armée de la Loire, canons, caissons et compagnies, et que ce mouvement n'avait pas discontinué jusqu'au 19, où les trois dernières compagnies organisées des régions du Nord avaient été envoyées à Bourges.

» Je me trouve donc au milieu d'énormes dépôts sans cadres, de gardes nationales mobiles très incomplètement armées et équipées. Vous vous en ferez une idée, en sachant que nous n'avons que trois cent mille cartouches chassepot. Pour créer quelques batteries d'artillerie, il faut que nous fassions construire les affûts, que nous achetions les chevaux, les harnais, et que nous trouvions les artilleurs et les cadres de l'artillerie.

» Dans cette position, il n'y a pas d'illusion à se faire; nous ne pouvons que nous défendre dans les places fortes plus ou moins longtemps, car la plupart d'elles ne possèdent que l'armement de sûreté, et le nombre des projectiles à tirer est, pour beaucoup de ces places, simplement de cent cinquante par pièce.

. . . .

» J'ai malheureusement acquis la certitude que, dans toutes ces places, il n'y a que l'armement de sûreté; que, pour assurer l'armement de Paris, on a dépouillé ce pays-ci de presque toutes les pièces rayées à longue portée; que les fusils manquent dans beaucoup de localités, et que les cartouches devront être bien économisées, chose difficile à obtenir avec des soldats ou des gardes nationaux mobiles tout neufs, ou la garde nationale mobilisée ou sédentaire.

. . . .

» Matériel, munitions, cadres, instruction, tout

nous manque. Nous n'avons que du patriotisme. Malheureusement, il ne suffira pas pour repousser l'ennemi qui accable notre pauvre patrie. »

Malgré tout, le général se met résolument à la besogne. Il fait appel à l'industrie privée, à toutes les bonnes volontés.

Le 25 octobre, le général Bourbaki reçoit une lettre de l'amiral Fourichon, lui offrant le commandement de deux corps d'armée, pour exécuter un mouvement proposé par le général Trochu.

Voici cette lettre :

MINISTÈRE DE LA MARINE ET DES COLONIES.

Cabinet du Ministre.

Tours, 23 octobre 1870.

« Mon cher ami,

» Voici la dépêche que M. Gambetta vient de recevoir de Trochu :

« Gardez Bourbaki à tout prix; il sauvera la province,
» comme nous sauverons Paris. Réunissez tous vos pe-
» tits paquets qui paraissent mal à propos tenir la
» campagne. Formez-en une armée, et donnez-la-lui.
» Il avancera et reculera sans jamais s'engager à fond;
» mais il défendra à outrance les villes barricadées et
» crénelées. Ranc vous aura dit la ligne d'opérations

» que j'ai en vue. Dites-moi ce que Bourbaki en
» pense. »

» Cette opération, que M. Ranc m'a fait connaitre, consiste à porter l'armée au Havre et à remonter la rive droite de la Seine, afin de ravitailler la capitale.

» Il est infiniment regrettable de vous avoir laissé partir. C'est beaucoup d'avoir perdu quelques jours. Le gouvernement vous offre le commandement en chef des 15e et 16e corps, ainsi que de toutes les troupes qui pourront y être adjointes. Si vous acceptez, vous êtes autorisé à vous mettre en route de suite pour Tours. Répondez par le télégraphe.

» A vous de tout cœur.

» *Signé :* Fourichon. »

Le général répondit télégraphiquement, et écrivit au ministre de la marine la lettre suivante :

Lille, 25 octobre 1870.

« Monsieur le ministre et cher ami,

» Je reçois votre lettre me proposant d'aller prendre le commandement de l'armée de Tours, et j'abandonne pour un instant le travail d'organisation d'une petite division de 10 000 hommes, qui est en bon train, et celui de l'établissement le plus rationnel de la défense des places du Nord, et cela pour vous dire, ce que vous

saviez depuis longtemps, que je me soumettrai aux ordres donnés par le gouvernement de la Défense nationale, et que, quelle que soit la position qu'il m'assigne, je ferai de mon mieux.

» D'après votre lettre, je crois que vous destinez l'armée de la Loire à passer sur la rive droite de la Seine, et à essayer, en forçant la ligne de circonvallation des Prussiens, de faire pénétrer un convoi de bestiaux et autres denrées dans Paris.

» Si, comme je le suppose, l'armée de la Loire est toujours à Vierzon, à la Ferté et à Blois, c'est donc une marche, offrant le flanc droit, de soixante-quinze lieues, avant d'arriver à Rouen. Parvenu à ce point, je crois qu'en rappelant un peu de troupes du Pas-de-Calais, du Nord, et usant de celles de la Seine-Inférieure, on pourrait se créer un masque qui rendrait le passage moins difficile. Mais jusqu'à Rouen, l'ennemi pourra se concentrer bien facilement sur Chartres, sur Dreux, sur Évreux, et ce sera miracle s'il m'a été possible de m'enlever à une action pendant une marche qui demandera quinze à seize jours.

» Il est donc plus que probable que, pour accomplir le mouvement, nous serons obligés d'accepter la bataille dans les environs de Mezidon, Bernay ou Lisieux.

» L'armée que vous venez de créer est-elle apte à disputer avec ténacité le terrain? Il faudrait à ce sujet

consulter les divisionnaires, qui doivent commencer à la connaître.

» Avez-vous pensé aux points qui doivent se trouver approvisionnés en pain, sucre et café? car il ne faut pas songer, en marchant avec vivacité, à pouvoir faire faire le pain tous les soirs et les distributions le matin.

» A ce jeu-là, nous ne ferions pas deux lieues par jour.

» Votre armée est-elle déjà organisée de manière à porter quatre jours de biscuit dans le sac, et quatre jours de prévision dans des voitures de réquisition? La discipline est-elle donc assez bonne pour que vos troupes ne se rebutent pas devant la pluie, la boue, qui les attendront dans cette marche? Car, rapprochés de l'ennemi comme nous le serons quelquefois, il ne faut pas penser à cantonner les soldats; il faudra que la plus grande partie bivouaque.

» Vous avez sans doute auprès de vous M. Thiers. Si vous pouviez avoir son avis au sujet de ce grand mouvement tournant; s'il était favorable, ce serait d'un grand poids dans la confiance qu'apporterait à son exécution l'officier général que vous en chargeriez.

» Si votre armée a pris des qualités de solidité, si elle a trois pièces de 12 par mille hommes, de bons

artilleurs, et qu'on ne craigne pas le combat, il serait peut-être possible de beaucoup raccourcir la route à faire en côtoyant de plus près la ligne de circonvallation de l'ennemi.

» Je termine ma lettre, mon cher ami, en vous disant que, dans l'état désespéré de résistance où se trouve la France, j'essayerai avec courage et dévouement tout ce que l'on m'ordonnera de faire; mais si, au lieu d'être un agent de combat, j'étais un agent de pensée, je voterais pour un armistice et pour la paix.

» C'est peut-être un défaut d'éducation, mais autant j'ai confiance dans les soldats qui ont le respect et la crainte de leurs chefs, l'amour de leur drapeau, autant je me défie des ramassis d'hommes qui, sans discipline, sans connaissance de leurs officiers, doivent combattre en rase campagne.

» Dieu, qui protège la France, infligera peut-être un démenti à mes croyances, et j'en serai fort heureux.

» A vous de tout cœur.

» *Signé* : C. BOURBAKI. »

« *P. S.* — Je suppose que Trochu doit bien penser qu'au jour convenu, l'effort que doit faire l'armée de Paris doit être formidable; car, si ce que l'on nous dit est vrai, il pourrait, en laissant 300 000 hommes dans la place, sortir avec une armée de 200 000 bien

encadrés, avec une artillerie nombreuse, et une connaissance complète des éléments qui doivent combattre ensemble.

» L'armée de l'Ouest, le peu de troupes du Nord, l'armée de la Loire, peuvent aider à la victoire en se compromettant, mais elles n'offriront jamais l'élément de succès que Paris présente à lui seul.

» Je raisonne, vous le voyez, sur l'hypothèse d'un mouvement s'effectuant par étapes normales. Si vous avez à Tours le matériel nécessaire pour transporter toute l'armée de la Loire par le chemin de fer, le mouvement de concentration sur la rive droite de la Seine pourrait s'effectuer peut-être en cinq ou six jours. »

Après cette lettre et l'assurance qu'on le laisserait dans le Nord, le général continua ses efforts d'organisation; le 29 octobre, il adressait une proclamation aux habitants et aux troupes de la région du Nord.

Proclamation.

« Citoyens, gardes nationaux, soldats et gardes mobiles.

» J'ai été appelé par le ministre de la guerre au commandement militaire de la région du Nord. La tâche qui m'incombe est bien grande, et je la trouverais au-dessus de mes forces, si je n'étais soutenu par

les sentiments de patriotisme qui nous animent. Tous mes efforts tendent à créer le plus vite possible un corps d'armée mobile qui, pourvu d'un matériel de guerre, puisse tenir la campagne et se porter au secours des places fortes, que je me hâte de mettre en bon état de défense.

» Pour moi, qui ai loyalement offert mon épée au gouvernement de la Défense nationale, mes efforts et ma vie appartiennent à l'œuvre commune qu'il poursuit avec vous, et vous me verrez, au moment du danger, à la tête des troupes qui seront incessamment organisées pour remplir cette tâche et faire payer cher à notre implacable ennemi chaque pas qu'il fera sur notre territoire.

» Il faut que la concorde et la confiance règnent au milieu de nous, que nos cœurs ne soient animés que du désir de sauver et de venger notre malheureuse France.

» Vous pouvez compter sur le plus énergique concours et le dévouement le plus absolu de ma part, comme je compte sur votre courage et votre patriotisme.

» *Signé :* BOURBAKI. »

Lille, 29 octobre 1870.

Mais quelle dose d'énergie il fallait déployer !

Le général, en effet, tout en faisant des efforts surhumains pour arriver à un petit résultat, était violemment attaqué au point de vue politique, surveillé, pour ne pas dire espionné, et toutes les difficultés possibles lui étaient suscitées par l'administration. Les journaux allaient jusqu'à dire que les troupes qu'il organisait n'étaient pas destinées à défendre le pays, mais bien à occuper les places fortes pour les livrer au parti bonapartiste. Enfin toutes les accusations qui peuvent germer dans des cerveaux malades ou méchants étaient formulées contre lui. Mais le patriotisme du général lui faisait dédaigner ces ridicules attaques; il n'avait qu'un objectif : la défense de sa patrie envahie.

Voici l'extrait d'une lettre qu'il écrivait, le 7 novembre, au ministre de la guerre :

Lille, 7 novembre 1870.

« Les résultats obtenus ne sont pas ceux que j'aurais désirés ; mais on a dépouillé le Nord de l'artillerie de ses places et de ses projectiles pour armer Paris, de l'artillerie de campagne, de ses chevaux, de ses harnachements, de ses artilleurs, de ses cadres de toute espèce, pour former les différentes armées.

» L'armement des places n'est que celui de sûreté ; pour quelques-unes seulement, il est d'un tiers au-dessus.

» L'approvisionnement des projectiles pour les pièces rayées était d'environ soixante coups quand je suis arrivé. J'ai donné des ordres pour qu'il soit porté le plus vite possible à quatre cents coups par pièce.

» Les cartouches pour les fusils modèle 1866 ne s'élevaient pas, comme réserve, au-dessus de quatre cent mille. Aujourd'hui, cette réserve ne dépasse pas huit cent mille. Ordre est donné d'en confectionner sans relâche, et d'en acheter à l'étranger tant qu'on pourra.

» J'avais demandé à Cherbourg cinquante pièces de 30 de la marine; j'apprends avec chagrin qu'elles ont été embarquées à bord d'un bâtiment qui, par son tirant d'eau, ne peut entrer à Dunkerque. Je ne sais plus maintenant quand elles m'arriveront.

» Les couvertures et ustensiles de campement font grand défaut. Je fais tous mes efforts pour qu'on satisfasse le plus possible à ces premiers besoins de l'homme en campagne.

» La garde mobile a ses armes en fort mauvais état. Beaucoup de percuteurs sont cassés, et l'industrie privée nous procure bien difficilement les moyens de réparation. On s'occupe, malgré cela, de mettre tout en état sans relâche.

» Je désire que l'ennemi nous laisse le temps d'agencer le moins mal possible ces éléments de défense,

pour que la bonne volonté et le patriotisme de chacun puissent s'exercer d'une manière fructueuse.

. . . .

» Faute de fusils, on n'a pas encore mobilisé les gardes nationales; le travail, commencé depuis mon arrivée pour former des cadres, avoir des fusils, des cartouches, de la poudre, des projectiles, n'aura pas encore produit ce résultat. »

En arrivant, le général Bourbaki avait trouvé à Lille le général Farre, général de brigade du génie à titre provisoire, et le seul dont il pût faire son chef d'état-major.

Le 7 novembre au soir, arrivait à Lille, après avoir pu s'évader de Metz, le commandant Leperche, accompagné du docteur Noguès, médecin-major de 1ʳᵉ classe, que le général Bourbaki connaissait beaucoup, et qu'il garda avec lui.

Vous pouvez penser, mes chers enfants, avec quelle joie ces messieurs furent reçus par le général, qui trouvait ainsi des amis dévoués et sur lesquels il pouvait compter.

Frémy, l'ancien porte-fanion du général à Metz, s'était évadé également avec un officier d'état-major, tous deux déguisés en maquignons anglais; Frémy arrivait avec les chevaux du général Bourbaki, ceux

du commandant Leperche et des officiers d'ordonnance du général, prisonniers des Allemands.

Grâce à l'industrie privée, grâce à la bonne volonté de tous, grâce à l'amiral Fourichon, qui avait envoyé trois mille fusiliers et soixante pièces de canon de la marine, et en retenant, autant qu'il le pouvait, les évadés de Metz et de Sedan, le général Bourbaki était parvenu à créer un petit corps d'armée composé de six batteries d'artillerie, deux escadrons de cavalerie et quatre brigades d'infanterie; de plus, les places fortes étaient de nouveau mises en état de défense.

Le 17 novembre, il écrivait au ministre pour lui rendre compte de sa position. Voici un extrait de cette lettre :

« Je suis attelé à une besogne des plus ingrates, puisque, sans aucune aide, ayant besoin de tout, il m'a fallu armer aussi bien que possible les places du Nord, les approvisionner de munitions, créer, avec six dépôts de régiments d'infanterie et quatre dépôts de chasseurs à pied déjà épuisés, quatre brigades d'infanterie, et, avec quarante-cinq dragons, tout un régiment, dont deux escadrons sont formés dès à présent.

» Je n'avais aucune batterie d'artillerie; aujourd'hui, j'en possède cinq; elles sont attelées et peuvent aller partout.

» Ce sont de petits résultats. Néanmoins, pour les obtenir, il m'a fallu surmonter bien des difficultés. Les cartouches chassepot me font défaut; j'en fais faire le plus possible, mais la moindre action de guerre suffirait pour épuiser mes approvisionnements actuels. »

. . . .

« *P. S.* — Je vais me rapprocher d'Amiens avec trois brigades d'infanterie, quatre batteries d'artillerie, deux escadrons de dragons, et deux escadrons de gendarmes. J'aurai l'honneur de vous rendre compte de mon départ, dès que le jour sera fixé. »

Mais, hélas! la politique l'emporta enfin, et, au moment où le général Bourbaki allait essayer, avec son petit corps d'armée, d'enlever Beauvais par un coup de main, et de là, en une marche, se porter sur Chantilly en essayant de détruire les approvisionnements ennemis qui y avaient été réunis, il recevait du gouvernement, le 19 novembre au soir, une dépêche lui annonçant son remplacement à Lille, son envoi à Nevers pour y prendre le commandement du 18ᵉ corps d'armée, et l'ordre de remettre la région du Nord au général Farre, en attendant l'arrivée de son successeur.

Sans hésitation, sans observations, sans récriminations, quelque étrange que fût l'ordre, le général

Bourbaki obéit comme il a toujours su le faire; il se montra supérieur à tout sentiment d'amour-propre, et donna une fois de plus l'exemple du respect de la discipline.

Il adressa de suite la dépêche suivante au ministre de la guerre :

« Je quitte le Nord demain. D'après vos ordres, je donne le commandement de la division au général Farre.

» J'ai la satisfaction de laisser les places bien armées et aptes à se défendre.

» Je laisse quatre brigades d'infanterie organisées, sept batteries d'artillerie, quatre cents chevaux de dragons et de gendarmerie.

» Les commandements régionaux étant supprimés, j'autorise les officiers d'état-major à se rendre à Tours prendre vos ordres. »

Enfin, avant de partir, le général Bourbaki adressa l'ordre suivant aux troupes de la région du Nord, infanterie, cavalerie, artillerie, marins, garde mobile, garde nationale, etc.

COMMANDEMENT SUPÉRIEUR DE LA RÉGION DU NORD.
Ordre.

« Par décision ministérielle en date du 18 novembre, qui m'est notifiée aujourd'hui par voie télégraphique,

je suis appelé au commandement du 18ᵉ corps d'armée, à Nevers. J'ai l'ordre de remettre le service, par intérim, à M. le général Farre.

» En quittant les gardes nationales, la garde mobile, les corps francs, les troupes de toutes armes de l'armée, j'éprouve le besoin de dire à tous combien mes regrets sont grands, de remercier chacun du concours qu'il m'a prêté, comme de celui qu'il se proposait de me donner ultérieurement.

» Depuis que j'ai été investi du commandement supérieur de la région du Nord, j'ai pu, grâce au zèle des divers services, des divers corps, armer les places de cette région, les mettre en état de défense, et créer un petit corps d'armée qui ne se serait pas contenté de consolider cette défense.

» J'étais fier de ce résultat, fier du dévouement et de la confiance qui m'ont été témoignés, et qui m'ont facilité l'accomplissement d'une tâche laborieuse ; j'adresse aux officiers de tous grades, aux sous-officiers et aux soldats de tous les corps de la région du Nord mes félicitations pour l'excellent esprit dont ils sont animés. En leur faisant mes adieux, je leur promets de ne pas les oublier. De loin comme de près, je suivrai avec le plus vif intérêt les efforts qu'ils tenteront pour résister courageusement à l'ennemi, et j'applaudirai de tout cœur aux succès que je leur souhaite.

» Sur tous les points de notre chère patrie, les cœurs doivent battre à l'unisson ; la même pensée doit nous animer tous : lutter pour chasser l'étranger.

Au quartier général à Lille, le 19 novembre 1870.

» Le général de division, commandant supérieur de la région du Nord,

» *Signé* : Ch. Bourbaki. »

Le général regrettait beaucoup d'abandonner les éléments qu'il avait eu tant de peine à organiser, de ne pas pouvoir faire profiter le pays du résultat de ses efforts, et cela pour aller prendre le commandement d'un corps d'armée qui, croyait-il, n'existait que sur le papier.

V

Tours. — Armée de la Loire. — 18ᵉ corps. — Perte d'Orléans. — Combat de Gien. — 1ʳᵉ armée. — Retraite sur Bourges.

Le 20 novembre, le général, accompagné de son état-major particulier, se mit en route pour Tours après avoir remis le commandement, comme il en avait reçu l'ordre, au général Farre.

Le voyage se fit par Amiens, Rouen et le Mans. Entre le Mans et Tours, à la station de Vaas, il croisa un train dans lequel se trouvait M. Gambetta qui allait au Mans.

Le général descend pour lui parler. Il lui demande pourquoi il lui a envoyé l'ordre de se rendre à Tours et de remettre son commandement. — M. Gambetta répond qu'il a la plus grande confiance en lui, qu'il l'estime, mais qu'il est devenu impossible dans le Nord, où sa présence a fait concevoir des craintes, des méfiances politiques.

« — En fait de politique, reprend le général, j'ai cherché des effets d'équipement, d'habillement et des armes. Dans ces conditions, je n'ai pas besoin de vous le dire, si j'avais constaté la moindre répugnance à

mon égard dans la population honnête, je me serais rendu justice moi-même, à tort ou à raison ; mais je constate, au contraire, que toute cette population m'était favorable.

» Quelques gamins de Douai, à propos de la capitulation de Metz, ont, il est vrai, vociféré contre moi ; mais j'ai reçu les excuses de la garde nationale elle-même.

» Si je ne suis pas appuyé par le gouvernement, le soldat me manquera. C'est une guerre au bonapartisme que l'on me fait. Pour que j'accepte un commandement, il faut que toute méfiance disparaisse, rendez-m'en l'exercice possible. »

M. Gambetta répond : « J'y ai été obligé, c'est votre intérêt, c'est l'intérêt de la chose publique. Enfin, je vais revenir à Tours, et je ne déciderai rien jusque-là. »

Après cette conversation, le général et M. Gambetta se séparent, remontent en wagon, et les trains se remettent en route. Le 22 au soir, le général arrive à Tours.

Après dîner, il va voir l'amiral Fourichon, et a avec lui un long entretien sur la façon dont il était traité, sur les soupçons qu'on faisait peser sur lui, sur ce qu'on lui rendait le commandement impossible, etc.

L'amiral le calme et lui recommande de ne rien décider avant le retour de M. Gambetta.

Le lendemain 23, le général va voir M. de Freycinet, le délégué du ministre de la guerre, qui lui dit que des considérations politiques avaient obligé de le rappeler du Nord, où de nombreuses dénonciations avaient été formulées contre lui. — Le général lui répond qu'avant d'accepter le commandement du 18ᵉ corps, il désire savoir ce dont il se compose. — M. de Freycinet lui en indique la composition. — Le général fait remarquer qu'ayant beaucoup de mobiles sous ses ordres, ce ne sera guère le moyen de l'aider à exercer son commandement que de témoigner le peu de confiance qu'on a en lui.

Le général se décide à attendre patiemment le retour de M. Gambetta, pour demander à être relevé carrément de ses fonctions si l'on n'a pas confiance en lui. Il ne veut rien demander, mais il veut aussi, si cette absence de confiance n'existe pas, être traité comme il le mérite.

Il apprend qu'il a été, à Lille, entouré d'espions; qu'entre autres, le garçon qui le servait à l'hôtel pendant qu'il s'y trouvait avait été placé là pour rendre compte de tout ce qu'il faisait et disait, de tout ce qui se faisait et disait autour de lui.

Ainsi, voilà un général qui met toutes ses opinions, tous ses sentiments, de côté, et qui, pouvant se constituer prisonnier des Allemands et s'en aller en

captivité à Wilhelmshohe ou ailleurs, mais voyant son pays envahi, pillé, incendié, vole à son secours; peu lui importe quelle est la forme de gouvernement, et qui est au pouvoir; il ne voit qu'une chose, la patrie à l'agonie : et voilà l'homme qu'on fait espionner, et qu'on va jusqu'à accuser de trahison!

Enfin, le 27 novembre, le général Bourbaki, fort étonné de ne plus entendre parler de son commandement, et fort mécontent des bruits scandaleux que le gouvernement laisse courir sur son compte, écrit au ministre de la guerre:

Tours, 27 novembre 1870.

« Monsieur le ministre,

» Le bruit court, m'assure-t-on, que je refuse de servir la France dans la période douloureuse qu'elle traverse. J'ai eu l'honneur de vous voir trois fois, et j'espère que vous ne partagez pas l'opinion de ceux qui pensent ainsi.

» Pour expliquer ma pensée, je suis obligé de remonter un peu haut. Je commandais la garde impériale, lorsqu'une mission me fut confiée par le commandant en chef de l'armée; je me trouvai dans l'obligation de sortir de Metz. Je n'ai point à revenir sur cet incident, au sujet duquel j'ai déjà eu l'occasion de donner des explications qui ont été jugées entière-

ment satisfaisantes par vous-même, puisque, sur ma demande, vous avez bien voulu me confier le commandement de la région du Nord.

» Je me suis rendu à mon nouveau poste. Me voyant constamment occupé à faire armer les places, à me procurer les hommes, les canons, la poudre, les projectiles nécessaires; à habiller, à équiper, à armer, à créer de toutes pièces un corps d'armée apte à manœuvrer, soit dans le réseau des places fortes, soit en dehors de la région du Nord, certaines personnes, animées contre moi de préventions fâcheuses, ne tardèrent pas à me rendre justice, en me témoignant toute la confiance à laquelle mon caractère et mes actes me donnent droit.

» J'avais bien éprouvé, pendant ce temps, un déboire, celui de me voir observé; mais, avec la tranquillité d'esprit que procure l'accomplissement consciencieux du devoir, je m'étais facilement habitué à cette situation. J'allais d'ailleurs commencer les opérations que les forces que je venais d'organiser me permettaient d'entreprendre, lorsque me parvint, de la façon la plus inattendue, par dépêche télégraphique, l'ordre de remettre le service à mon chef d'état-major général, et de prendre, après m'être arrêté à Tours pour y recevoir vos instructions, le commandement d'un des corps de l'armée de la Loire.

» Des consolateurs bien informés m'assurèrent que ce changement subit de situation devait être attribué à des menées politiques auxquelles le gouvernement me savait étranger, mais qu'il valait mieux, dans mon propre intérêt, m'éloigner de la région du Nord.

» Pendant la route, comme à mon arrivée à Tours, de nouveaux renseignements sont venus corroborer les premiers. Aussi n'ai-je pas manqué de vous dire, monsieur le ministre, pendant notre court entretien à la station de Vaas, que cette mesure devait avoir pour conséquence de faire naître, dans l'armée comme dans le public, les soupçons les moins justifiés. J'ai ajouté que si je devais rester condamné à un semblable état de suspicion, ce serait agir contrairement aux intérêts de la France, à ceux du gouvernement et à mes intérêts personnels, que d'accepter le nouveau commandement auquel vous veniez de m'appeler.

» J'ai émis ces mêmes pensées près de M. de Freycinet, en le priant de vous en transmettre l'expression, et d'attendre votre retour du Mans avant de provoquer une décision quelconque à mon sujet. Depuis lors, je n'ai reçu de vous aucune communication.

» Je vous serai bien reconnaissant, monsieur le ministre, si vous jugez opportun de protester contre l'accusation d'indifférence aux maux de la patrie que plusieurs journaux semblent vouloir porter contre moi.

» J'ai la conscience d'avoir toujours servi la France avec la plus grande loyauté, d'avoir mis constamment à sa disposition, en dehors de toute préoccupation politique, sans le moindre souci de mes intérêts personnels, tout ce que je possède d'intelligence et d'expérience.

» Je n'ai, dans les circonstances présentes, d'autres désirs que de me consacrer à la défense de la patrie, de demeurer au nombre des Français appelés à combattre l'étranger.

» Je vous dis, monsieur le ministre, avec une entière franchise, tout ce que je pense : je serai on ne peut plus honoré de continuer à prendre part à la lutte de la France contre l'ennemi ; mais je dois, me semble-t-il, n'accepter de commandement qu'à la condition expresse que toute méfiance à mon égard disparaisse et m'en rende l'exercice possible.

» Agréez, monsieur le ministre, etc,

» *Signé* : C. BOURBAKI. »

Le ministre de la guerre répond, dès le lendemain 28 novembre :

MINISTÈRE DE L'INTÉRIEUR.

Tours, 28 novembre 1870.

« Général,

» J'ai lu votre lettre avec un sentiment de profonde

surprise. Vous savez que j'ai toujours manifesté à votre égard la plus entière confiance, convaincu de la loyauté, de la sincérité du concours que vous apportiez au gouvernement de la Défense nationale. Je désire vous expliquer de vive voix, et sans réticence étrangère à mon caractère, tout ce que je pense et tout ce que j'attends de votre patriotisme. En conséquence, je vous prie d'accepter un rendez-vous à quatre heures dans mon cabinet.

» Veuillez recevoir l'assurance de mes sentiments d'estime.

» *Signe* : Léon Gambetta. »

Il est regrettable que le ministre et son délégué à la guerre n'aient pas mis en pratique les sentiments exprimés dans cette lettre.

Le général se rend à l'invitation du ministre. Après un long entretien et des explications qui lui donnent satisfaction, il accepte le commandement d'un corps d'armée en formation à Tours.

Le général allait se mettre à l'œuvre, lorsque, le lendemain 29, il est de nouveau appelé par le ministre qui lui annonce que le 18º corps est devant l'ennemi, qu'il vient de se battre à Beaune la Rolande, et qu'il n'a pour le moment d'autre commandant que le général Billot, qui en est le chef d'état-major. Il fait appel

à son patriotisme, à son cœur de soldat, pour faire cesser cet état de choses et prendre le commandement de ce corps.

Le général accepte et se met en route pour Orléans, afin d'aller rejoindre son corps d'armée dans les environs de Bellegarde (Loiret).

Voyez, mes chers enfants, comment on agissait avec votre vieil ami.

Dès qu'on avait besoin de lui, on faisait vibrer chez lui la corde patriotique et celle de son dévouement militaire. Quand son concours ne paraissait plus nécessaire, on le sacrifiait. L'amour de son pays faisait que le général acceptait tout sans rien dire.

Le 30 au soir, le général Bourbaki arrive à Orléans.

Le 1er décembre au matin, il part pour Saint-Jean de la Ruelle, près de cette ville, rendre visite au général d'Aurelle de Paladines et prendre ses ordres.

Le général d'Aurelle commandait en chef l'armée de la Loire.

Il annonce au général Bourbaki que le gouvernement vient de le prévenir que le général Ducrot aurait percé les lignes prussiennes, serait en marche sur la forêt de Fontainebleau, et qu'il a reçu l'ordre de se porter en avant sur Pithiviers, pour appuyer son mouvement et essayer de lui donner la main.

Le général rentre en ville, et se met de suite en route pour Bellegarde, en passant par Châteauneuf-sur-Loire, où il couche.

Le 2 au matin, il se dirige sur Bellegarde.

Au moment du départ, le directeur du télégraphe lui annonce comme officielle la sortie de Paris du général Ducrot avec 100 à 150 000 hommes. Nouvelle qui devait bientôt, hélas! être reconnue fausse.

Le général Bourbaki, n'étant pas instruit du lieu où se trouvait le quartier général du 18ᵉ corps, se dirige sur Bellegarde en passant par Chicamour. A Bellegarde, il apprend que c'est au château du Marais, près de Montliard, appartenant à M. Driard, conseiller général, qu'il est installé. Il prend de suite cette direction, et en y arrivant trouve le château complètement occupé par le général Billot, chef d'état-major, qui était absent, et par son état-major.

La nuit étant arrivée, il va s'installer au château de Quiers, situé à quelques kilomètres; le général Billot vint l'y trouver dans la soirée.

Le 3, le général prend définitivement le commandement du 18ᵉ corps, et porte son quartier général à Nesploy, où il couche. Dans la nuit, il reçoit l'ordre de se replier sur Orléans; on lui annonce en même temps qu'on joint à son commandement la direction des opérations du 20ᵉ corps.

Voici ce qui avait amené cet appel des 18ᵉ et 20ᵉ corps à Orléans, par le général d'Aurelle.

Le 16ᵉ et une partie des 17ᵉ et 15ᵉ s'étaient courageusement battus, pendant toute la journée du 2, à Artenay, et avaient arrêté l'ennemi. Mais ces troupes, épuisées par un combat qui avait duré de huit heures du matin à la nuit, durent battre en retraite sur Orléans, lorsqu'elles furent attaquées le lendemain matin par l'ennemi qui avait reçu des renforts. C'est alors que le général d'Aurelle, voulant défendre Orléans, appela à lui les 18ᵉ et 20ᵉ corps.

Le 4 décembre, le général Bourbaki fait exécuter à ses deux corps d'armée la marche sur Orléans, et prend lui-même cette direction en passant par Montliard, Bellegarde, Chicamour, Combreux, Vitry-aux-Loges.

Ne recevant aucune nouvelle, aucun ordre, se trouvant éloigné d'un télégraphe, le général se dirige sur Châteauneuf-sur-Loire. Là, il apprend que le 20ᵉ corps a eu un léger engagement avec l'ennemi, et qu'un convoi de blessés, arrêté à Chécy, près d'Orléans, par les Allemands, a été obligé de rétrograder. Il reçoit l'ordre d'arrêter les 18ᵉ et 20ᵉ corps. Il apprend qu'Orléans est attaqué et va probablement être évacué. Dans la nuit, l'évacuation a lieu, et Orléans se rend à l'ennemi. L'armée est coupée en trois tronçons! Les 16ᵉ et 17ᵉ corps, sous le général Chanzy, battant en

retraite sur Blois, le général d'Aurelle se retirant sur Salbris avec le 15e, et enfin les 18e et 20e, sous les ordres du général Bourbaki, se dirigeant sur Gien.

Le général voulant mettre ses deux corps d'armée à l'abri de l'ennemi, leur donne l'ordre de passer immédiatement sur la rive gauche de la Loire : le 20e par le pont de Jargeau, le 18e par celui de Sully-sur-Loire, et les convois par celui de Gien, en remontant la rive droite de la Loire.

Ce passage des troupes sur la rive gauche présentait des difficultés énormes, car les deux seuls ponts dont on pouvait disposer étaient des ponts suspendus.

Le général arrive, le 5 après midi, à Sully-sur-Loire, sur la rive gauche du fleuve.

C'était un spectacle effrayant à voir que ce passage du pont suspendu de Sully. La Loire charriait très fortement. A voir passer ces glaçons glissant avec une rapidité vertigineuse, à entendre le bruit de leur choc les uns contre les autres, à sentir le balancement du pont, on était involontairement pris de vertige et de terreur à la pensée de ce qui pouvait arriver.

Grâce à Dieu, le passage s'effectue sans accident. Vers cinq heures, le général apprend que le 20e corps est en sûreté sur la rive gauche de la Loire, et que le pont de Jargeau est détruit. Il constate par lui-même qu'à Sully, le passage du 18e corps est terminé

aussi. Il donne alors l'ordre de brûler le tablier du pont.

A peine le général est-il soulagé du poids immense de savoir ses deux corps à l'abri des atteintes de l'ennemi, qu'il reçoit de Tours une dépêche lui enjoignant de repasser immédiatement sur la rive droite de la Loire, de marcher sans coup férir sur Melun, et d'occuper fortement la forêt de Fontainebleau.

Voici un extrait de cette dépêche du ministre :

. . . .

« Vous, de votre côté, vous suspendrez immédiatement votre mouvement sur Gien ; vous réunirez les 18ᵉ et 20ᵉ corps, et aussitôt que vous le pourrez, *sans perdre un instant,* vous vous dirigerez sur Montargis. Cette ville est peu ou point occupée. Elle ne vous arrêtera pas. Vous monterez vivement vers la forêt de Fontainebleau ; de là, s'il le faut, vous continuerez sur Melun, et vous êtes sûr, à un moment donné, de joindre l'armée de Ducrot, qui se bat avec de magnifiques succès sur les bords de la Marne, et va tendre vers la forêt de Fontainebleau.

» *Signé :* Léon Gambetta. »

Le général resta stupéfié de cette inconcevable dépêche. Comment, après avoir eu tant de peine à sauver son armée mourant de faim et de froid, sans souliers,

sans vêtements, on voulait lui faire reprendre l'offensive! et quelle offensive! Le général se remit rapidement et dit à ses officiers : « Je ne répondrai pas; ils réfléchiront, et dans une heure nous aurons contre-ordre. » Heureusement, peu de temps après arrivait le contre-ordre annoncé. Voici cette dépêche :

5 décembre.

« De nouvelles dépêches de Paris qu'on vous communiquera ne permettent plus de prévoir exactement la direction que suivra le général Ducrot. Veuillez en conséquence ajourner l'exécution de ma dernière dépêche relative à une marche sur Fontainebleau, et bornez-vous à vous rendre à Gien, où vous recevrez de nouveaux ordres.

» *Signé* : L. GAMBETTA. »

Le 6, l'armée se mettait en marche sur Gien par la rive gauche de la Loire, et le général y arrivait dans l'après-midi.

Quelle marche, au milieu de ces malheureuses troupes qui se trouvaient dans un état épouvantable! Le général Bourbaki fut fortement ému en traversant un bataillon de turcos, dont la plupart des hommes (Arabes blancs ou noirs) marchaient nu-pieds sur la neige gelée. Se rappelant l'époque où, comme jeune

chef de bataillon, il en avait fait une troupe d'élite, et, les voyant aujourd'hui dans un tel état de souffrance et de délabrement, son cœur se serra.

Le 6 décembre au soir, le général Bourbaki recevait une dépêche lui annonçant qu'on lui donnait le commandement supérieur des 18ᵉ et 15ᵉ corps, et que le 20ᵉ restait à la disposition du ministre. On lui donnait aussi l'ordre d'occuper fortement Gien.

6 décembre.

« L'évacuation d'Orléans et la division de l'armée qui en est résultée, conduit à adopter dans l'organisation du commandement les modifications suivantes :

» Le commandement en chef de l'armée de la Loire est supprimé.

. . . .

» Le général Bourbaki est nommé général en chef des 15ᵉ et 18ᵉ corps avec le général Borel pour chef d'état-major.

» L'état-major général de l'armée de la Loire suivra le général Borel, sous réserve de réductions ultérieures. Le général des Pallières garde le commandement du 15ᵉ corps sous l'autorité supérieure du général Bourbaki. Le général Billot est nommé commandant en chef du 18ᵉ corps, sous l'autorité supérieure du général Bourbaki, et il est nommé au grade de général de di-

vision à commission provisoire. Le général Crouzat garde le commandement du 20⁰ corps, et relèvera directement du ministre de la guerre.

» Les 15ᵉ et 18ᵉ corps se concentreront immédiatement à Gien, sur la rive droite de la Loire, et occuperont solidement le triangle formé par les deux routes de Nogent-sur-Vernisson à Gien et à Briare.

» Le général Bourbaki recevra incessamment de nouveaux ordres tendant à une vigoureuse offensive.

» Le 20ᵉ corps se rendra immédiatement à Salbris et occupera solidement les positions qu'occupait autrefois le 15ᵉ corps, avec une brigade détachée à Argent. Il recevra des renforts et se tiendra prêt à concourir à une marche en avant.

» *Signé :* DE FREYCINET. »

C'est ce jour, 6 décembre, que le général Bourbaki prit le commandement de la première armée, plus connue sous le nom d'armée de l'Est.

Le général donna au 20ᵉ corps l'ordre de se diriger sur Salbris, remit le commandement du 18ᵉ au général Billot, et télégraphia au ministre :

Gien, 6 décembre 1870.

« D'après vos instructions, j'ai prescrit au 20ᵉ corps de se porter sur Salbris, et j'ai remis le commandement

du 18ᵉ corps à M. le général de division Billot. Les troupes de ce dernier corps achèveront leur mouvement sur Gien ce soir; elles sont éreintées. Le général des Pallières est, je crois, à Salbris, c'est-à-dire à 70 kilomètres. Quand vous lui aurez transmis l'ordre, il lui faudra au moins deux jours pour nous rejoindre. Je vous rappelle que vos troupes, qui ne cessent d'être en marche, sont jeunes, et que vous ne pouvez espérer d'elles ni grande résistance, ni offensive vigoureuse. Les mettre dans l'une ou l'autre position, c'est leur faire subir un échec et peut-être plus.

» Les marches forcées successives ont produit un très grand nombre de trainards, et l'effectif des combattants se trouve considérablement réduit. Conformément à vos ordres, le général Billot fera passer, dès demain, le 18ᵉ corps sur la rive droite; j'espère que vous avez donné directement au général des Pallières l'ordre de marcher sur Gien : je lui écris par les moyens à ma disposition.

» *Signé :* BOURBAKI. »

Il télégraphiait en même temps au général des Pallières :

« D'après les ordres du ministre, vous devez vous diriger avec votre corps sur Gien, et y attendre ses instructions.

» Faites-moi connaître vos besoins en munitions, afin que j'y satisfasse dans la mesure du possible. Accusez-moi réception et prévenez-moi de l'époque à laquelle vous arriverez à Gien.

» *Signé* : BOURBAKI. »

La journée du 7 décembre fut occupée activement à la concentration du 18ᵉ corps à Gien, et à son ravitaillement en vivres et munitions.

Le général reçut du général des Pallières la réponse à son télégramme.

7 décembre 1870.

« Après trois jours de combats non interrompus et trois marches de nuit forcées, mon corps d'armée, exténué de fatigue et débandé, par suite d'une panique inexplicable, est arrivé à Salbris. Tous mes convois ont fui jusqu'à Vierzon et Blois. Impossible de faire mouvement. J'ai besoin de plusieurs jours pour rallier mon monde et me réorganiser. Je me compléterai en munitions ici complètement.

» *Signé* : DES PALLIÈRES. »

Dans l'après-midi, le général Bourbaki recevait la dépêche que voici :

7 décembre 1870, 11 h. 15 du matin.

« Jusqu'à ce que les 15ᵉ et 20ᵉ corps puissent pren-

dre leurs situations définitives, telles qu'elles leur ont été assignées par ma dépêche d'hier, réorganisant le commandement, il convient de laisser sous votre direction le 20ᵉ corps qui est actuellement à Argent, et qui opère dès lors entre vos deux corps 15ᵉ et 18ᵉ. En conséquence, je vous invite, à moins de raison militaire qui s'y oppose, à vous transporter immédiatement à Argent et à Salbris, et à donner des instructions aux généraux Crouzat et des Pallières, pour sauvegarder le mieux possible la situation militaire.

. . . .

» Veuillez m'accuser réception de la présente, vous mettre immédiatement en communication télégraphique avec Crouzat et des Pallières, et me faire connaître les dispositions qui ont été prises.

» *Signé :* DE FREYCINET. »

Ainsi on augmentait la première armée du 20ᵉ corps, dont le ministre s'était primitivement réservé la direction.

Le général émit l'avis auprès du ministre qu'il vaudrait mieux, vu la situation des 18ᵉ et 15ᵉ corps, battre en retraite sur Bourges et Nevers par la rive gauche de la Loire, faire sauter le pont de Gien, donner aux corps d'armée le temps de se reformer, de s'habiller, de se chausser, de se ravitailler, et surtout de se

reposer. Il ajouta que cette retraite était d'une nécessité absolue si l'on voulait éviter un désastre complet.

Le ministre répondit :

7 décembre 1870, 6 h. 15 du soir.

« Mon intention et mon espoir étaient de vous voir reprendre une vigoureuse offensive avec les 15ᵉ et 18ᵉ corps réunis ; mais ce que vous dites des conditions d'une lutte demain ou après-demain, et l'éloignement actuel du 15ᵉ corps, autorisent un repliement pour couvrir Bourges et Nevers.

» La position des 15ᵉ et 20ᵉ corps nécessitera probablement que vous passiez sur la rive gauche de la Loire au moment et au point qui vous paraîtront le plus favorables. Il est bien entendu que le 20ᵉ corps, comme le 15ᵉ et le 18ᵉ, restera sous votre direction absolue. Une fois que vous aurez tout réuni ainsi sous votre main, je compte que vous serez réellement prêt pour une action décisive.

» *Signé :* Léon Gambetta. »

Mais les événements s'étaient précipités. En effet, à trois heures et demie du soir, une colonne ennemie qui avait suivi les mouvements de l'armée française en remontant la rive droite de la Loire, attaquait à Neuvoy, à quelques kilomètres seulement de Gien, les

avant-postes du 18ᵉ corps. Le combat dura jusqu'à la nuit, et les Allemands furent arrêtés.

Le général Bourbaki, voyant le danger que courait le 18ᵉ corps d'être jeté dans la Loire, donna les ordres pour qu'il passât sur la rive gauche et qu'il battit en retraite sur Bourges. Il donna des instructions aux 15ᵉ et 20ᵉ corps de se replier aussi sur Bourges afin que la première armée tout entière y fût concentrée. Enfin, il ordonna qu'aussitôt après le passage des dernières troupes du 18ᵉ corps sur la rive gauche de la Loire, on fît sauter le pont de Gien.

Il télégraphia alors au ministre :

Gien, 7 décembre 1870.

« Je vous ai fait part de la mauvaise position dans laquelle se trouvaient mes corps pour recevoir le combat. Le général des Pallières a eu une affaire d'avant-garde ; le général Billot vient de repousser une attaque sur Gien. Rester dispersés comme nous le sommes serait un désastre complet à l'un des corps d'armée, et peut-être successivement aux autres. Je viens de donner l'ordre que les 15ᵉ, 18ᵉ et 20ᵉ corps se mettent en marche demain de bonne heure pour se concentrer à Bourges ; j'ai consulté le général Borel avant de prendre cette détermination, qui s'impose impérieusement à nous, si nous voulons éviter actuellement un désastre.

Une concentration de troupes ne peut se faire que sur un point situé en arrière des positions occupées.

» *Signé* : Bourbaki. »

Le mouvement s'exécuta dans la nuit, et par un clair de lune splendide. L'ennemi ne fit aucune démonstration jusqu'au lendemain matin, et lorsqu'il entra à Gien, le pont sautait.

Le général avait quitté Gien le 8, à deux heures du matin, et arrivait le soir à la Chapelle-d'Angillon, où il couchait.

Il en repartait le lendemain matin, 9 décembre, pour arriver à Bourges dans l'après-midi.

Vous ne pouvez savoir et personne que ceux qui y assistaient ne peut savoir ce que fut pour l'armée cette marche de Gien à Bourges, par un froid rigoureux, une neige épaisse, et un verglas qui rendait les chemins unis et glissants comme une glace, les hommes ayant à peine le temps de faire la soupe, et quelle soupe! Les chevaux, n'ayant ni crampons, ni clous à glace, ne pouvaient se tenir; on en rencontrait à chaque instant de tombés, et dont beaucoup ne se relevaient plus! Les cavaliers, à pied, soutenaient leurs montures; les canonniers poussaient canons et caissons! Les convois de vivres étaient arrêtés et encombraient les routes! Et que d'hommes

périssant de fatigue et de froid on rencontrait! On avait beau les encourager, les secouer, ils ne bougeaient pas, et mouraient quelques instants après. C'était navrant! Du reste, depuis cet instant jusqu'au 1ᵉʳ février, jour de l'entrée de l'armée en Suisse, il en fut de même tous les jours.

Je ne sais pas ce qu'a été la fameuse retraite de Russie, mais je doute que l'armée de 1812 ait plus souffert que la première armée en 1870.

Et c'était dans ces conditions que l'on voulait obliger les généraux à reprendre l'offensive et à combattre!

VI

Offensive sur Vierzon. — Marche sur Montargis. — Baugy.

Le général Bourbaki avait bien raison d'affirmer que, si on n'accordait pas un peu de repos aux troupes pour leur donner le temps de se refaire, on courait à un désastre. La bataille du Mans pour la deuxième armée, et l'entrée en Suisse de la première armée en sont la preuve.

Le 9 décembre, le général envoyait au ministre une dépêche dont voici un extrait :

Bourges, 9 décembre 1870.

« J'ai pris toutes les dispositions possibles pour combattre si cela devient nécessaire ; mais avec un troupeau d'hommes en grande partie démoralisés par les échecs successifs qui viennent de les frapper, par les fatigues de marches continuelles et rapides, par le temps affreux que nous avons, et surtout par la débandade du 15e corps, je prévois le résultat néfaste qui nous attend : aussi, si je puis repousser avec le 15e corps les têtes de colonne ennemies, attendrai-je ici à être rallié par le 20e et le 18e corps ; j'irai ensuite

prendre position à Saint-Amand, où j'espère avoir quelques jours de répit afin de mettre de l'ordre. Les hommes sont dans un état de misère et de marasme dont vous ne pouvez vous faire une idée.

» Je n'essaye pas de me retirer sur Nevers, parce qu'on m'assure que des concentrations de forces ennemies s'opèrent du côté de Dijon et d'Auxerre.

» *Signé :* BOURBAKI. »

Le 10 décembre, le ministre insistait pour que le général portât secours au général Chanzy, en faisant un mouvement en avant vers l'ouest. Le général répondit que cela était matériellement impossible dans l'état où se trouvait son armée.

Tours, 10 décembre 1870.

« Vos dépêches font un pénible contraste avec celles du général Chanzy, qui soutient depuis cinq jours d'héroïques et victorieux combats contre l'armée du prince Frédéric-Charles, avec les mêmes corps qui avaient déjà supporté tout le poids de la lutte devant Orléans. A quoi tient donc cette débandade du 15ᵉ corps, qui, depuis sa retraite précipitée, n'a pas livré un sérieux combat? Quant au 20ᵉ corps, je ne puis m'expliquer son désarroi, puisqu'il n'a pas encore brûlé une amorce; vous avez le devoir de relever toutes ces dé-

faillances par votre fermeté. Prenez toutes les mesures de salutaire rigueur qui peuvent arrêter ce dangereux courant. Vous devez avoir à cœur de rivaliser avec Chanzy, et de prendre part à ses glorieuses fatigues. Nous ne connaissons pas assez les conditions de vos troupes et les forces qui vous avoisinent pour pouvoir vous donner en ce moment un ordre précis; mais je sais bien que si j'étais à votre place, je rallierais immédiatement mes trois corps, je châtierais les bandes qui se sont portées sur Vierzon, et qui ont compté beaucoup plus sur l'imagination de vos troupes que sur leurs propres forces pour refouler votre armée. Je repousserais vivement l'ennemi au delà de Salbris, et je dirigerais une forte colonne dans la direction de Blois. Vous dites vous-même que l'ennemi veut tourner les débris de l'armée de la Loire; je voudrais lui prouver que ces débris ne se laissent pas ainsi jouer, et tant que j'aurais un soldat sur pied, je ne permettrais pas à des troupes aussi peu nombreuses de semer l'épouvante dans la Sologne, et de chercher à donner la main au prince Charles pour achever les braves phalanges de Chanzy.

» Voilà, général, ce que je ferais; votre connaissance de la situation, et par-dessus tout votre cœur et votre courage, vous dicteront le plan que vous devez suivre.

» *Signé :* DE FREYCINET. »

Je serais curieux de savoir ce qu'aurait fait le délégué du ministre de la guerre s'il avait été à Bourges, ralliant le 15ᵉ corps, qui n'était sous les ordres du général que depuis deux jours, et ayant ordonné au 20ᵉ et au 18ᵉ, l'un venant de Gien, l'autre d'Argent, de venir à Bourges. Il était dans son cabinet, à Tours, et ne voyait pas ce qui se passait.

La réponse fut immédiate :

Bourges, 10 décembre 1870.

« Rallier mes trois corps, c'est ce que j'ai cherché à faire en venant à Bourges; j'espère que cette opération sera terminée demain. Résister à une avant-garde pour reculer le lendemain devant le corps entier, n'est pas une victoire. Si je marchais en ce moment sur Blois, vous ne reverriez probablement pas un seul des canons ni des hommes composant les trois corps dont vous m'avez prescrit de diriger les mouvements.

» Chanzy a peut-être devant lui une partie de l'armée du prince Frédéric-Charles, mais il est certain que j'en ai une autre partie devant mon front et sur mon flanc gauche. En outre, un corps de 15 000 hommes menace Nevers. Si vous voulez sauver l'armée, il faut la mettre en retraite; si vous lui imposez une offensive qu'elle est incapable de soutenir dans les conditions actuelles, vous vous exposez à la perdre. Dans le cas

où votre intention serait de prendre ce dernier parti, je suis si profondément convaincu des conséquences pouvant en résulter, que je vous prierais de confier cette tâche à un autre.

» Un mouvement tournant, bien dirigé contre nous, occasionnerait actuellement un désastre, je le répète encore. C'est précisément ce que l'ennemi cherche à faire depuis qu'il a percé le centre de l'armée de la Loire et pu franchir les ponts d'Orléans, non avec des bandes, mais avec des forces bien organisées.

» Les armées du prince Frédéric-Charles, du duc de Mecklembourg et du général de Werder, comptent plus de 200 000 hommes, opérant dans les directions de Bourges, Blois, Nevers. C'est le double de ce que nous pouvons supporter. Je vous dis encore que vous vous faites illusion et sur le nombre et sur la qualité des soldats que nous leur opposons.

» En raison de nos marches incessantes, je n'ai pas encore pu faire faire un appel sérieux, mais le nombre des hommes de troupe et des officiers de la garde mobile qui ne sont plus à leur poste est considérable. Ceux qui se trouvent dans le rang ont peu de valeur pour la plupart.

. . . .

» Vous ne répondez pas à la proposition que je vous ai soumise de me retirer à Saint-Amand et plus loin

au besoin, afin de refaire l'armée, si l'ennemi se trouve ainsi obligé de me laisser quelque répit. C'est cependant ce que j'ai l'intention de faire; nos hommes arrivent ici bien péniblement.

» *Signé :* Bourbaki. »

Le 11 décembre, le général Bourbaki télégraphiait encore au ministre :

Bourges, 11 décembre 1870.

« Le 20ᵉ corps n'est complètement arrivé que depuis hier, le 15ᵉ depuis cette nuit, enfin le 18ᵉ arrive ce soir à Brécy.

» Hommes et chevaux sont exténués de fatigue par suite de la continuité et de la longueur des marches qu'ils viennent de faire, de la neige et du verglas, et de la rareté du bois.

» En raison des nouvelles que vous me donnez de la situation de Chanzy, j'arrête tout mouvement de retraite. Je prends des renseignements et fais faire des reconnaissances. Il m'a été assuré que 70 000 hommes sont passés sur les ponts d'Orléans, vers Bourges; j'ignore s'ils ont tous pris cette direction. Je ne suis pas surpris du mouvement exécuté par la colonne prussienne qui, après avoir remonté la Loire sur la rive droite, la descend en ce moment. J'ai pris soin,

aussitôt après le passage des 18ᵉ et 20ᵉ corps sur la rive gauche, de couper tous les ponts sur lesquels l'ennemi comptait.

» Pour me porter sur Blois, il me faudrait réoccuper Salbris, et faire marcher les troupes pendant six jours au moins, c'est tout ce que l'état des routes permet d'espérer en se hâtant beaucoup; avec les combats, il faut compter huit jours, en cas de réussite.

» Dans de telles conditions, il me semble impossible de prêter à Chanzy un secours efficace en temps opportun, s'il cherche à se maintenir dans sa position actuelle.

» Le mieux serait, pour lui comme pour nous, d'opérer une retraite afin de refaire les troupes, et de leur demander ensuite ce qu'elles sont susceptibles de donner.

» Si les renseignements que je fais prendre me permettent de croire à la possibilité d'un mouvement offensif, je le tenterai à titre de diversion. Je sais que 20 000 Prussiens occupent la forêt voisine de la Chapelle; que 15 000 se trouvent sur la route d'Orléans; des uhlans sont signalés de tous les côtés; quant au reste des 70 000 hommes qui ont défilé sur la rive gauche, je ne sais encore où ils se trouvent.

» Nos troupes ne seront en état de faire un mouvement quelconque que demain soir.

» Nous manquons de clous pour faire ferrer à glace les chevaux; il est impossible de s'en procurer, ni d'en faire faire à Bourges. Veuillez donner d'urgence des ordres pour nous en faire parvenir.

» *Signé :* BOURBAKI. »

Puis, le général Bourbaki recevait coup sur coup une dépêche du général Chanzy l'appelant à son secours, et des dépêches du ministre.

11 décembre, 5 h. du matin.

« Établi entre la forêt de Marchenoir et la Loire, je lutte depuis cinq jours, du matin au soir, avec le gros des forces du prince Frédéric-Charles; l'ennemi n'a que peu de monde à Orléans. Un corps qui ne dépasse pas certainement 20 000 hommes du côté de Vierzon, et un autre de 12 à 15 000 hommes, qui menace Blois, Tours et rive d'Orléans en passant la Loire. Marchez donc carrément et sans perdre une minute; ma position est des plus critiques, et vous pouvez me sauver.

» *Signé :* CHANZY. »

Le général Bourbaki répondait :

Bourges, 11 décembre 1870.

« Mes troupes finiront d'arriver ce soir à Bourges.

exténuées de fatigue, avec l'état actuel des routes qui sont couvertes de verglas.

» Je suis à six jours de Blois.

» Si nous avons à livrer combat, en supposant des résultats heureux, je ne pourrai vous rejoindre que dans huit jours.

» Je me porterai demain en avant pour essayer une diversion. A votre place, je battrais en retraite la nuit sur Vendôme et le Mans, ou sur Blois et Tours. Prévenez-moi.

» 70 000 hommes ont traversé les ponts d'Orléans, j'ai connaissance que 20 000 sont dans la forêt voisine de la Chapelle, 15 000 sur la route d'Orléans; je ne sais encore ce que sont devenus les autres. S'ils se concentrent, c'est beaucoup plus que ne peuvent supporter les corps d'armée dans l'état où ils sont.

» *Signé :* BOURBAKI. »

Du ministère, il avait reçu la dépêche suivante :

Bordeaux, 11 décembre 1870.

« En présence de votre dépêche du 10 décembre, huit heures, par laquelle vous déclarez que si vous marchiez sur Blois, nous ne reverrions ni un homme, ni un canon, il est évident que je ne puis insister pour vous faire prendre une offensive quelconque. Quant à

vous dire jusqu'à quel point vous devez vous replier pour refaire votre armée, je ne puis vous répondre, et je dois vous en laisser juge, tant les conditions dans lesquelles paraissent se trouver vos troupes sont exceptionnelles.

» *Signé :* DE FREYCINET. »

Le général Bourbaki répondit :

Bourges, 11 décembre 1870.

« Malgré la très grande distance qui me sépare de Blois (six jours de marche au minimum, surtout avec l'état actuel des routes), malgré la crainte de ne pouvoir y arriver assez tôt pour porter secours à Chanzy, malgré la presque certitude que j'ai que la majeure partie des forces ennemies se trouve sur la rive gauche de la Loire, je me mets en route dès demain matin avec les trois corps d'armée. Je me dirigerai sur Vierzon, puis sur Villefranche. Arrivé en ce dernier point, je me déciderai, suivant les circonstances, à continuer ma route sur Blois par Romorantin ou au besoin par Tours.

» Je nie formellement avoir perdu une seule minute pour venir en aide à Chanzy. Le 15ᵉ corps n'est arrivé au bivouac que cette nuit. Le 18ᵉ arrive aujourd'hui seulement entre les Aix-d'Angillon et Brécy, c'est-à-dire

à 16 kilomètres de Bourges. Certains régiments de ce même corps ont marché, depuis hier matin à six heures jusqu'à ce matin à huit heures, presque sans prendre de repos, se rendant de Cernoy aux Aix-d'Angillon (55 kilomètres); les chevaux roulent sur les routes, il faut les relever à chaque instant. Malgré cela, les mêmes corps se mettront en marche de nouveau dès demain matin. Je vous laisse à penser s'il est possible de demander à des troupes de plus grands efforts.

» *Signé :* BOURBAKI. »

Le général Bourbaki, devant les appels réitérés du général Chanzy, devant l'insistance du ministre, se décida à tenter un mouvement vers l'ouest, quoique persuadé qu'il ne pourrait aboutir, et qu'il allait exposer et fatiguer ses troupes inutilement. Il donna donc l'ordre de marche en avant sur Vierzon pour le lendemain matin.

Dans la soirée, il reçut un télégramme du ministre :

Bordeaux, 11 décembre 1870.

« Le gouvernement est heureux de la résolution que vous avez prise de porter secours à Chanzy. Il sait que nul mieux que vous n'est capable de mener à bonne fin

une entreprise qui exige à la fois de son chef une grande énergie et un grand prestige.

» *Signé :* DE FREYCINET. »

Le 12 décembre, le mouvement s'exécuta tel que le général l'avait indiqué au ministre, et le quartier général fut établit à Mehun-sur-Yèvre.

C'est pendant le séjour à Mehun que le général des Pallières fut remplacé à la tête du 15ᵉ corps par le général Martineau des Chenets.

Le ministre vint enfin voir le général Bourbaki, et visiter la première armée. Il reconnut que les pauvres troupes étaient dans un état pitoyable, et il télégraphia à son délégué.

Bourges, 12 décembre 1870.

« Je laisse se prononcer le mouvement sur Vierzon, mais je l'arrêterai là, car les 15ᵉ, 18ᵉ et 20ᵉ corps sont en véritable dissolution, c'est encore ce que j'ai vu de plus triste.

» *Signé :* LÉON GAMBETTA. »

Il est évident que si le ministre était arrivé deux jours plus tôt, lui et son délégué n'eussent pas tant insisté pour un mouvement vers l'ouest.

Le 13, on prenait Vierzon, qui n'était occupé que par un parti de cavaliers ennemis.

Ainsi que le ministre l'avait écrit à son délégué, il arrêta la marche du général Bourbaki, et l'autorisa à se retirer sur Bourges et Saint-Amand pour réorganiser ses corps d'armée.

Le général Bourbaki télégraphiait :

Mehun, 13 décembre 1870.

« J'ai quitté Bourges, hier au soir, avec les trois corps d'armée ; le 18ᵉ est à Saint-Martin-d'Auxigny ; le 20ᵉ a poussé jusqu'à Allogny ; le 15ᵉ est à Mehun-sur-Yèvre, mon quartier général.

» Je fais occuper Vierzon ce matin même, et pousser des reconnaissances sur Neuvy-sur-Barangeon et la Chapelle d'Angillon.

» Je continue à recevoir des réclamations de mes commandants de corps d'armée au sujet des fatigues imposées aux troupes, des retards dans les distributions, de l'état de l'habillement, de l'équipement, des effets de campement et de chaussure.

» Afin de refaire les troupes et de les mettre en mesure d'opérer utilement, je me propose de partir demain pour Saint-Amand, comme il a été convenu hier dans notre entretien. Les renseignements recueillis me prouvent que le gros des forces ennemies est sur la rive gauche de la Loire, et que Chanzy a sa retraite assurée.

» Il serait bon de diriger, dès à présent, sur Saint-Amand tous les approvisionnements nécessaires. Malgré vos ordres récents, je n'ai pas encore vu l'intendant Friant.

» Les quelques pertes subies le 4 décembre par le 20ᵉ corps dans la marche vers Orléans, à Vitry-aux-Loges et à Chécy, celles subies le 7 par le 18ᵉ corps, lors de l'attaque de Gien, enfin les vides causés par les fatigues, dans les cadres comme dans les rangs de la troupe, et les pertes de chevaux, sont assez considérables pour que les effectifs aient été notablement réduits. La division Martineau ne compte plus guère que 6 000 combattants. Il me serait donc bien utile, en vue des mouvements que les trois corps d'armée auront à exécuter, de recevoir des renforts en hommes et chevaux.

» Je vous demande de me faire connaître le plan général que vous avez adopté pour la défense nationale ; je vous soumettrai mes observations pendant les quelques jours de repos que prendront nos troupes.

» Je ne négligerai rien, ensuite, pour concourir aussi activement qu'il me sera possible à l'ensemble des opérations.

» *Signé :* BOURBAKI. »

Le ministre de la guerre, poussé par son délégué, essaya de dissuader le général d'exécuter son mouve-

ment sur Saint-Amand; il lui donna pour motif qu'il découvrait Bourges et exposait cette ville à être prise par l'ennemi.

Le général répondit :

Mehun, 13 décembre 1870, 5 h. 30 du soir.

« Bourges n'est pas abandonné dans mon projet, puisque la partie la plus avancée des cantonnements occupés par les trois corps n'en serait pas éloignée de plus d'une journée de marche, et que le reste de l'armée pourrait se porter en deux jours sur cette ville.

» Je descends de cheval, et je viens encore d'examiner les trois corps d'armée. Je ne crois pas que l'on puisse en faire quelque chose de sérieux avant de les avoir réorganisés.

» Les ordres sont tels que nous en étions convenus hier; on peut en donner de contraires, mais la chose est difficile. Réorganiser les corps d'armée dans les positions si peu favorables qu'ils occupent, est au-dessus de mes facultés; si vous le croyez possible, donnez-moi un successeur et ne le regrettez pas, car je souffre beaucoup d'une ancienne blessure ayant déterminé une ostéite aiguë du tibia gauche.

» Répondez-moi de suite, pour que vos intentions soient remplies.

» *Signé :* BOURBAKI. »

Le général, venant de visiter ses troupes, était de plus en plus convaincu que si l'on voulait arriver à une réorganisation sérieuse, il fallait la faire en arrière et à l'abri de l'ennemi ; car dans l'état de démoralisation et de souffrance où était l'armée, la moindre tentative d'attaque contre elle pouvait être son anéantissement complet.

Le ministre insistait contre le mouvement de retraite, mettant toujours en avant l'abandon de Bourges.

Le général répondit encore :

Mehun, 13 décembre 1870, 8 h. du soir.

« Non seulement je coopérerai à la défense de Bourges, dans les nouvelles positions que je veux prendre, mais l'armée, bonne ou mauvaise, se battra en même temps que Bourges se défendra.

» Si dans deux heures je n'ai pas reçu de réponse de vous, les mouvements que j'ai ordonnés commenceront à s'exécuter.

» *Signé :* BOURBAKI. »

Pendant la nuit, le ministre télégraphiait au général Bourbaki de ne faire aucun mouvement et de se rendre auprès de lui, à Bourges, dès qu'il le pourrait.

Le 14 au matin, le général envoyait la dépêche suivante :

Mehun, 14 décembre 1870.

« J'attends un train pour me rendre à Bourges. Vierzon a été occupé hier, on n'y a trouvé que 600 cavaliers. Il a été fait 15 prisonniers, dont un cadet. Les corps d'armée continuent, d'après vos ordres, à occuper les mêmes positions.

» Ces positions présentent un danger sérieux, le même que celles adoptées pour l'armée de la Loire avant la dernière évacuation d'Orléans. Les troupes ont une rivière à dos. Le moindre échec peut se transformer en désastre et amener la chute de Bourges. Je ne demande pas à porter la totalité de mes forces à Saint-Amand ; je désire seulement me cantonner dans cette direction en me tenant entre le Cher et le canal de Berry. Je ferai occuper les bords de l'Yèvre, à droite et à gauche de Bourges, prêt à franchir cette rivière, afin de menacer ou d'attaquer les ailes de l'ennemi qui se présenterait devant la ville pour la bombarder. Se placer en avant de Bourges, c'est compromettre et la ville et l'armée ; se placer en arrière, c'est assurer le repos et la défense sérieuse de l'une et de l'autre.

» *Signé* : BOURBAKI. »

Le général, en arrivant à Bourges, se rendit auprès du ministre, et il finit par obtenir l'autorisation de se retirer sur la rive gauche de l'Yèvre, pour y réorga-

niser ses troupes, les habiller, les équiper, les chausser, et surtout leur donner un repos dont elles avaient absolument besoin.

Il rentra le lendemain 15 à son quartier général et donna l'ordre de retraite. Mais le général Chanzy réitérait ses appels désespérés.

Enfin, le 16, pendant que le mouvement de retraite s'exécutait, le ministre déclarait au général Bourbaki qu'il ne fallait plus songer ni à la retraite, ni au repos, mais qu'il fallait sur le champ opérer une forte diversion sur la rive droite de la Loire pour sauver le général Chanzy. Quoi que pût dire le général, le ministre maintint son ordre, et il fut convenu que l'armée se rendrait à Nevers, et de là s'élèverait vers Montargis, en essayant de prendre à revers les Prussiens, qui étaient remontés jusqu'à Cosne.

Il donna donc ses ordres en conséquence ; mais, comme il s'y attendait, ses commandants de corps d'armée lui firent observer qu'ils étaient dans l'impossibilité de se mettre en route, qu'il leur fallait absolument quelques jours encore pour amener un peu d'ordre dans leurs troupes, et surtout les laisser reposer.

Le général Bourbaki rentra le 16 au soir à Bourges, et il écrivit le 17 au ministre, qui y était toujours :

Bourges, 17 décembre 1870.

« Messieurs les commandants de corps d'armée m'avaient demandé de passer une semaine environ dans leurs cantonnements actuels ; j'ai cru ne pouvoir leur accorder que les journées des 17 et 18 du courant, pour munir leurs troupes de ce qui leur est nécessaire, et j'ai fixé le départ de la colonne ayant le plus long parcours à faire (neuf étapes) au 19 de ce mois.

» Si vous jugiez possible, sans compromettre le plan général, de retarder jusqu'au 20 ou jusqu'au 22 la mise en route des premières troupes, je vous demanderais de vouloir bien m'en prévenir ; le temps passé dans ces conditions ne serait pas perdu : le nombre des besoins auxquels il convient de satisfaire, en ce moment, est considérable ; il sera toutefois passé outre s'il s'agit d'arriver à jour fixe au point sur lequel nous devons attirer les efforts de l'ennemi, afin de réduire d'autant les éléments de puissance de l'armée chargée de maintenir le blocus de Paris.

» *Signé* : BOURBAKI. »

Le ministre non seulement n'accorda pas le délai demandé, mais il poussa à hâter le départ. Il aurait voulu déjà voir les troupes devant l'ennemi. Que pouvait-il arriver de cette précipitation ? Rien de bon assurément.

Du reste, à cette époque, il eût fallu que tout fût fait à la vapeur.

Voici la réponse du ministre :

Bourges, 17 décembre 1870.

« La dernière dépêche du général Chanzy le représente comme aux prises avec la presque totalité du corps de Frédéric-Charles, du duc de Mecklembourg et d'une colonne venant par la vallée de l'Eure, dont on n'estime pas la force. Il est plus que jamais urgent que la diversion énergique à laquelle vous êtes résolu soit menée le plus vivement possible, afin de gagner, rien que par la marche, beaucoup d'avance sur vos adversaires.

» En conséquence, je compte que vous penserez, comme moi, qu'il n'y a pas un instant à perdre, et que vous songerez plutôt à précipiter le mouvement sur Montargis qu'à le retarder.

» Songez donc quelle gloire ce serait pour vous d'arriver à Fontainebleau presque sans coup férir ! Je suis informé de source positive qu'il n'y a pas un Prussien dans Seine-et-Marne ; il faut donc profiter au plus vite de la situation. A Fontainebleau, on n'est qu'à deux étapes de Paris, en tenant compte des forts et des travaux avancés de la capitale.

» Vos troupes doivent être reposées, tant par l'effet

du temps que parce que, depuis huit jours, elles n'ont pas vu l'ennemi ; vous avez de jeunes et vigoureux commandants de corps d'armée, qui ne demandent qu'à aller en avant ; vos troupes elles-mêmes, quoique jeunes, retrouveront dans cette offensive les meilleures qualités de la race française. Vous leur parlerez, et vous saurez les entraîner. Ayez recours à des moyens extraordinaires, s'il le faut. Vous avez un blanc-seing : usez-en, tant au point de vue des transports que des réquisitions ; n'oubliez pas surtout le cantonnement que je vous ai recommandé. Je ne peux m'empêcher de vous presser, de vous tourmenter, tant je sens les minutes précieuses : je suis convaincu qu'en le faisant, je mets d'accord les intérêts de la République, de la France, et de votre renommée. Aujourd'hui il faut faire dix fois son devoir pour le faire une fois. Songeons à Paris, qui se dévoue depuis quatre mois pour la France et qu'il est de notre honneur de secourir à tout prix.

» *Signé :* Gambetta. »

Ainsi donc, pas de repos, pas de réorganisation, pas d'habillement pour la troupe. Il faut se remettre en marche !

Il y avait, chez les membres du gouvernement, des intentions généreuses, mais une connaissance insuffisante des difficultés militaires. Dans ce moment d'affo-

lement général, on paraissait croire au ministère de la guerre qu'il ne s'agissait que de vouloir pour assurer le succès. C'était insensé! et, comme je l'ai déjà dit, la fin prouva combien le général Bourbaki avait raison.

Mais le délégué à la guerre tenait une carte, posait son doigt dessus, et son ignorance des choses de la guerre le portait à croire que les troupes se transportaient d'un point à un autre comme il faisait marcher son compas, faisant abstraction des ennemis, des besoins d'une armée, des difficultés de la saison.

Le général n'avait plus qu'à s'incliner et à exécuter les ordres qu'il venait de recevoir : l'armée se mit en marche sur Nevers.

Le 19, il établissait son quartier général à Baugy.

VII

La marche sur l'Est est décidée. — Transport de l'armée. — Arrivée à Chalon-sur-Saône. — Séjour à Chalon. — Évacuation de Dijon.

Pendant ce temps, au ministère de la guerre, on avait réfléchi, et le projet de marche sur Fontainebleau fut abandonné aussi vite qu'il avait été conçu; on pensa qu'une pointe dans la direction de Belfort serait peut-être plus utile.

Le même soir, le général reçut la visite de M. de Serres, attaché au cabinet du ministre de la guerre, qui venait lui proposer le plan d'opération suivant : marcher vers l'est en faisant évacuer Dijon, de là se diriger sur Belfort pour en faire lever le siége. Il accepta cette proposition, la trouvant infiniment plus praticable. Il s'engagea à faire évacuer Dijon et à marcher sur Belfort; Gray et Vesoul seraient évidemment évacués par l'ennemi, et on pourrait peut-être faire lever le siége de Belfort. « Mais ajouta-t-il, il ne faut pas se dissimuler que plus je menacerai l'ennemi sur ses derrières et plus il enverra de forces contre moi. Il y aura aussi bien des difficultés pour les transports, n'ayant qu'une ligne de chemin de fer à ma disposition, et une

ligne à une voie! » On lui promit que Garibaldi garderait en partie son flanc gauche et ses derrières, et que 100 000 mobilisés garderaient le cours de la Saône.

On lui disait aussi que l'évacuation de Dijon aurait un si grand retentissement que les mobilisés du midi, qu'on ne pouvait arracher de leur pays, se mettraient en route et fourniraient 100 000 hommes sur ses derrières.

Il demanda à ce que Besançon fût bondé de vivres et de munitions, parce qu'il en ferait sa base d'opération après avoir fait évacuer Dijon, afin qu'en cas de retraite il pût s'appuyer sur cette place. On lui en fit la promesse formelle. En un mot, on lui promit tout ce qu'il demanda.

Vous verrez, mes chers enfants, comment furent tenues ces promesses!

La concentration devait se faire autour de Chalon-sur-Saône et par les voies ferrées; les points d'embarquement furent Saincaize, la Charité et Nevers.

Le général donna immédiatement les ordres qui le concernaient, le ministère devant prendre ses dispositions avec le chemin de fer de Paris-Lyon-Méditerranée.

Le général Bourbaki se dirigea de sa personne sur Nevers, où il arriva le 21, après avoir couché le 20 à Fourchambault.

Le général arrivait le 21 à Nevers.

La première armée, au moment de son départ pour l'Est, se composait des 18e et 20e corps, du 24e en formation à Lyon et qui allait être transporté à Besançon, enfin d'une réserve tirée du 15e et composée du 38e de ligne, d'un régiment de marche d'infanterie, d'un régiment de marche d'infanterie de marine, de trois batteries d'artillerie, et d'une brigade de cavalerie.

Les généraux commandants étaient : le général Billot, au 18e; le général Clinchant, au 20e; le général de Bressolles, au 24e, et le général Pallu de la Barrière, capitaine de frégate, à la réserve.

Le ministre y avait encore adjoint une division composée de mobilisés du Rhône et de mobiles, sous le commandement du général Cremer qui venait de soutenir un combat à Nuits.

Le reste du 15e corps devait rejoindre plus tard.

Le froid augmentait et ne devait plus cesser.

Les préparatifs nécessaires n'avaient pas été faits par la compagnie Paris-Lyon-Méditerranée pour le transport d'une armée, elle n'avait pas été prévenue à temps. On n'avait à sa disposition pour faire ce transport que deux lignes à une voie pour aller à Chagny, la première de Nevers à Chagny, la seconde de Moulins à Chagny. On fit donc passer les trains chargés par Nevers et Chagny, et les trains vides reve-

naient à Saincaize et Nevers par Chagny-Moulins. L'encombrement fut bientôt tel que des trains restaient vingt-quatre, quarante-huit heures et quelquefois plus en route, et que de malheureux soldats gelaient de froid et mouraient de faim dans les wagons; et le froid, pendant ce terrible hiver, a varié dans l'Est de 15 degrés à 22 degrés au-dessous de zéro, et a sévi sur l'armée pendant toute la campagne.

On mit douze jours pour exécuter le transport des deux corps d'armée et de la réserve. Les troupes seraient arrivées plus tôt à pied et eussent moins souffert.

Le 23 décembre, le général, fort mécontent, envoyait deux télégrammes au ministre, dont voici des extraits :

Nevers, 23 décembre 1870, midi 45.

« La concentration du matériel nécessaire pour opérer en deux jours le transport des 18e et 20e corps à Chagny et à Chalon-sur-Saône a complètement manqué. Si nous avions suivi les voies ordinaires, nous occuperions tous après-demain nos positions d'attente. Le 20e corps, souffrant énormément du froid auprès de Saincaize, ne peut demeurer plus longtemps dans cette situation; je l'achemine le long de la voie ferrée, de manière qu'au moment où le matériel sera disponible,

il pourra être embarqué à chaque gare à destination de Chalon-sur-Saône; je vais m'assurer par moi-même du moment où le 18ᵉ corps pourra être embarqué.

» *Signé :* BOURBAKI. »

Remarquez bien que le ministre avait promis que l'armée serait transportée en deux jours, et on en mit douze !

Nevers, 23 décembre 1870, 6 h. 45 du soir.

« A l'heure actuelle, il n'a encore été embarqué que dix batteries d'artillerie et à peine la valeur d'une division d'infanterie sur l'ensemble des deux corps d'armée, plus deux escadrons de cavalerie.

» Ces résultats sont bien autres que ceux que vous a promis l'administration du chemin de fer.

» Le 20ᵉ corps s'achemine le long de la voie ferrée en faisant étape à Saint-Ouen, Decize, Four, Luzy-Étang. Je vais hâter le plus possible l'embarquement du 18ᵉ corps, et ferai prendre où ils se trouveront, quand le matériel nécessaire sera disponible, les divers éléments du 20ᵉ corps. Il me tarde de faire cesser l'état de dispersion si regrettable, si dangereux, dans lequel les troupes sous mes ordres se trouvent placées par suite de tous les mécomptes que je vous ai signalés,

dans l'exécution des ordres donnés par vous aux agents des compagnies.

» Je reçois votre dépêche, j'active par moi-même le plus possible notre concentration.

» *Signé :* BOURBAKI. »

On a voulu rendre le général Bourbaki responsable de la lenteur apportée à cette opération ; mais il n'avait aucune action sur la compagnie du chemin de fer : de plus, M. de Freycinet, ingénieur des ponts et chaussées, et longtemps attaché à une compagnie, aurait dû savoir ce qui en était.

Du reste, mes chers enfants, vous trouverez dans l'enquête faite par l'Assemblée nationale sur le gouvernement de la Défense les détails et les renseignements les plus intéressants et les plus curieux. Le rapport de M. Perrot sur la campagne de l'Est et les pièces justificatives de ce rapport sont des documents des plus complets.

Il eût évidement mieux valu prendre ses précautions, laisser à la compagnie le temps matériel et moral nécessaire pour l'exécution du mouvement, ce qui eût permis aux troupes de se reposer et de se ravitailler. Mais, au ministère, on voulait marcher, marcher toujours et quand même.

Le 24 au soir, le général Bourbaki quittait Nevers

pour Chalon-sur-Saône. On lui avait adjoint M. de Serres, ingénieur civil, représentant du ministre.

Le 26, à 2 heures 15, le général télégraphiait au ministre :

Chalon-sur-Saône, 26 décembre 1870, 2 h. 15 du soir.

« Parti avant-hier soir de Nevers, je ne suis arrivé qu'hier soir à Chalon. C'est pour cela que je n'ai pas encore répondu à votre dépêche. D'après la conversation que j'ai eue avec M. de Serres, le 15e corps a complètement cessé de faire partie de mon commandement. Je ne suis plus en correspondance avec son chef. Je n'ai donc pas à décliner une responsabilité qui ne m'incombe à aucun titre.

» Mais, si nous sommes assez heureux pour enlever les deux points convenus de la ligne ennemie et pour pouvoir continuer notre marche vers ses communications, il est évident que ces deux points devront être solidement gardés, sous peine de voir menacer ou même couper les nôtres.

» J'aurais trouvé, à ce moment, un appui précieux dans le 15e corps, pour jouer ce rôle ou pour me permettre de faire tel autre détachement qui m'aurait garanti mes communications. Le matériel ayant fait défaut, le mouvement de concentration de l'armée sur les points désignés s'opère

beaucoup plus lentement que nous ne l'espérions.

» Le 18ᵉ corps sera à peine réuni après-demain ; le 20ᵉ ne semble pas l'être avant quatre jours. J'ai donné les ordres les plus précis pour que les troupes fussent cantonnées et placées dans les meilleures conditions possibles, en raison de la rigueur extrême de la saison. Nous subirons néanmoins quelques pertes. Un certain nombre de chevaux sont morts, même en wagons.

» Je ne néglige rien pour me procurer des renseignements sur Dijon.

» Vous savez combien les obstacles matériels déjouent parfois tous les calculs. Je ne serai donc content que quand je connaîtrai exactement les travaux exécutés par l'ennemi dans la place même ou dans les environs. Je termine en disant que je crois que le 15ᵉ corps, en laissant l'ennemi dans le doute sur nos mouvements, joue, quant à présent, un rôle fort utile, mais qu'il sera non moins avantageux de lui en assigner ultérieurement un autre. Dans les circonstances actuelles et pour le moment présent, je crois que le mieux est ce que nous faisons.

» *Signé :* C. BOURBAKI. »

Le 18ᵉ corps était à Chagny ; le 20ᵉ et la réserve générale arrivaient à Chalon ; Garibaldi était à Autun, et la division Cremer à Beaune.

Ce premier mouvement amena l'évacuation de Dijon par l'ennemi. La ville fut aussitôt occupée par le général Cremer.

Voilà déjà le premier point de la promesse du général Bourbaki accompli : évacuation de Dijon.

Le général, une fois Dijon évacué, réclama vivement le reste du 15e corps qui lui avait été promis. On le lui refusa.

Le 28 décembre, dans la matinée, le général reçut du ministre la dépêche suivante :

Bordeaux, 28 décembre 1870, 10 h. 45 du matin.

« Veuillez me faire connaître chaque jour, aussitôt la marche des troupes terminée, les positions exactes occupées par ces troupes et les projets du lendemain. Je désire que cette dépêche me parvienne le plus tôt possible, afin que j'aie le temps, avant la nuit, de vous envoyer moi-même, s'il y a lieu, des instructions.

» Dès cette dépêche reçue, je vous prie de m'indiquer en traits généraux le mouvement que vous comptez effectuer dans l'hypothèse où le corps ennemi de Dijon, se retirant par Gray, opérerait sa jonction avec le corps d'investissement de Belfort.

» *Signé :* DE FREYCINET. »

Le 27, le général avait indiqué au ministre, par une

dépêche de dix heures cinquante du soir, les mesures qu'il prendrait aussitôt Dijon évacué.

Mais le délégué du ministre n'entendait pas cela, il voulait que rien ne fût exécuté sans ses ordres; pour lui les généraux étaient des pantins dont il maniait les ficelles et à qui il retirait toute initiative. Les résultats de cette manière de faire furent déplorables, et le ministère seul doit en supporter les conséquences. La dépêche du général Bourbaki, dix heures cinquante, 27 décembre, avait effrayé le ministère, et il confirma sa dépêche du 28 décembre, dix heures quarante-cinq, par celle-ci :

Bordeaux, 28 décembre 1870, midi.

« Votre dépêche d'hier au soir dix heures cinquante, n° 5673, porte que vous prenez des mesures pour les suites de l'évacuation de Dijon. Si vous entendez par là que vous comptez combiner la suite du mouvement stratégique, je désire qu'il soit bien entendu qu'aucune décision ne doit être prise avant de m'avoir été soumise. Ce n'est que dans le cas d'urgence commandée par les nécessités militaires qu'on agirait sans mes instructions. Hormis ce cas, je tiens à être tenu, jour par jour, au courant des projets du quartier général, pour envoyer les instructions en conséquence. Jusqu'à ce jour cette formalité, désormais indispensable, a pu

être omise sans inconvénient, parce qu'il ne s'agissait que de transports de troupes et non d'opérations proprement dites.

» *Signé :* DE FREYCINET. »

Le général, qui n'avait pas encore reçu ces deux dépêches, télégraphiait à deux heures et demie du soir pour annoncer l'évacuation de Dijon.

Chalon-sur-Saône, 28 décembre 1870, 2 h. 30 du soir.

« Je suis informé de l'évacuation de Dijon par l'ennemi dans la journée d'hier 27. Je prescris au général Cremer de s'établir en avant de cette ville et d'y faire exécuter les travaux de défense nécessaires. Le général Pélissier occupera la ville même avec ses mobilisés. Je me suis entendu à ce sujet avec M. de Serres.

» Je crois que le 20e corps achèvera son mouvement après-demain, nous rejoignant en chemin de fer, ce qui n'empêchera pas le 18e corps et les autres troupes que j'ai sous la main de se porter en avant dès que je le jugerai nécessaire.

» Je vous prie de ne pas oublier les 400 chevaux d'artillerie que vous m'avez promis.

» Il serait bien utile de convenir d'un chiffre pour nos communications télégraphiques.

» *Signé :* BOURBAKI. »

Cette dépêche partie, le général recevait celle du ministre de dix heures quarante-cinq du matin et y répondait de suite en ces termes :

Chalon-sur-Saône, 28 décembre 1870, 3 h. du soir.

« Je réponds à votre télégramme de ce jour. Le 18ᵉ corps, moins la partie en route pour rejoindre, est à Chagny. La 1ʳᵉ division du 20ᵉ corps est à Navilly sur le Doubs ; le reste du 20ᵉ est dirigé par les voies ferrées de Decize sur Dôle.

» Le général Pélissier occupera Dijon dès demain. Le général Cremer occupera en même temps les positions en avant de cette ville.

» Le colonel Bombonnel appuie le mouvement.

» Le général Garibaldi se charge d'observer la route de Tonnerre et d'occuper le val Suzon.

» La position de Dijon bien assurée, je concentrerai les 18ᵉ et 20ᵉ corps entre Auxonne, Pontailler, Pesmes et Dampierre.

» Si l'ennemi, ce que je ne crois pas, venait à faire résistance à Gray, je m'y porterais directement avec ces deux corps, pendant que le général Bressolles marcherait sur ce même point par Besançon.

» S'il évacue Gray sans combat, il nous attendra vraisemblablement à Vesoul. Nous l'y suivrons sans retard, à moins que le prince de Reuss ne menace sérieusement Dijon, ce qui est peu probable.

» Du reste, une fois notre concentration opérée sur la rive gauche de l'Oignon, nos mouvements devront forcément être en rapport avec ceux de l'ennemi. Si nous sommes vainqueurs à Vesoul, et si Garibaldi occupe les Vosges entre Vesoul et Belfort, le siège de cette dernière place sera forcément levé.

» Aurons-nous à lutter contre des troupes venant du duché de Bade ou détachées de l'armée du prince Frédéric-Charles? Je l'ignore.

» En tous cas, je ferai en sorte de n'engager le combat que dans de bonnes conditions. Je m'entendrai d'ailleurs, au préalable, avec votre délégué, M. de Serres.

» Toutes ces dispositions seront forcément subordonnées aux circonstances qui pourront se produire pendant le cours même des opérations.

» *Signé :* BOURBAKI. »

Le général mit donc les troupes en marche, le 20ᵉ corps sur Dôle, le 18ᵉ sur Auxonne, ayant Gray pour objectif, et devant suivre les vallées de l'Oignon entre la Saône et le Doubs.

L'ennemi, voyant le mouvement, se prépara à évacuer Gray, et le ministre l'annonça au général :

Bordeaux, 29 décembre 1870, 10 h. 50 du matin.

« Je reçois la dépêche suivante du général de Rivière, commandant le génie du 24ᵉ corps, et dont j'ai pu

apprécier à Lyon la capacité militaire et l'intelligence élevée :

« J'ai visité les ponts de l'Oignon depuis Voray
» jusqu'à Pin ; ils sont en parfait état, rien ne s'oppose
» donc à une marche sur Gray ou sur Vesoul. J'ai vu ce
» soir un médecin de Gray qui en arrivait ; il m'a rendu
» compte que les Prussiens se préparaient à faire sauter
» le pont en pierre et à brûler le tablier du pont sus-
» pendu. Ils se retirent précipitamment et en désordre,
» évacuant tous leurs malades, leurs approvisionne-
» ments ; les trains se succèdent sans interruption ; les
» otages sont relâchés ; enfin, ce mouvement a tous les
» caractères d'une évacuation définitive. Il paraît y
» avoir là une occasion favorable à saisir pour se jeter
» au travers de l'ennemi. »

» *Signé* : Léon Gambetta. »

Le général recevait presque en même temps l'approbation pour sa marche en avant.

Bordeaux, 29 décembre 1870, midi 15.

« Je vous remercie des détails que vous me donnez par votre dépêche d'hier soir. Je n'ai aucune observation à présenter sur vos dispositions de demain 29, qui me paraissent bien conçues ; la concentration et la marche sur Gray me semblent combinées de manière à

ce qu'on puisse prévoir avec une quasi-certitude qu'il n'y aura pas plus de résistance à Gray qu'à Dijon. Si votre mouvement se continue avec rapidité, vous arriverez à Vesoul avant les renforts venus d'Orléans ou d'Auxerre, car le premier gros de forces arrivera seulement ce soir à Tonnerre; il sera donc très en retard sur vous pour se porter sur Vesoul par Langres; je ne pense pas, d'ailleurs, nullement qu'il soit tenté de se porter de Tonnerre sur Dijon; j'en conclus qu'en suivant votre programme, vous arriverez à Vesoul le premier, et sans doute sans combat. Je me félicite de la bonne entente qui règne entre vous et M. de Serres, qui est en mesure de vous donner de très utiles indications; il est bien entendu d'ailleurs que ces indications, quelque confiance qu'elles méritent, ne doivent gêner en rien la liberté de vos décisions, dont vous avez seul la responsabilité. J'espère, général, que, Dieu aidant, vous allez rendre à la France de grands services.

» *Signé* : DE FREYCINET. »

Le général envoya au ministère les renseignements qu'il avait reçus, expliquant nettement la situation et demandant du renfort.

Chalon-sur-Saône, 29 décembre 1870, 3 h. du soir.

« Je vous remercie des encouragements que vous me

donnez; si mes opérations réussissent, le siège de Belfort sera levé; je pourrai, en me jetant sur les communications de l'ennemi, prêter un secours efficace aux défenseurs de Paris, peut-être même les aider à faire lever le blocus de la capitale.

» Les mouvements qui me sont signalés semblent avoir pour objet une concentration de l'ouest à l'est par Châtillon-sur-Seine, et de l'est à l'ouest par Vesoul et Combeaufontaine. S'ils devenaient assez considérables pour me priver d'un succès, je ne pourrais plus que disputer le terrain à l'ennemi, sans exercer d'influence sérieuse sur la situation militaire de la France. Je crois donc qu'il y a un intérêt réel à ce que vous renforciez mon armée en infanterie, en artillerie et en chevaux. Malgré les mesures prises pour mettre les troupes le mieux possible à l'abri, le temps a été si mauvais que nous avons perdu un certain nombre de chevaux; il serait essentiel de les remplacer.

» Renforcez-moi le plus vite possible de toutes les troupes disponibles, afin de me donner, le jour du choc, les meilleures chances de succès.

» Là, me semble-t-il, est l'intérêt réel du moment. Il me faut pouvoir compter sur des troupes bien commandées pour protéger efficacement mes communications, ou pour opérer une concentration propre à assurer le succès.

» J'espère pouvoir me mettre en route après-demain matin.

» *Signé :* C. BOURBAKI. »

Le soir, il recevait des renseignements sur l'ennemi, et on le poussait à marcher.

Bordeaux, 29 décembre 1870, 3 h. 45 du soir.

« Vous avez dû recevoir des renseignements directs sur les mouvements de l'ennemi, je vous les confirme en tous cas. D'une part, il évacue précipitamment Gray et probablement Vesoul. D'autre part, ainsi que je vous le mandais hier, il se porte, venant d'Auxerre et d'Orléans, dans la direction de Tonnerre et Châtillon dans un but probable de concentration sur l'est. On m'informe que les lignes ferrées de Tonnerre et de Troyes à Langres fonctionnent énergiquement pour le compte de l'ennemi. Il y a donc un intérêt capital à marcher vivement sur Vesoul pour le devancer; en outre, j'attire particulièrement votre attention sur l'avantage qu'il y aurait à envoyer des corps francs sur votre gauche, pour interrompre, s'il se peut, les lignes ferrées susdites, et faire sauter les ouvrages d'art afin de ralentir la concentration de l'ennemi.

» *Signé :* DE FREYCINET. »

La seconde promesse du général Bourbaki s'accom-

plit: l'évacuation de Gray et tout à l'heure celle de Vesoul. Mais les corps francs qui devaient opérer sur le flanc gauche, ce n'était pas le général qui devait les commander; c'était, selon l'engagement pris vis-à-vis de lui, Garibaldi ou le général Pélissier qui devait diriger leurs mouvements.

A dix heures quinze du soir, il disait au ministre :

Chalon-sur-Saône, 29 décembre 1870, 10 h. 15 du soir.

« Notre concentration a été retardée par la rigueur de la saison et par les mauvaises dispositions des administrations des chemins de fer. Néanmoins, le 20ᵉ sera rendu à Dôle le 31, le 18ᵉ à Auxonne le 1ᵉʳ janvier; je hâterai le plus possible les mouvements ultérieurs.

» *Signé* : C. BOURBAKI. »

Le 30 décembre, il télégraphiait :

Chalon-sur-Saône, 30 décembre 1870.

« Malgré le temps affreux que nous avons en ce moment, et qui rend peu praticables les différentes voies de communication, j'espère que le mouvement des troupes et des forces des 18ᵉ et 20ᵉ corps, de Nevers sur Chalon, sera terminé demain.

» Comprenant l'importance de la rapidité d'exécution

de notre marche en avant, je n'ai pas attendu l'arrivée des dernières troupes pour mettre en route les premières. Le quartier général du 18ᵉ corps, aujourd'hui à Beaune, sera demain à Saint-Jean-de-Losne, et après-demain à Auxonne; celui du 20ᵉ corps sera demain, je l'espère, à Dôle.

» Toutes les précautions possibles sont prises en vue de protéger hommes et chevaux contre les rigueurs de la saison.

» Si l'évacuation de Gray est complète, je réduirai notre parcours en me contentant de faire occuper cette ville par la division Cremer et marchant, avec toutes mes forces, directement sur Vesoul. Lorsque ce dernier point nous appartiendra, je ne pourrai me porter plus au nord avant d'avoir fait lever le siège de Belfort.

» N'oubliez pas que les 18ᵉ et 20ᵉ corps ne comptent pas plus de cinquante et quelques mille combattants.

» Des envois de chevaux me seraient fort utiles.

» *Signé :* BOURBAKI. »

Le même jour, il avait reçu du ministère une dépêche lui enjoignant encore de donner des ordres à Garibaldi, ce que le général s'était toujours refusé à faire : il était convaincu, en effet, que Garibaldi n'accepterait pas facilement les ordres d'un général français

et qu'il trouverait mille prétextes pour faire autre chose que ce qui lui serait ordonné.

Bordeaux, 29 décembre 1870, midi.

« Pressez le général Garibaldi pour qu'il occupe solidement le val Suzon, si ce n'est déjà fait, de manière à bien couvrir votre gauche, malgré l'improbabilité d'une marche de l'ennemi de Tonnerre sur Dijon.

» J'étudie les moyens de vous procurer quelques renforts.

» En tous cas, ne perdez pas de vue que vous avez un intérêt capital à arriver rapidement à Vesoul, afin de prévenir la jonction des forces situées à droite et à gauche.

» Mes renseignements sur les mouvements de l'ennemi sont parfaitement d'accord avec les vôtres.

» *Signé :* DE FREYCINET. »

Le 31, le ministre continuait à pousser la marche en avant. Il n'avait pas l'air de se douter des difficultés qui se présentaient de toutes parts. Le général sentait mieux que personne la nécessité de se hâter, mais il ne pouvait rien contre les intempéries et les retards causés par l'encombrement des chemins de fer.

Bordeaux, 31 décembre 1870, midi 59.

« Votre dépêche du 30 courant, sept heures quinze minutes, montre que vous sentez toute l'importance de marcher très rapidement sur Vesoul. La rapidité est ici la condition essentielle du succès, car il n'est pas douteux que toutes les forces de la région à votre gauche tendent à se concentrer vivement vers Langres, tandis que celles venues de Dijon rejoignent le camp de Belfort. Vous êtes donc entre deux armées que vous pouvez écraser séparément ou au moins annihiler, et qui, par leur jonction, pourraient vous menacer sérieusement. Ne perdez donc pas un instant, et faites des miracles d'activité.

» Je m'évertue à vous fournir des renforts.

» Déjà je ramasse à votre intention quelques bataillons de marche à Auxonne et à Dôle. Demandez-les en passant et incorporez-les où vous jugerez utile. En outre, je forme une division à Besançon pour remplacer au 24e corps la division Cremer, laquelle restera définitivement sous vos ordres directs. Vous vous enrichirez donc au total d'environ 15 000 hommes.

» Quant aux chevaux, j'ai dit d'en envoyer 400 à Lyon. Mais réclamez-les au service compétent.

» *Signé :* DE FREYCINET. »

Le général Bourbaki demandait des renforts, et quels

renforts lui donnait-on? Des gardes nationaux mobilisés, ne sachant pas manier un fusil, insubordonnés, et ne demandant qu'une chose, à retourner chez eux! Et voilà ce qui devait être opposé à un ennemi bien armé, ayant une discipline de fer, rompu aux fatigues des marches, de plus bien habillé et bien nourri.

Le 31 décembre, à minuit, le ministre qui n'avait pas de nouvelles s'impatientait; il recommençait ses plaintes de lenteur et ses récriminations. Mais pourquoi ne tenait-il pas ses promesses? Pourquoi, au lieu de deux ou trois jours, en avait-il mis douze pour transporter l'armée de la Charité, Nevers et Saincaize à Chagny et Chalon-sur-Saône? Pourquoi n'envoyait-il pas les chevaux nécessaires? Pourquoi n'habillait-il pas, ne nourrissait-il pas l'armée? Il voulait la comparer à l'armée prussienne. Mais cette dernière était victorieuse, par suite le moral était bon: elle était, comme je l'ai déjà dit, rompue aux fatigues, habituée à un climat plus rigoureux, se nourrissant en grande partie par réquisitions chez l'habitant, ce qui évitait la lenteur des convois; mais par-dessus tout il y avait une discipline de fer, tandis que dans l'armée française il y avait le relâchement le plus complet, surtout chez les mobilisés.

Bordeaux, 31 décembre 1870, minuit.

« Je suis sans dépêche de vous ce soir.

» Notre mouvement s'effectue avec une lenteur désespérante. Il me serait bien difficile à distance de dire avec certitude à qui en est la faute. Sont-ce les ordres d'embarquement qui ont été mal donnés? Est-ce le matériel qui a manqué? Sont-ce maintenant les étapes à pied qui ne se font pas? Ce qui est certain, c'est que nous nous laissons distancer de plus en plus par les Prussiens, et que si nous ne pressons pas davantage notre marche sur Vesoul, non seulement nous trouverons une forte concentration à notre droite, environ 70 000 hommes, mais nous trouverons aussi une forte concentration à notre gauche, peut-être 80 ou 90 000 hommes. J'insiste donc de toutes mes forces auprès de vous pour que vous obteniez de votre armée un peu de cette mobilité que nous montre en ce moment même l'armée prussienne.

» Je charge M. de Serres de vous entretenir du projet que j'ai de vous renforcer prochainement, ce que rend plus nécessaire encore la lenteur inattendue de votre mouvement.

» *Signé* : DE FREYCINET. »

VIII

Dijon. — Besançon. — Évacuation de Gray. — Bataille de Villersexel. — Évacuation de Vesoul. — Combat d'Arcey.

Le 1er janvier 1871, le général Bourbaki quitta Chalon et se dirigea sur Dijon. Il annonçait sa marche au ministre et lui répétait que le mouvement qui venait de s'effectuer eût été opéré plus rapidement si on avait fait la route par étapes :

Chalon-sur-Saône, 1er janvier 1871, minuit 20.

« Je pars pour Dijon. Je serai demain à Dôle. Si le pont de Pesmes est rétabli, les 18e et 20e corps coucheront demain sur la rive droite de l'Oignon. Nous aurons ainsi parcouru 280 kilomètres en onze jours. Il est incontestable que si le matériel avait été prêt en quantité suffisante et en temps opportun, nous aurions dû opérer plus vite notre concentration ; mais nous aurions pu l'exécuter plus rapidement par les voies ordinaires, puisqu'il nous aurait fallu parcourir, en moyenne, 25 kilomètres par jour. Quoi qu'en dise le général Rolland, qui admet que l'ennemi fasse 70 kilomètres par jour, je ne crois pas que les Prussiens, par corps

d'armée, marchent plus vite, surtout par le temps actuel. La concentration autour de Belfort était inévitable. Je vous demande de me faire connaître ce que vous apprendrez des mouvements de l'ennemi sur Langres et Châtillon-sur-Seine. Je cherche à me renseigner directement.

» *Signé :* C. BOURBAKI. »

Le ministre s'irritait. Mais, je ne puis trop le répéter, à qui la faute ?

Il se plaignait encore qu'on eût retardé la marche en faisant transporter des troupes par chemin de fer au delà de Dijon, ce qui avait amené de l'encombrement. Mais là non plus la responsabilité ne devait pas peser sur le général : c'était le représentant du ministre qui avait proposé la mesure, affirmant qu'ainsi l'on gagnerait du temps. En résumé, le ministère de la guerre aura une lourde charge à supporter devant l'histoire pour tout ce qui s'est passé pendant cette expédition dans l'Est.

Bordeaux, 1er janvier 1871, minuit 50.

« Une des grandes fautes de cette concentration me paraît être d'avoir voulu beaucoup trop se servir des chemins de fer. Au delà de Dijon, il fallait aller par voie de terre sur Gray et Vesoul, et on aurait gagné

beaucoup de temps. Je vois par une dépêche d'Audibert, de ce jour, que la voie entre Dijon et Auxonne n'est pas encore en état. Comment se fait-il donc qu'on reste l'arme au bras depuis tant de jours à attendre que l'exploitation soit reprise?

» Je vois plusieurs personnes qui arrivent de vos côtés, et qui toutes déclarent ne rien comprendre à cette quasi-immobilité. Or, pendant ce temps, les Prussiens marchent.

» Le froid et la neige ne les arrêtent pas. De grâce, donc, dans l'intérêt même de la sécurité de l'armée, tâchez de regagner par marche rapide une partie du temps perdu.

» *Signé* : C. DE FREYCINET. »

Le 2 janvier, le général porta son quartier général à Dôle.

Le même jour 2 janvier, le ministre annonçait au général, par l'intermédiaire de M. de Serres, l'envoi par chemin de fer du 15ᵉ corps à Besançon.

Cette fois, le ministre recommanda à M. de Serres de laisser faire la compagnie, de ne lui donner aucun ordre, de lui laisser entièrement la responsabilité du mouvement. La leçon reçue par le transport des troupes de Nevers à Chalon avait suffi, et le ministre ne voulait pas endosser de nouveau une pareille responsabilité.

La dépêche était adressée :

« Guerre à de Serres, Dijon faire suivre, en communication à Bourbaki, Dijon faire suivre. »

Bordeaux, 2 janvier 1871, 10 h. 50 du matin.

« Reçu communication de votre dépêche de ce matin six heures vingt-cinq.

» Le commandant en chef du 15ᵉ corps est Martineau des Chenets. Les divisionnaires sont : 1ʳᵉ division, général Durrieu ; 2ᵉ Rebillard ; 3ᵉ Peytavin.

» Il demeure entendu d'après nos diverses dépêches, et notamment votre dernière :

» 1° Que je fais expédier et débarquer tout le 15ᵉ corps, infanterie, cavalerie, artillerie et matériel, à Besançon ;

» 2° Que je procéderai par divisions intégrales successives, la réserve d'artillerie suivant immédiatement la 1ʳᵉ division ;

» 3° Que les départs commenceront demain matin, 3 courant, à six heures ;

» 4° Que vous laissez la compagnie transiter les trains à sa guise, sur telle section qu'il lui plaira, et que vous ne lui prescrivez pas une ligne, jugée par vous plus avantageuse, de préférence à une autre. Laissez la compagnie agir comme elle l'entendra ;

» 5° Que vous expédierez David à Vierzon surveiller l'embarquement ;

» 6° Que, si vous le pouvez sans nuire au reste des opérations, vous surveillerez en partie le débarquement à Besançon, mais sans donner aucun ordre aux agents, en vous bornant à les stimuler de votre présence.

» *Signé :* C. DE FREYCINET. »

Ainsi, le ministre traitait les affaires avec M. de Serres directement, sans plus s'occuper du général commandant en chef la première armée que s'il n'eût pas existé ! Comment voulait-il que ce général eût confiance dans le gouvernement, quand le ministre de la guerre lui donnait de telles preuves de méfiance !

Le général Bourbaki donna son appréciation sur ce que voulait faire l'ennemi :

Dôle, 2 janvier 1871, 11 h. 55 du matin,

« L'ennemi fait des démonstrations de quelque importance pour menacer Dijon en se portant sur Vitteaux ; la défense de Dijon me semble susceptible d'être assurée par les troupes du général Pélissier et par celles du général Garibaldi; le général Cremer, qui couche ce soir entre Champlitte et Dijon, rétrogradera sur cette dernière ville pour concourir à sa défense, s'il le juge nécessaire.

» Je crois que l'ennemi veut nous déterminer, soit à réduire l'effectif des forces marchant sur Vesoul, soit à

nous retarder ; je tiens à déjouer ce projet en ne me privant d'aucun élément autre que la division Cremer. Nous éprouvons beaucoup de peine à marcher rapidement, vu l'état actuel des routes et les difficultés de s'approvisionner de vivres. Le 15ᵉ corps constituera un très bon appoint, mais il faut qu'il ne perde pas de temps ; les 18ᵉ et 20ᵉ corps doivent coucher ce soir sur les bords de l'Oignon et continuer leur marche demain matin. J'ai établi aujourd'hui mon quartier général à Dôle.

» *Signé :* Bourbaki. »

Le soir, le général recevait la nouvelle d'un retard dans l'expédition du 15ᵉ corps, par suite du non rétablissement du pont du canal à Dijon.

Bordeaux, 2 janvier 1871, 6 h. du soir.

« Le directeur de la compagnie Paris-Lyon-Méditerranée me télégraphie à l'instant que le pont sur le canal de Dijon ne pourra être rétabli que mercredi, et que dès lors il est indispensable de retarder les départs de vingt-quatre heures, pour ne pas faire stationner les trains en route ou leur faire faire un long détour, peu sûr d'ailleurs ; en conséquence, je décide que les transports commenceront mercredi matin six heures, au lieu de mardi matin six heures, date précédemment fixée. Il n'est rien changé, d'ailleurs, aux dispositions

et à l'ordre du départ, non plus qu'à la destination. Toutes choses devront se passer comme il avait été dit, sauf ce retard général de vingt-quatre heures.

» *Signé* : C. DE FREYCINET. »

Le ministre continuait à presser la marche du général. Marchez, marchez, disait-il toujours. L'armée faisait ce qu'elle pouvait; mais avec le froid intense (18 degrés au-dessous de zéro en moyenne) qui ne cessait pas, la difficulté des ravitaillements au fur et à mesure qu'on avançait vers le nord-est, car on n'avait plus qu'une ligne à une voie, les routes gelées et le verglas qui les couvrait, tout contribuait à arrêter la marche.

De plus, le ministère ne tenait pas ses promesses; ainsi, à Dôle, quand le 20e corps s'y présenta, il ne put s'y ravitailler que très imparfaitement.

Le 3 janvier, le général, craignant toujours pour Dijon, demanda un renfort du 15e corps pour cette ville. Le ministre accéda à cette demande.

Bordeaux, 3 janvier 1871, 10 h. 25 du matin.

« Reçu votre dépêche de cette nuit, annonçant des démonstrations de l'ennemi sur Dijon. Conformément à une demande adressée hier en votre nom par de Serres, le général commandant le 15e corps a reçu

l'ordre d'expédier aujourd'hui à Dijon une brigade et deux batteries. Quant au surplus du 15ᵉ corps, dont le mouvement général commencera demain, il se rend à Besançon, point que vous aviez fixé. Si vous désirez retenir à Dijon plus d'une brigade, vous aurez donc à passer des ordres pour qu'on y arrête les trains; si le passage par Dijon devenait dangereux par suite de la proximité de l'ennemi, vous voudriez bien aviser le commandant du 15ᵉ corps à Vierzon, pour qu'il suspende les embarquements.

» *Signé* : DE FREYCINET. »

Le général répondit :

Dôle, 3 janvier 1871, 5 h. 40 du soir.

« Les colonnes ennemies qui sont signalées à l'ouest de Dijon, notamment du côté de Vitteaux et de Port-Royal, ne peuvent, me semble-t-il, faire concevoir de craintes sérieuses pour la conservation de Dijon. La configuration du terrain est de nature à faciliter les opérations des divers corps appelés à s'opposer à leur marche. Le général Pélissier et le général Garibaldi ont entre les mains plus de 20 000 hommes; la division Cremer a dû quitter ce matin Fontaine-Française pour garder Orgeux, qui est à 10 kilomètres seulement de Dijon; la brigade et les deux batteries du 15ᵉ corps

que vous m'avez annoncées ajouteront encore un solide appoint à cet ensemble de forces; il me semble que, dans ces conditions, les habitants de Dijon doivent être rassurés, et attendre les événements qui vont se produire sous peu de jours. Je persiste à croire que la démonstration de l'ennemi sur Dijon n'a pour but que de retarder notre mouvement sur Vesoul et Belfort, mouvement que je cherche à accélérer le plus possible, mais qui se trouve ralenti par la rupture des ponts de Pesmes et de Drésilley sur l'Oignon, par l'état actuel des routes, enfin par les difficultés qu'éprouve l'intendant en chef à nous faire parvenir nos vivres. Il importe de ne pas sacrifier notre opération principale à un but secondaire, ce serait faire précisément ce que l'ennemi désire. Je vous demande donc de maintenir les ordres que vous avez donnés pour l'envoi, aujourd'hui même, à Dijon, d'une brigade et de deux batteries du 15e corps, et pour l'embarquement, à partir de demain, à destination de Besançon, des autres éléments de ce corps. Il est bien désirable que l'administration des chemins de fer prenne toutes les mesures possibles pour accélérer cette opération; dans le cas où la proximité de l'ennemi viendrait à la contrarier, je donnerais les ordres et avis que vous me prescrivez par votre dépêche de ce matin.

» *Signé* : BOURBAKI. »

A peine cette dépêche était-elle partie qu'il en recevait une de Gambetta, des plus extraordinaires.

La voici :

Bordeaux, 3 janvier 1871, 3 h. 20 du soir.

« Des considérations de la plus impérieuse nécessité, tirées de l'état de Paris, commandent une parfaite unité de vues et d'action entre nos diverses armées; dès lors, il faut, ainsi que je vous l'ai demandé, que vous nous indiquiez, chaque soir, aussitôt que la marche de la journée est terminée, les positions exactes occupées par les différents corps placés sous vos ordres ainsi que vos projets pour le lendemain. En ce moment même, où nous aurions tant besoin d'être renseignés, nous ne connaissons point la répartition de vos forces, ni la direction de leurs mouvements. Je tiens par-dessus tout, afin de pouvoir en informer exactement le général Trochu et le général Chanzy, selon le cas, à ce que vous fournissiez immédiatement : 1° une situation complète de vos forces réparties sur les divers points; 2° les marches que vous projetez de leur faire exécuter demain; 3° le plan général de vos opérations pour les jours qui vont suivre; 4° quel est en ce moment votre principal objectif, et à quelle date vous pensez pouvoir vous en emparer; 5° quelles sont vos idées sur les opérations à accomplir; en un mot, nous faire connaître, comme

vient de le faire le général en chef de la deuxième armée, quel est votre plan tactique. Il nous faut plus que jamais coordonner et préciser nos mouvements, avoir de la suite, ne jamais marcher à l'aventure, mais savoir à toute heure où nous en sommes et ce que nous voulons. Je ne saurais trop exiger de vous, dans l'accomplissement de la tâche qui vous est confiée, et qui exige de votre part autant de confiance que de hardiesse et de mobilité, et j'y compte au nom du gouvernement tout entier. J'ai remarqué avec une pénible surprise le vague de certaines de vos dépêches; ainsi, dans votre dépêche de minuit, vous dites : « Le général » Cremer, qui couche ce soir entre Champlitte et Dijon, » rétrogradera sur cette dernière ville pour concourir » à défense s'il le juge nécessaire »; il semble résulter de là que vous ne connaissiez pas le point exact où se trouvera ce général, et que vous abandonniez à votre subordonné l'appréciation d'une question aussi grave que celle de savoir s'il doit ou s'il ne doit pas secourir Dijon. C'est à vous, général en chef, de décider de telles questions, et le général Cremer doit recevoir à ce sujet des ordres nets et précis, et ne jamais rester dans l'arbitraire; je vous demande une prompte réponse.

» *Signé :* Gambetta. »

Ainsi, voilà le ministre qui demandait ce qu'il avait

déjà ordonné et ce que le général faisait tous les soirs : indiquer le quartier général et les mouvements de troupes ; il prétendait qu'il n'était pas renseigné, qu'il ne lui était rien dit ! Comment pouvait-il affirmer une chose pareille, quand M. de Serres, son représentant, ne quittait pas le général Bourbaki ! Et non seulement le général faisait ce qui lui était demandé ; mais l'enquête sur le gouvernement de la Défense nationale prouve que M. de Serres tenait très exactement le ministre au courant de tout ce qui se passait. On trouve aussi, dans cette dépêche, la même préoccupation de marcher en avant, toujours en avant !

Mais je laisse la plume au général pour répondre :

Dôle, 3 janvier 1871, 10 h. 30 du soir.

« Je crois, dans mes différentes dépêches, vous avoir renseigné sur tout ce que vous me demandez aujourd'hui. Avant votre départ de Bourges, il était parfaitement convenu que nous manœuvrerions de façon à faire évacuer Dijon, Gray, Vesoul, et à faire lever le siège de Belfort. Ces résultats obtenus, nous devions, suivant les mouvements de l'ennemi, la disposition de ses forces, la nature du théâtre de nos opérations, chercher, en passant par Épinal, à couper les lignes de communication de l'ennemi entre l'Alsace, la Lorraine et Paris, ou bien nous porter sur Langres et

Chaumont, afin d'obtenir le même résultat en menaçant de près l'armée d'investissement de Paris. Je vous ai adressé des télégrammes dans le même sens le 28 et le 29 décembre. Je vous ai fait connaître, le 30 décembre, l'itinéraire des 18e et 20e corps d'armée, et je vous ai prévenu, le 1er janvier, que ces corps coucheraient le 2 sur la rive droite de l'Oignon, si le pont de Pesmes était rétabli. Hier 2, je vous ai mandé que ces mêmes corps coucheraient sur les bords de l'Oignon, et qu'ils continueraient ce matin leur marche sur Vesoul. Les renseignements relatifs à la marche d'aujourd'hui sont les suivants. Le 18e corps suit la route de Pesmes à Vesoul, le 20e va de Marnay à Voray gagner la route de Besançon à Vesoul. Le 24e commencera demain son mouvement en passant par Marchaux, et faisant étapes entre Corcelle et la Tour-de-Sçay. Le 18e corps doit coucher ce soir dans le voisinage de Bonboillon. Le 20e vers Étuz. Si l'état des chemins n'y met pas obstacle, nous arriverons le 5 janvier, savoir : le 18e corps entre Mailley et Grandvelle; le 20e à Échenoz-le-Sec; le 24e, partie en avant de Montbozon sur la rive gauche de la Linotte, partie à Esprels; si le 15e corps arrive à temps à Besançon, comme je l'espère, je le chargerai ou de menacer Montbéliard, ou de nous venir directement en aide suivant les circonstances; si les Prussiens défendent Vesoul, comme on

nous le fait croire, puisque les troupes de Dijon et de Gray se sont repliées sur ce point, nous serons bien concentrés et en mesure de les attaquer; je reconnaîtrai, le 6, leurs positions, et je marcherai contre eux autant que possible le jour même. S'ils abandonnent cette ville sans combat, comme ils ont abandonné Dijon et Gray, nous ne les trouverons probablement que devant Belfort. Quant à l'épisode Cremer, il est très simple. En quittant Dijon, je n'avais pu me rendre un compte exact de la valeur de la menace annoncée contre cette ville; à mon arrivée à Dôle, les télégrammes de M. Menotti Garibaldi m'ont fait craindre que les Prussiens tentassent de la réoccuper, et j'ai prescrit au général Cremer de revenir à Dijon si la menace devenait assez sérieuse pour mériter ce mouvement, ou, dans le cas contraire, de rester à l'emplacement choisi par lui entre Dijon et Champlitte, pour y passer la nuit et y attendre des instructions ultérieures. Cette division est venue donner de la consistance aux troupes du général Pélissier, armées seulement de fusils à piston, et aux troupes du général Garibaldi; j'avais prescrit à son chef de se porter en deux jours à Champlitte, et de faire étape au point qui lui semblerait le meilleur dans cette direction, en tenant compte de l'état de la route et de la fatigue des troupes. La rigueur de la saison et les accidents impré-

vus mettent en défaut les calculs faits à l'avance avec une trop grande rigueur : aussi ai-je laissé aux commandants de corps d'armée, comme au général Cremer dans la circonstance rappelée par vous, dans des limites définies, une certaine latitude à ce sujet, parce que c'est sage et pratique. J'ai demandé qu'une brigade du 15ᵉ corps fût dirigée sur Dijon ; si les nouvelles que je recevrai aujourd'hui ou demain font reconnaître que ces deux détachements sont inutiles ou trop considérables, et si les forces que m'opposera l'ennemi le rendent nécessaire, je rappellerai la brigade du 15ᵉ corps et la division Cremer; je vous ai prévenu aujourd'hui que cette dernière division était revenue à Orgeux ; quant aux 15ᵉ et 24ᵉ corps, ils sont placés comme vous le savez. Le 24ᵉ est à Besançon, le 15ᵉ a dû commencer aujourd'hui le mouvement en chemin de fer que vous lui avez ordonné. Je porterai demain mon quartier général à Besançon, que je crois être le meilleur point à choisir pour communiquer avec les commandants de corps d'armée, pour recevoir plus facilement les nouvelles concernant les mouvements de l'ennemi, enfin pour veiller au départ du 24ᵉ corps, pour connaître les conditions dans lesquelles pourront débarquer les premières troupes du 15ᵉ corps, et pour m'assurer de l'arrivée des approvisionnements nécessaires. Dès que j'aurai quitté Besançon, mes communications télégra-

phiques ne pourront être assurées qu'au moyen de postes de cavaliers échelonnés entre le grand quartier général et la station la plus voisine ou la plus sûre; les communications éprouveront, par suite, des retards inévitables.

» *Signé :* BOURBAKI. »

Ainsi les troupes continuaient leur mouvement vers le nord-est. Mais il y avait toujours des inquiétudes du côté de Dijon, et dans la nuit le général recevait les deux dépêches suivantes :

Bordeaux, 3 janvier 1871, 11 h. 30 du soir.

« En réponse à votre dépêche de cinq heures quarante de ce jour, je m'empresse de vous faire connaître que je n'ai rien changé à mes ordres antérieurs ayant pour but d'envoyer : 1° dans la journée d'aujourd'hui, une brigade et deux batteries du 15° à Dijon ; 2° à partir de demain, tout le reste du 15° pour Besançon. J'ai invité de la manière la plus pressante les deux compagnies à exécuter ce mouvement avec la plus grande rapidité.

» Je laisse les choses en cet état, et ne donnerai aucun contre-ordre. C'est à vous seul qu'il appartient désormais de donner des instructions au 15° corps.

» *Signé :* DE FREYCINET. »

Bordeaux, 3 janvier 1871, 11 h. 50 du soir.

« Quelque invraisemblable qu'ait d'abord paru une marche de Montbard sur Dijon, cette marche paraît aujourd'hui s'accentuer; d'autre part, j'ai lieu de penser que Dijon est loin de posséder actuellement les 20 000 hommes dont parle votre dépêche, car Garibaldi me fait l'effet d'être toujours aux environs d'Autun, et les bataillons disponibles à Auxonne ont été incorporés dans les 18e et 20e corps; il me semble donc que Dijon ne possède que Pélissier avec ses mobilisés, plus la brigade du 15e corps qui a dû y arriver aujourd'hui, et c'est même probablement le dégarnissage de Dijon qui a déterminé le mouvement de l'ennemi. En cet état, je pense que vous ferez bien de vous renseigner sur l'importance des forces ennemies qui pourraient menacer Dijon; et si ces forces étaient considérables, il serait prudent de maintenir dans cette ville une troupe respectable, comprenant par conséquent des forces en sus de la troupe Pélissier. Il vous appartient de voir si, en faisant venir Garibaldi, ou en ramenant Cremer, ou en maintenant une division du 15e corps, vous pouvez garantir la sécurité de Dijon qui n'est par soi-même qu'un objectif secondaire, mais qui peut avoir un grand intérêt comme base de vos communications et de votre ravitaille-

ment par chemin de fer à mesure que vous avancerez.

» *Signé :* DE FREYCINET. »

On le voit, il y avait loin des promesses faites au général Bourbaki à la réalité. Le gouvernement s'était engagé à envoyer Garibaldi à Dijon, plus 100 000 mobilisés. Garibaldi n'arrivait pas ; le général Pélissier avait à peine 15 000 mobilisés, et encore étaient-ils armés de fusils à piston !

Le général Bourbaki, comme il l'avait annoncé, transporta le lendemain 4 janvier son quartier général à Besançon. Il tenait, en outre des raisons données au ministre, à se rendre compte par lui-même dans quel état de défense était la place, et si les vivres et les munitions étaient arrivés en quantités suffisantes. Comme il le craignait, il n'y avait encore rien de fait dans ce sens. Il en informa aussitôt le ministre.

Besançon, 4 janvier 1871, 7 h. 10 du soir.

« Toutes les nouvelles que je reçois tendent à démontrer que l'ennemi n'a pas, sérieusement, l'intention d'attaquer Dijon quant à présent. Pour ce motif, les conditions de défense dans lesquelles se trouve cette ville me semblent suffisantes.

. . . .

» Il est essentiel de réunir à Besançon des approvi-

visionnements considérables en vivres, comme en munitions d'artillerie et d'infanterie, de façon à assurer les besoins de l'armée, en sus de ceux de la place même.

» *Signé :* BOURBAKI. »

Le 5, le général quittait Besançon, se dirigeant vers le nord-est, et allait coucher à Voray.

Enfin le 15ᵉ corps arriva à Besançon le 6 au matin. M. de Serres le lui annonça en ces termes :

Besançon, 6 janvier 1871, midi 2.

« Les arrivages attendus commencent ce soir, un train est en gare. Le général Rolland n'ayant pas d'instructions me consulte. Je le prie, suivant nos conclusions de ce matin, de les pousser sur Clerval, à la gauche une division arrivant ce soir sur Clerval, Santoche et Chaux. Les deuxième et première divisions vers Saint-Georges, Anteuil et Gledons. Prière d'envoyer des instructions pour demain au général Rolland et à Martineau, qui sans doute sera ici prochainement. Je reçois de l'inspecteur du point de départ la dépêche suivante :

« Dernière batterie de réserve est partie à trois heures » ce soir. Il ne reste plus que les trois batteries de » quatre qui couvrent la retraite, et que je ne dois

» expédier que dans la nuit du 6 au 7, suivant ordre.

» *Signé :* DE LA TAILLE. »

» Voici certainement un joli résultat comme embarquement. Les trains se succéderont ici de demi-heure en demi-heure, et notre extrême droite sera, dès demain, bien appuyée. A bientôt, je pars demain matin vous rejoindre. Je n'ai pas vu les officiers auxquels je devais délivrer les cartes ; porterai celles-ci avec moi pour les remettre demain.

» *Signé :* DE SERRES. »

Il y a dans cette dépêche un passage intéressant à noter, c'est celui où M. de Serres trouve joli le résultat du transport du 15ᵉ corps : cela prouve une fois de plus que si le ministre, son délégué et le représentant du délégué avaient laissé les compagnies faire le transport des 18ᵉ et 20ᵉ corps comme elles l'entendaient, sans vouloir les diriger et leur donner des ordres, ce transport eût certainement été effectué aussi rapidement que pour le 15ᵉ corps.

Le général avait, le 5 au soir, envoyé son ordre de marche au ministre. Le ministre lui répondit :

Bordeaux, 6 janvier 1871, 2 h. 15 du soir.

« J'ai reçu et lu avec intérêt votre dépêche d'hier au

soir de Voray. Les dispositions que vous m'indiquez me semblent bien prises, et j'espère que l'exécution répondra à la conception.

» Je considère avec vous que la place de Dijon n'est plus sérieusement menacée, et vous avez bien fait d'en retirer la brigade du 15ᵉ corps.

» Quand vous jugerez que la division Cremer n'y est plus utile, il conviendra, selon moi, de diriger cette division vers Langres plutôt que vers Vesoul.

» Au surplus, vous apprécierez. Je ne saurais trop insister, en ce qui concerne l'ensemble de vos opérations, sur la nécessité d'aller vite pour les motifs que vous savez.

» En prévision du cas où les siéges de certaines places seraient levés devant vous, et où, par conséquent, des troupes deviendraient disponibles dans ces places, tenez-vous pour informé que vous avez le commandement général de ces troupes; et que, par conséquent, vous avez le droit de retirer des places, pour les incorporer dans votre armée, toutes les troupes que vous ne jugerez pas indispensables à la place. Cette remarque s'applique notamment à Langres, qui à un moment donné pourra vous donner 10 000 hommes. Ne négligez aucune occasion de grossir votre armée.

» *Signé :* DE FREYCINET. »

Le général, en effet, d'après tous les renseignements

qu'il avait réunis, était de plus en plus persuadé que pour le moment Dijon n'était pas sérieusement menacé; c'est pourquoi, ayant besoin de toutes ses forces, il avait rappelé à lui la brigade du 15ᵉ corps qui y était détachée, et il devait sous peu en faire autant de la division Cremer.

Le 6, le général transportait son quartier général à Montbozon sur l'Oignon.

A sept heures et demie, il télégraphiait au ministre :

Montbozon, 6 janvier 1871, 7 h. 30 du soir.

« L'ennemi manœuvre de son côté pendant que nous manœuvrons du nôtre. Je me renseigne sur les forces occupant Villersexel; c'est là probablement qu'aura lieu le premier choc.

» Les convois arrivent très difficilement par le temps actuel, les routes sont très glissantes, je serai probablement obligé de ne pas faire de mouvement demain; je n'ai d'ailleurs connaissance, quant à présent, que de l'arrivée d'une seule brigade du 15ᵉ corps à Besançon, ce qui me retarde encore.

» *Signé* : BOURBAKI. »

Comme il l'annonçait dans sa dépêche, afin de pouvoir donner à manger aux hommes et aux chevaux, il s'arrêtait le 7 et le 8.

Le ravitaillement se faisait avec la plus grande difficulté. Dans ce pays montagneux, avec des routes couvertes de verglas, les chevaux ne tenaient pas, ils tombaient, le désordre se mettait dans les convois qui souvent n'arrivaient pas à destination.

Le 7, le général télégraphiait à l'intendant en chef :

Montbozon, 7 janvier 1871, 8 h. du soir.

« Réunissez le plus d'approvisionnements possible et requérez toutes les voitures nécessaires pour faire parvenir aux corps d'armée les vivres dont ils ont besoin, et qui vont leur faire défaut, si les convois, retardés par les difficultés que présentent les routes, ne pouvant transporter qu'une quantités de denrées beaucoup moindre, ne sont pas plus nombreux. Dirigez ceux du 18e corps et du grand quartier général sur Montbozon, ceux du 20e et du 24e sur Rougemont.

» Le 15e corps reçoit l'ordre de se porter de Clerval sur ce dernier point.

» *Signé :* BOURBAKI. »

Le général recevait deux dépêches du ministère. Nouvelles récriminations au sujet de l'arrêt de vingt-quatre heures qu'il avait fait pour le ravitaillement de la troupe.

Bordeaux, 7 janvier 1871, 11 h. 45 du matin.

« Votre dépêche de ce matin une heure et demie m'annonce que probablement vous ne ferez pas de mouvement aujourd'hui, et que d'ailleurs vous n'avez connaissance que de l'arrivée d'une brigade à Besançon.

» Je suis surpris que cette dernière circonstance puisse causer votre inaction; car votre mouvement avait été entrepris sans qu'il fût même question de faire venir le 15e corps, et le mouvement de celui-ci a été plus rapide qu'il n'était permis de l'espérer, puisque 45 000 hommes auront été embarqués en trois jours et demi. Je ne m'expliquerais donc pas que ce fût là un motif de retarder vos opérations. Je ne saurais trop vous recommander au contraire de les accélérer; car d'une part, Paris mange toujours, et d'autre part, il arrive contre vous des renforts qui, si vous procédez lentement, finiront par vous constituer en infériorité de nombre. Voilà déjà beaucoup de temps écoulé, et je vous engage à activer tous ces mouvements. La difficulté des routes que vous mettez en avant n'arrête pas les Prussiens, dont la marche est pour le moins deux fois aussi rapide que la vôtre.

» Vous aviez annoncé vous-même que vous seriez à Vesoul le 5 ou le 6 janvier, et je voudrais être sûr que vous y serez le 8.

» Je vous envoie un ingénieur des mines, M. Lebleu, natif de Belfort, et qui connaît parfaitement les Vosges. Il pourra renseigner à l'occasion votre état-major.

» *Signé :* DE FREYCINET. »

Je ne reviendrai pas ici sur les circonstances qui expliquent la lenteur de la marche de l'armée, je les ai déjà suffisamment indiquées. Je ne reviendrai pas non plus sur les causes qui devaient amener une marche plus rapide de l'armée ennemie.

Bordeaux, 7 janvier 1871, 2 h. 40 du soir.

« Je reçois une dépêche du quartier général de Garibaldi, permettant d'espérer une prochaine occupation de Dijon par les troupes de ce général. Vous feriez bien d'entrer en communication directe avec lui, afin de retirer, le cas échéant, la division Cremer, dès que vous jugerez sa présence inutile à la protection de Dijon. Une dépêche Havas, que je vous communique aujourd'hui, semble indiquer la levée du siège de Langres, et un acheminement des troupes de siège sur Vesoul. Vous verrez s'il n'y aurait pas à combiner en ce cas une double action de la division Cremer avec une colonne formée à Langres, de manière à occuper vigoureusement sur les derrières de l'ennemi, ou à

empêcher la jonction des renforts venant de Châtillon ou de Chaumont.

» Ainsi que je vous l'ai dit, je crois que Langres peut fournir 10 à 12 000 hommes à l'armée en campagne.

» *Signé :* DE FREYCINET. »

Le 8, le général, suivi de ses officiers et de quelques cavaliers d'escorte, poussa une reconnaissance vers Villersexel. Arrivé aux grandes gardes, un officier lui rendit compte que l'ennemi avait évacué cette ville. Le général alla jusque près de ce point, afin de juger par lui-même de la situation, puis il rentra à Montbozon pour donner l'ordre de marche du lendemain.

Voici l'ordre de marche du 9 ; il a une grande importance, car on se trouvait en face de l'ennemi.

Ordre de mouvement pour le 9 janvier 1871.

Montbozon, 8 janvier 1871.

« L'armée continuera demain, 9 du courant, le mouvement commencé les jours précédents.

» La partie disponible du 15e corps occupera les positions qui s'étendent le long de la route de Fontaine à Belfort par Arcey, depuis Laguinguette jusqu'au village d'Onans.

» Le 24ᵉ corps appuiera son extrême droite au ruisseau du Scey ; il occupera Vellechevreux, et s'étendra par sa gauche jusqu'à Georfans et Grammont.

» Le 20ᵉ corps occupera les villages de Villargent, Villers-la-Ville et les Magny.

» Le 18ᵉ corps occupera Villersexel, Autrey-le-Vay, Esprels, le bois de Chassey ; la réserve occupera Abbénans et Cubry.

» La brigade de cavalerie de réserve sera cantonnée à Fallon.

» Le grand quartier général sera établi à Bournel, entre les villages de Cuse et de Cubry.

» Toutes les dispositions prescrites les jours précédents pour assurer la sécurité des troupes pendant la durée du mouvement, comme pour dissimuler le mieux possible notre marche à l'ennemi et pour relier les corps entre eux, seront scrupuleusement observées.

» Tous les convois du 18ᵉ corps seront tenus sur la rive gauche de l'Oignon.

» Les troupes laissées sur la rive droite recevront des instructions précises pour passer l'Oignon, si elles se trouvaient obligées de se replier devant des forces supérieures.

» Les reconnaissances seront poussées au loin et faites avec le plus grand soin.

» Les commandants de corps d'armée feront con-

naître au général en chef le point choisi par eux pour établir leur quartier général.

» Le général en chef commandant la première armée,

» BOURBAKI. »

Le lendemain 9, le général porta son quartier général au château de Bournel, à Cubry, situé sur la hauteur au-dessus de Cubrial.

A peine arrivé, il entendit le canon, remonta à cheval et se dirigea du côté du combat.

Voici ce qui s'était passé : dans la nuit, l'ennemi, ayant évacué Vesoul, avait réoccupé Villersexel, et on s'était heurté à lui le matin en faisant la marche ordonnée.

L'occupation de Villersexel était nécessaire, parce que cette ville commande les routes de Montbéliard à Vesoul et de Besançon à Lure.

L'armée s'étendait sur une ligne passant par Esprels et Cubry. Le 20ᵉ corps était engagé devant Villersexel.

Le général, dès son arrivée en première ligne, fit ouvrir le feu de l'artillerie contre deux batteries qui faisaient un feu violent, et lorsque ces batteries se mirent en retraite, il ordonna au général Clinchant d'entrer avec ses troupes dans la ville; au général Thornton, de sortir du bois et de s'établir sur les hauteurs de droite dominant Villersexel, en s'en empa-

rant; au général Billot de déboucher d'Esprels et de s'établir avec deux divisions sur les hauteurs de gauche, en envoyant une division à Villersexel. La réserve se plaça sur l'emplacement précédemment tenu par le 20ᵉ corps, et l'ambulance fut établie dans une maison isolée qui se trouvait sur ce même point.

Ce combat, commencé à neuf heures du matin, dura jusque avant dans la nuit et fut très meurtrier. La lutte fut acharnée surtout dans le château de Villersexel, qui ut la proie des flammes.

Ce qui rendit cette affaire meurtrière pour l'armée rançaise et ce qui fit qu'on ne fut maître de la ville que fort tard, c'est, d'une part, qu'il fallut prendre presque chaque maison l'une après l'autre, et d'autre part, que l'ennemi était fortement retranché dans une maison commandant la route de Lure : nous ne pûmes nous en emparer qu'en y mettant le feu.

L'ennemi, après avoir subi des pertes sensibles, se retira dans la direction de Belfort.

Malheureusement on ne put poursuivre les Allemands : le général fut obligé de s'arrêter, à son très grand regret, sur les observations des généraux que les vivres manquaient complètement et que le ravitaillement devenait de plus en plus difficile.

En descendant de cheval à minuit et demi (nuit du 9 au 10 janvier), le général télégraphia au ministre :

Bournel, 10 janvier 1871, minuit 30.

« L'armée a exécuté hier 9 le mouvement ordonné. Le général Clinchant a enlevé avec un entrain remarquable Villersexel; le général Billot a occupé Esprels et s'y est maintenu.

» Nous sommes maîtres de nos positions; tous les ordres sont donnés pour répondre convenablement à une attaque de l'ennemi si elle venait à se produire, ou pour prendre telle autre disposition que les circonstances rendraient nécessaire.

» *Signé* : BOURBAKI. »

Le général reçut des félicitations pour le combat de Villersexel :

Bordeaux, 10 janvier 1871, 5 h. 50 du soir.

« M. de Serres, par une dépêche de ce jour, me fait connaître la splendide attitude que vous avez eue dans la journée d'hier. Elle ne m'étonne pas, mais j'en suis glorieux pour la France. Elle est pour moi la garantie de nouveaux succès.

» *Signé* : FREYCINET. »

Quelques heures plus tard :

Bordeaux, 10 janvier 1874, minuit.

« M. de Serres vient de nous annoncer la brillante

victoire que vous avez remportée en avant de Viller-. sexel ; c'est le couronnement mérité de la savante manœuvre que vous exécutiez depuis quatre jours, avec autant de hardiesse que de prudence, entre les deux groupes de forces ennemies. Je vous en félicite de tout mon cœur, ainsi que votre excellent chef d'état-major Borel, dont j'ai reconnu la main dans plusieurs dispositions. Il nous tardera de récompenser les braves qui se sont distingués dans cette journée et auxquels le gouvernement sera heureux de témoigner sa reconnaissance.

» Je crois que les conséquences de votre succès seront considérables à bref délai.

» *Signé :* C. DE FREYCINET. »

Le même soir, le général télégraphiait :

Bournel, 10 janvier 1871, soir.

« J'ai visité aujourd'hui les positions occupées par l'aile droite de l'armée ; j'ai déjà envoyé ma réserve à Courchaton ; je ferai appuyer demain tous les corps vers la droite, afin de renforcer l'aile de ce côté ; je confie à la partie disponible du 15e corps le soin d'occuper Onans.

» Les chemins sont couverts de verglas ; les charrois de l'artillerie et de l'administration présentent, pour

être exécutés, les plus grandes difficultés. Si l'état des chemins et le mode de ravitaillement des troupes le permettent, j'essayerai, après-demain 12, d'enlever la position d'Arcey, qui, avec celle de Villersexel, me permettra d'interrompre toute communication entre Vesoul et Montbéliard. Je poursuivrai aussi activement que possible mes opérations, dont le but principal est de faire lever le blocus de Belfort et de menacer les communications de l'ennemi.

» La brigade Questel, arrivée aujourd'hui à Montbozon, pourra entrer en ligne après-demain. Quant à la division Cremer, elle opérera de façon à menacer la retraite de l'ennemi de Vesoul par Port-sur-Saône.

» *Signé :* BOURBAKI. »

Voici les renseignements sur l'ennemi que le général recevait de Bordeaux :

Bordeaux, 10 janvier 1871, 5 h. 45 du soir.

« D'après les renseignements recueillis par le bureau des reconnaissances, voici la répartition probable des troupes allemandes dans l'Est, entre Auxerre et la frontière.

» Le général Zastrow occupait Auxerre avec la 13e division du 7e corps et la division de landwehr Debschitz.

» Le corps constitué formerait un total de 25 000 hommes. Ce corps s'est transporté d'Auxerre à Montbard et Semur, puis il est revenu sur ses pas jusqu'à Auxerre, et enfin, le 9, il part précipitamment d'Auxerre vers Chablis.

» Il se trouve donc pour le moment très éloigné de votre champ d'opérations. On annonce l'arrivée de forces venant de Paris, mais ces forces n'ont pas dépassé Joigny.

» L'armée du général de Werder est formée de trois divisions : la première, général Treskow, comprenant 15 bataillons, 16 escadrons et 6 batteries ; la division badoise, général Glümer, comprenant 18 bataillons, 12 escadrons et 7 batteries ; enfin la 4e division de réserve, général Schmerling, comprenant 19 bataillons, 4 escadrons et 6 batteries.

» La division Treskow était près de Belfort ; les deux autres, avec un effectif de 35 000 hommes au plus, devaient se trouver en avant de Vesoul.

» La division Treskow a été renforcée par des troupes de landwehr récemment tirées des garnisons d'Alsace, et doit s'élever aujourd'hui, grâce à ces renforts, à 45 000 hommes.

» La 14e division du 7e corps était restée au siège de Mézières. Je ne sais si elle a rejoint l'armée du Nord ou si elle est dirigée de votre côté ; dans tous les cas,

elle n'est pas encore près de se réunir aux autres corps en face de vous.

» *Signé* : CUVIENOT. »

On se remit en route, l'armée se portant vers l'est, sa droite à elle appuyée au Doubs. Clerval, sur la ligne de Besançon à Montbéliard, était en effet le seul point, et le point extrême, où le chemin de fer pouvait amener des vivres, des munitions, etc., en un mot tout ce qui était nécessaire à l'armée.

Le général, n'ayant pas de moyens de transport suffisants (et quels transports ! des charrettes requises chez les paysans), était donc obligé de conserver Clerval à tout prix, ainsi que les communications de toutes ses troupes avec ce point, puisque pour nourrir le soldat il fallait faire la navette entre Clerval et le quartier général de chaque division.

La rive gauche du Doubs à Blamont, aux monts Lomont, était occupée par des mobilisés et des francs-tireurs.

Le 11, le général séjournait au château de Bournel, et il télégraphiait au ministre :

Bournel, 11 janvier 1871.

« J'accélère le plus possible mes opérations, comprenant comme vous l'immense intérêt qui s'attache à la

rapidité de leur exécution ; mais elles se trouvent contrariées à chaque instant par la difficulté d'assurer la subsistance des troupes, en raison de l'éloignement des voies ferrées, du verglas, de la raideur des pentes à gravir et à descendre, de l'insuffisance numérique de nos moyens de transport.

» Il est impossible de se trouver dans de plus mauvaises conditions que celles qui nous sont faites d'une façon si continue par la rigueur de la saison.

» L'intendant en chef du 24e corps a fait connaître au général Bressolles qu'il n'était pas en mesure d'assurer les distributions, si les troupes faisaient un mouvement demain ; le 15e corps est dans le même cas. Aujourd'hui je fais appuyer à droite la majeure partie de mes forces, afin de préparer l'attaque d'après-demain, à laquelle prendra part la brigade Questel qui arrivera demain à Onans.

» La possession d'Arcey m'est nécessaire pour me permettre de me porter en avant. On m'assure que l'ennemi n'a pas cessé de l'occuper depuis trois semaines et qu'il s'y est fortifié. Je fais reconnaître aujourd'hui les ouvrages exécutés par lui. En marchant sur Vesoul, sur Lure ou sur Belfort avant de m'être rendu maître d'Arcey, je compromettrais mes communications avec Clerval qu'elle domine complètement. L'opération sur Arcey a donc un caractère purement défensif. Si elle

réussit, Vesoul et Lure seront forcément évacués, comme l'ont été Dijon et Gray.

» La division Cremer couchera aujourd'hui à Fresne-Saint-Mamès. Je lui prescris de se porter sur Vesoul et d'occuper cette ville, si les renseignements recueillis sur les lieux par son chef le lui permettent.

» Le 15e corps ne m'a rejoint qu'en partie ; j'engage le général Martineau à réunir le plus rapidement possible les éléments qui lui manquent encore ; l'encombrement des voies ferrées a sensiblement réduit les avantages de l'embarquement rapide des troupes de ce corps. Je prescris à la brigade Minot, qui n'a pas encore pu aller à Blamont comme je le lui avais ordonné, de marcher sur Onans, où elle arrivera demain ; enfin j'invite le général Rolland à faire prendre l'offensive par ses troupes, partout où ce leur sera possible.

» Je crois que l'ennemi nous attendra derrière la Lisaine ; s'il est battu, Belfort se trouvera débloqué et je pourrai tenter la continuation du programme dont nous sommes convenus. Si l'on en croit les renseignements reçus de divers côtés, la majeure partie de l'armée du prince Frédéric-Charles se porterait contre nous.

» Dans le cas où elle parviendrait à s'opposer à la réalisation de nos projets, nous n'en rendrions pas moins un service réel, puisque le général Chanzy se

trouverait ainsi dégagé et pourrait marcher sur Paris. Il serait essentiel qu'il profitât le plus promptement possible de la diminution des forces qui lui sont opposées pour reprendre l'offensive. Quelles que soient les circonstances, je ne perdrai pas de vue le but à atteindre et j'utiliserai de mon mieux les éléments dont je dispose.

» *Signé :* BOURBAKI. »

Le même jour, M. de Serres, par la dépêche suivante, attirait l'attention de Garibaldi sur la défense de plus en plus nécessaire du flanc gauche contre l'ennemi :

Télégramme de M. de Serres au chef d'état-major de l'armée des Vosges.

Bournel, 11 janvier 1871, 6 h. du soir.

« Je vous remercie de votre bonne dépêche du 10. Nous tenons énormément, le général en chef et moi, à rester en relations constantes avec vous, qui, maintenant plus encore qu'auparavant, avez une grande tâche à remplir, en nous apportant votre inappréciable concours.

» Le corps de Zastrow, maintenu par votre attitude, remonte vers Langres pour revenir dans l'Est. Il est de toute importance que vous ne le perdiez pas de vue,

restant constamment sur son flanc, le harcelant dans sa marche, qu'il est indispensable de ralentir.

» Le Morvan et la Côte-d'Or maintenant hors de toute menace, le plateau de Langres doit devenir votre base d'opérations, d'où vous menacez, sur une immense étendue, la grande ligne de communications ennemies.

» L'armée de l'Est compte sur votre vigoureuse action, dont nous espérons que les effets se feront bientôt sentir.

» Je vous tiendrai au courant de tout ce qui pourra vous intéresser. »

. . . .

Il eût peut-être mieux valu faire un peu moins de compliments à Garibaldi, et obtenir de lui un concours plus efficace.

Voici l'ordre de marche donné par le général Bourbaki pour la journée du 13, où devait se livrer le combat d'Arcey.

Ordre de mouvement pour le 13 janvier 1871.

Bournel, 11 janvier 1871, soir.

« L'armée quittera ses positions actuelles après-demain, 13 du courant, au point du jour, pour occuper celles qui vont être indiquées ci-après.

» La partie disponible du 15e corps s'établira dans

le village d'Arcey; elle occupera également la position d'Onans, les villages de Sainte-Marie et de Montenois.

» Les troupes de ce corps qui n'auront pas encore pu rejoindre celles arrivées jusqu'à ce jour, passeront par Médière et y prendront la route d'Arcey.

» Le 24ᵉ corps occupera Gonvillars, et, par sa gauche, Corcelles et Marvelise, en se reliant avec le plus grand soin au 15ᵉ corps, qui devra trouver dans le 24ᵉ un appui des plus efficaces.

» Les routes conduisant sur le plateau entre Doubs et Oignon, et celles permettant de communiquer des positions du 24ᵉ corps avec celles du 15ᵉ, seront soigneusement reconnues.

» Le 20ᵉ corps s'établira à gauche du 24ᵉ en se reliant avec lui; il occupera les villages de Crevans, Secenans, Grange-la-Ville, Senargent, Mignafans et Vellechevreux; il se couvrira dans la direction de Saulnot, en occupant Grange-le-Bourg.

» Le 18ᵉ corps prendra position de Senargent à Villersexel, le long du ruisseau du Scey, en occupant Saint-Fergeux, Villargent et Villers-la-Ville, et faisant garder Pont-sur-Oignon.

» Les 15ᵉ et 18ᵉ corps, qui formeront la droite et la gauche de l'armée, se feront éclairer au loin sur leur front et sur le flanc extérieur; la cavalerie du 15ᵉ corps

battra tout le pays, notamment la partie comprise entre le Doubs et la route d'Arcey à Montbéliard.

» La réserve de l'armée occupera Onans et Faimbe, de façon à pouvoir se porter facilement soit sur Crevans, soit sur Arcey, soit sur Sainte-Marie ou sur tel autre point, plus à droite encore, qu'il serait jugé utile d'occuper.

» Les convois seront laissés très en arrière et disposés avec ordre sur une seule file, fractionnés pour éviter les à-coup, et rangés sur l'un des côtés des routes ou chemins suivis.

» Les réserves des batteries seront tenues à une distance convenable pour pouvoir remplir leur office au besoin, et pour ne gêner aucun des mouvements à pratiquer.

» L'exécution du présent ordre pouvant être contrariée par l'ennemi, surtout du côté de la droite, les commandants de corps d'armée prescriront toutes les mesures et prendront toutes les dispositions nécessaires pour que chaque division occupe militairement les positions qui lui sont assignées en avant, et se ménage en arrière des positions favorables, notamment pour l'artillerie ; ils ne négligeront pas de faire exécuter tous les travaux nécessaires pour rendre aussi solides que possible les parties de la ligne de Breteuil affectées aux troupes d'infanterie et d'artillerie, travaux qui ré-

duisent le chiffre des pertes et accroissent notablement les chances de succès.

» Les routes à parcourir devront, autant que possible, être piquées et couvertes de cendres, de paille ou de terre, afin de les rendre moins glissantes; les commandants de corps d'armée emploieront, à cet effet, le génie civil mis à leur disposition.

» Toutes les troupes, sans exception, resteront en position et ne s'installeront dans leurs cantonnements ou bivouacs respectifs, qu'après s'être assurées que l'ennemi ne cherche pas à s'opposer aux modifications à apporter dans leur disposition actuelle.

» Les commandants de corps d'armée ne feront connaître la teneur du présent ordre aux généraux commandant les divisions que la veille au soir du jour fixé pour son exécution.

» Le grand quartier général de l'armée sera établi, à partir de demain 12, au village de Bournois.

» Les commandants de corps d'armée feront connaître le plus promptement possible le point choisi par eux pour l'installation de leur quartier général.

» Au grand quartier général, à Bournel, le 11 janvier 1871.

» Le général de division commandant la première armée,

» *Signé :* C. BOURBAKI. »

Le 12, le général, comme il l'avait indiqué dans son ordre, transportait son quartier général à Bournois.

Il recevait du ministre des observations sur l'ordre de marche adopté :

Bordeaux, 12 janvier 1871, 11 h. 30 du matin.

« J'ai reçu votre dépêche de cette nuit; elle me suggère les réflexions suivantes :

» 1° La prise d'Arcey que vous projetez pour demain ne me paraît pas ajouter beaucoup à l'interception des communications de l'ennemi, telle que vous l'avez déjà obtenue par la prise de Villersexel. Le temps exigé pour cette opération est-il bien en rapport avec le résultat que vous en retirerez ?

» 2° Vous paraissez abandonner, au moins quant à présent, la marche sur Lure. Ne craignez-vous pas, en inclinant ainsi tout entier vers la droite, de permettre à deux groupes d'ennemis de se rejoindre par la route de Lure? Je crains que vous ne perdiez le bénéfice de cette séparation en deux tronçons que vous aviez si bien entamée.

» Vos mouvements successifs s'accomplissent avec une grande lenteur, puisque trois jours se seront écoulés entre Villersexel et Arcey, points distants de 8 à 9 kilomètres.

» Je ne nie point les difficultés ; mais mon devoir est

de vous prévenir que, d'après l'ensemble de nos renseignements, des renforts arrivent de divers côtés à l'ennemi, et qu'en ajournant ainsi, même pour les meilleurs motifs, vous trouverez l'ennemi en grande force numérique.

» Telles sont les réflexions que je vous soumets. Vous apprécierez dans quelle mesure les circonstances permettent d'en tenir compte.

» J'approuve très fort la marche de Cremer en arrière de Vesoul pour couper la retraite de l'ennemi.

» *Signé :* C. DE FREYCINET. »

La prise d'Arcey était absolument nécessaire pour assurer le ravitaillement de l'armée à Clerval.

Dans la nuit, le général reçut de nouveaux renseignements sur la position de l'ennemi à Arcey, et ajouta un supplément à son ordre de marche pour le 13 dont voici un extrait :

Extrait du supplément à l'ordre de mouvement du 13 janvier 1871.

« Les troupes prendront les armes demain matin 13 du courant, à neuf heures, après avoir mangé la soupe.

» Le général Peytavin, outre sa division, aura la brigade Questel sous ses ordres : cette dernière brigade

occupera aujourd'hui même, s'il est possible, le village de Montenois.

» Le général Dariès, avec sa division soutenue en arrière par la réserve commandée par le général Pallu, sera à gauche du 15ᵉ corps, occupant le plateau en avant d'Onans, se reliant avec le 24ᵉ corps dont la droite est à Marvelise.

» L'attaque commencera par Gouvillars et le bois du Mont. Ce mouvement sera exécuté par les 2ᵉ et 3ᵉ divisions du 24ᵉ corps, l'une entrant immédiatement en action, l'autre étant tenue en réserve.

» Les troupes du 15ᵉ corps (division Peytavin et brigade Questel) exécuteront l'attaque en se dirigeant d'abord sur Sainte-Marie, en se gardant avec soin du côté de Montbéliard.

» La division Dariès, soutenue par la brigade de réserve, n'attaquera Arcey de front que lorsque les deux autres attaques seront déjà fortement dessinées.

» Le général Clinchant balayera Saulnot et les environs, de manière à bien couvrir la gauche du général Bressolles ; il chargera ses tirailleurs d'occuper Saulnot, et aura soin de porter du côté de Crevans ses réserves d'infanterie et d'artillerie.

» Le général Billot appuiera à droite si le général Clinchant est obligé de dégarnir sa gauche ; il enverra des tirailleurs et fera de nombreuses reconnaissances

en avant de son front et sur son flanc extérieur.

» Les troupes du 15ᵉ corps qui sont encore en arrière et qui pourront arriver passeront par Médière, comme l'ordre en a déjà été donné, et continueront par Beutal, Montenois et Sainte-Marie, observant avec le plus grand soin ce qui pourrait se passer sur leur droite.

» L'artillerie de réserve du 15ᵉ corps, si elle peut arriver, prendra la grande route d'Arcey par Faimbe à partir de Médière.

» Le général en chef recommande de faire ce soir et dans la nuit, sur les points qui auront été reconnus d'avance, des épaulements et des tranchées pour couvrir l'artillerie et l'infanterie. »

. . . .

Ce même jour, 12, à neuf heures quinze du soir, le général recommandait à l'intendant en chef de hâter l'envoi des vivres, qui n'arrivaient que très irrégulièrement et ne pouvaient être distribués à temps :

Bournois, 12 janvier 1871, 9 h. 15 du soir.

« Il faut à tout prix que les denrées arrivent aux divers corps d'armée et qu'elles soient distribuées en temps opportun. Requérez donc toutes les voitures nécessaires et télégraphiez à ceux des préfets pouvant venir en aide. Songez que la subsistance des troupes

n'est réellement pas assurée en ce moment, quoique la station de Clerval, de laquelle nous tirons nos approvisionnements, ne soit distante que de 20 kilomètres; demain peut-être nous en serons à 30 et dans deux jours à 50; tenez-moi au courant des mesures que vous aurez prises.

» *Signé* : BOURBAKI. »

Le même jour, à neuf heures et demie du soir, il disait au ministre :

Bournois, 12 janvier 1871, 9 h. 30 du soir.

« Le mouvement du 15⁰ corps n'est pas encore terminé; des encombrements considérables sur les voies m'ont été signalés; j'ai donné des ordres formels pour faire cesser toute cause de retard, notamment à Dijon.

» Je ne pourrai disposer demain que de la division Peytavin et de la brigade Questel, la brigade Minot n'arrivera que dans la journée.

» Les vivres ne sont pas complètement assurés; les moyens de transport de Clerval aux divers quartiers généraux sont insuffisants, et je ne sais dans quelles conditions nous nous trouverons en poursuivant notre marche en avant, si cet état de choses continue.

» Je télégraphie à l'intendant Friant de requérir toutes les voitures disponibles et de se faire aider par

les préfets du Doubs et des départements voisins. Il est impossible à des hommes de marcher et de combattre sans recevoir les vivres.

» Malgré cet embarras sérieux et l'état des routes, qui ne cesse d'être aussi mauvais que possible, l'attaque de la position d'Arcey aura lieu demain à neuf heures du matin, après que les troupes auront mangé la soupe. Tous les ordres nécessaires sont donnés aux commandants de corps d'armée, qui n'ont dû les communiquer que ce soir aux divisionnaires. J'ai prescrit au général Cremer d'occuper Vesoul demain, et, s'il est possible, Lure après-demain.

» Le colonel Bourras doit combiner, avec le 54º de marche, un mouvement sur la route de Delle à Montbéliard.

» *Signé* : CH. BOURBAKI. »

Le général recevait dans la nuit la dépêche suivante :

Bordeaux, 12 janvier 1871, 11 h. 55 du soir.

« Je regrette beaucoup, en présence des interminables encombrements du chemin de fer, que vous ayez cru devoir faire continuer le 15º corps par voie ferrée, de Besançon à Clerval ; mieux eût valu procéder par étapes. Aujourd'hui encore peut-être vaudrait-il mieux faire mettre pied à terre aux troupes pour

dégager la voie. Je vous engage à autoriser immédiatement le général Martineau à charger un officier compétent de son armée de procéder à cette investigation et d'expédier les troupes, surtout la cavalerie et l'artillerie, par voie de terre, s'il juge qu'il y a définitivement profit à le faire. Nous ne pouvons, en effet, rester éternellement dans la situation où vous vous débattez depuis cinq ou six jours.

» *Signé* : C. DE FREYCINET. »

D'accord avec M. de Serres, le général avait pensé gagner du temps en faisant continuer jusqu'à Clerval les trains venant de Chagny et chargés des troupes du 15e corps. Cette mesure lui avait paru surtout indiquée pour l'artillerie et la cavalerie qui avançaient péniblement et lentement sur les routes couvertes de verglas. Le général et M. de Serres espéraient que cette opération marcherait bien et rapidement. Malheureusement l'encombrement commença et ne fit qu'augmenter.

L'ennemi se retirait devant l'armée française, mais lentement, en bon ordre, et se donnait ainsi le temps de préparer la résistance en arrière de la Lisaine, de Montbéliard au mont Vaudois et aux lignes de Belfort, résistance devant laquelle devaient échouer les efforts du général Bourbaki, comme nous le verrons plus loin.

Pourtant un grand résultat était encore obtenu : Vesoul était évacué, et il allait en être de même de Lure. Les promesses du général s'accomplissaient : il ne restait plus qu'à faire lever le siège de Belfort.

Le 13, l'attaque d'Arcey commença à neuf heures du matin, comme l'avait indiqué le général.

Il fit canonner l'ennemi par les batteries de la réserve, envoya son chef d'état-major prescrire au général Bressolles de déborder Arcey par la gauche, fit occuper les hauteurs par le général Dariès, et marcher une légion du Rhône droit sur Arcey.

L'ennemi ne résista que jusque vers une heure.

Ce combat nous livra entièrement la route de Vesoul à Montbéliard. Les pertes ne furent considérables ni d'un côté, ni de l'autre, mais le village fut fort maltraité. A deux heures, le général Bourbaki donna à son chef d'état-major le général Borel l'ordre suivant, daté d'Onans, où il avait établi son quartier général :

Ordre au général Borel.

Onans, 13 janvier 1871.

« Envoyez des officiers porter les ordres suivants :
» 1° Au général Martineau, d'occuper solidement les positions militaires de Sainte-Marie et de Montenois, d'observer avec soin la route de Montbéliard, et de me

faire prévenir dans le cas où un mouvement tournant de l'ennemi se produirait à sa droite ou sur ses derrières ;

» 2° Au général Boerio, qui est en avant de Lougres, d'éclairer avec soin l'extrême droite de l'armée ;

» 3° Au général Dariès, d'occuper la position d'Arcey, et de se faire soutenir par le général Pallu ;

» 4° Au général Bressolles, d'occuper Désandans et, s'il est possible, Aibre, le Vernoy, en prenant possession du bois du Mont ;

» 5° Au général Clinchant, de s'établir à la gauche du général Bressolles, en choisissant les meilleures positions militaires et occupant le bois de Saulnot ;

» 6° Au général Billot, de concourir à l'occupation des bois de Saulnot, en se reliant au général Clinchant et s'étendant, par sa gauche, jusqu'à la route de Lure à Héricourt, du côté de Beverne ; il aura soin de surveiller son flanc gauche.

» La poursuite de l'ennemi devra être poussée aussi loin que possible, sans qu'il soit fait abandon des positions indiquées ci-dessus.

» Le général Bourbaki établit son quartier général à Onans ; les commandants de corps d'armée lui enverront ce soir un officier pour prendre ses ordres, et indiquer l'emplacement des corps d'armée et des quartiers généraux.

» Ces officiers rendront compte de tout ce qui concerne les forces et les mouvements de l'ennemi.

» Ils feront connaître si les approvisionnements de vivres et de munitions permettent de continuer demain ce succès par l'attaque d'Héricourt, dans laquelle le 18ᵉ corps aurait à exécuter le principal effort. »

A trois heures trente minutes, le général envoyait au ministre une dépêche dont voici un extrait :

Onans, 13 janvier 1871, 3 h. 30 du soir.

« Je gagne encore du terrain ; je ne perdrai pas de temps et tâcherai de profiter, dès demain ou après-demain, de mon succès pour enlever Héricourt et faire lever le siège de Belfort ; je me hâterai de poursuivre l'exécution du programme convenu.

» Je prie le ministre de remarquer qu'il ne saurait m'accuser de lenteur, s'il veut bien se reporter au moment où nos opérations ont commencé. En manœuvrant, j'ai fait évacuer successivement Dijon, Gray et Vesoul, dont il a été pris possession dès hier par nos éclaireurs, enfin Lure. Les journées de Villersexel et d'Arcey font grandement honneur à la première armée, qui n'a cessé d'opérer depuis six semaines par un temps des plus rudes, en marchant constamment malgré la neige, le froid et le verglas.

» *Signé :* C. BOURBAKI. »

L'armée, par suite du manque de vivres, fut encore obligée de s'arrêter un jour.

Ces retards successifs, causés par les intempéries et les difficultés du ravitaillement, permirent aux ennemis de se retrancher fortement en arrière de la Lisaine. Tous les environs furent soigneusement repérés par eux pour le tir de l'artillerie, surtout dans les bois, ce qui leur permit de battre les routes et chemins qui les traversaient au point de les rendre presque impraticables pour nos troupes. De plus, ils apportèrent de devant Belfort des pièces de siège qu'ils échelonnèrent sur le mont Vaudois.

Mais revenons au 14 janvier. Le général reçut du délégué du ministre une dépêche flatteuse, ce qui était rare de sa part :

Bordeaux, 14 janvier 1871, 1 h. 20 du matin.

« Je vous félicite du fond de mon cœur de votre beau succès d'Arcey, qui, avec celui de Villersexel, doivent faire réjouir la France de vous avoir placé à la tête de la première armée.

» Quant à moi, je ne saurais vous dire la joie et a confiance que m'a apportées votre dépêche de trois heures, qui ne me parvient qu'à minuit.

» Demain, je vous enverrai des renseignements détaillés, et aussi précis que possible, sur la situation des

forces prussiennes. Mais en tout état soyez assuré que la rapidité avec laquelle vous projetez d'opérer augmentera considérablement vos chances de succès. Quand nous cherchons à vous faire hâter, c'est par l'unique pensée de diminuer les dangers de votre marche; mais pas un instant nous ne doutons de vos excellentes dispositions.

» L'armée de Chanzy n'a pas été aussi heureuse que vous. Après deux jours de combat, un poste de mobilisés a subitement été pris la nuit de panique. La contagion s'est communiquée à la division des forces bretonnes, également mobilisées et postées dans le voisinage, et le général Chanzy a dû évacuer le Mans pour ne pas se compromettre. La retraite n'a pas été inquiétée, et cet incident, tout nous porte à le croire, n'aura pas de suite.

» Chanzy est actuellement arrêté à Sillé. Détrompez-vous d'ailleurs sur la présence du prince Charles, qui est au Mans, et non dans l'Est, avec de très grandes forces. Nous ne vous perdons pas de vue. Dans quelques jours, Cremer recevra une bonne division de troupes de ligne, et nous effectuerons par un autre côté une opération que je vous expliquerai et qui est destinée à vous couvrir.

» Allons, général, continuez vos succès. Nul plus que moi n'y applaudira. Transmettez aussi mes compli-

ments à votre précieux chef d'état-major Borel, et remerciez de Serres de son dévouement.

» *Signé :* de Freycinet. »

Le général donna pour le lendemain 15 l'ordre de marche, où l'on devait tenter d'enlever les lignes de la Lisaine et marcher sur Belfort.

Vous verrez, mes chers enfants, par cet ordre, combien le général comptait sur un grand mouvement de la gauche de l'armée sur le flanc droit de l'ennemi pour lui faire évacuer ses fortes positions : mouvement qui malheureusement ne réussit pas, et fit échouer les plans du général.

Ordre de mouvement pour le 15 janvier 1871.

Onans, 14 janvier 1871.

« L'armée continuera demain sa marche offensive. Toutes les troupes devront avoir mangé la soupe et prendre les armes à six heures et demie du matin.

» Dès que le jour commencera, le 15e corps se dirigera sur Montbéliard en faisant fouiller tous les bois avec le plus grand soin, s'avançant avec précaution, et surveillant la route qui longe le Doubs sur son flanc droit; il s'emparera du bois Bourgeois, de la ferme de Mont-Chevis et des positions avoisinantes sur la rive droite

de la Lisaine ; il fera ouvrir contre la citadelle et la ville le feu de son artillerie.

» Le 24ᵉ corps, se laissant un peu devancer par le 15ᵉ, occupera le bois dit Montevillars, le Grand-Bois, le bois de Tavey et celui du Chénois ; il se portera jusqu'à la Lisaine, et s'emparera des différents points de passage de cette petite rivière. Il disposera son artillerie sur la rive droite de la Lisaine, de manière à battre le mieux possible l'autre rive.

» Le 20ᵉ corps marchera sur Héricourt, en passant par Tavey, dont il s'emparera s'il est nécessaire, en se ralliant avec le 24ᵉ corps dans le bois de ce nom, et avec le 18ᵉ dans les bois communaux qui couvrent les hauteurs entre Coisevaux et Vyans ; il aura pour mission d'occuper Héricourt ; mais il ne s'emparera de ce village qu'après que l'effet voulu aura été produit par le 18ᵉ corps et la division Cremer, comme par les mouvements tournants à plus court rayon qu'il devra exécuter par sa propre gauche.

» Le 18ᵉ corps, se reliant par sa droite, comme il a été dit, avec le 20ᵉ corps, occupera Couthenans, Luze et Chagey.

» La division Cremer, venant de Lure, opérera à la gauche du 18ᵉ corps ; elle se mettra en route assez tôt pour arriver sur la Lisaine dès six heures du matin, en évitant de suivre, s'il est possible, la partie de la

route de Luze à Chagey la plus voisine de ce dernier village, qui est affectée spécialement au 18ᵉ corps; cette division exécutera un mouvement tournant à notre extrême gauche, en passant, s'il est possible, la Lisaine à deux kilomètres en amont de Chagey, et laissant le pont de ce village au 18ᵉ corps. Elle se dirigera sur Mandrevillars et Échenans, et subordonnera son action à celle du 18ᵉ corps, qui passera par Chagey et Luze; elle observera avec grand soin les routes ou chemins permettant de se porter de Belfort sur notre flanc gauche, notamment par Frahier et Chalonvillars.

» La réserve ne se mettra en marche qu'après que tout le 24ᵉ corps sera tout entier à droite de la route d'Arcey à Héricourt, de façon à ne pas entraver le mouvement de ce corps; elle s'établira entre les villages d'Aibre et de Trémoins, en ayant le plus grand soin de laisser la route libre, et de se tenir prête à se porter en avant partout où sa présence serait jugée nécessaire.

» L'action devra s'engager par la droite, c'est-à-dire par le 15ᵉ corps, qui soutiendra le 24ᵉ en se portant sur la Lisaine.

» Le rôle du premier de ces corps sera d'occuper Montbéliard, mais sans brusquer le mouvement, de façon à réduire les chances de pertes et à bénéficier du mouvement de notre extrême gauche, destiné à rendre plus aisées les opérations du reste de l'armée.

Sa mission sera d'ailleurs facilitée par le mouvement de quatre bataillons qui, par ordre du général Rolland, commandant la division militaire de Besançon, ont quitté la position de Blamont et doivent menacer la retraite des défenseurs de Montbéliard en descendant le Doubs sur la rive droite et en se portant sur Exincourt et Sochaux. Le 15e corps ne perdra pas de vue qu'il sert de pivot et que le mouvement de conversion doit être exécuté par les autres corps.

» Le 24e corps, dans le même but, ne hâtera pas trop sa marche en avant ; il occupera les points de passage de la Lisaine, et jettera des tirailleurs sur la rive gauche de cette rivière, ne la franchissant complètement qu'autant qu'il en recevra l'ordre.

» Le 20e ne lancera sa droite et son centre sur le village d'Héricourt qu'après l'avoir fortement canonné, et avoir laissé se produire les effets du mouvement de sa propre gauche et ceux du 18e corps et de la division Cremer.

» Le 18e corps quittera ses bivouacs au point du jour, mais il ne s'engagera qu'après avoir entendu le canon du 15e corps ; il fera prévenir le général Cremer du moment où sa division devra se porter en avant, afin de bien coordonner le mouvement de cette division avec le sien.

» Si le mouvement général de l'armée réussit, la division Cremer occupera à la fin de la journée le village d'Argiésans et les positions avoisinantes; le 20ᵉ corps occupera Héricourt et les positions en avant de ce village; le 18ᵉ corps sera entre le 20ᵉ et la division Cremer; le 24ᵉ corps tiendra le cours de la Lisaine à partir d'Héricourt, en se reliant par sa droite au 15ᵉ qui occupera Montbéliard; la réserve recevra sur le terrain même les ordres relatifs à la position qui lui sera assignée.

» Les commandants de corps d'armée feront les recommandations les plus expresses pour que toutes les attaques soient préparées par le feu de l'artillerie, et que l'infanterie se fasse toujours précéder à bonne distance par de nombreux tirailleurs.

» L'armée doit se faire éclairer avec soin sur son front et sur ses flancs, afin que la présence de l'ennemi, ou celle des ouvrages qu'il aurait pu élever, ou les travaux de défense qu'il aurait préparés, soient toujours signalés à temps.

» Il arrive fréquemment que les bois occupés par l'ennemi sont garnis de fils de fer; les tirailleurs devront porter leur attention sur ce point et se mettre en mesure de les détruire.

» Les corps d'armée se relieront avec un soin d'autant

plus grand que le terrain est plus coupé, plus couvert ; les commandants de ces corps communiqueront entre eux aussi souvent que possible, et s'attacheront à faire connaître les points sur lesquels on pourra les rencontrer. Les points de passage devront être reconnus le mieux possible.

» Toutes les mesures précédemment ordonnées seront prises pour faciliter l'emploi des routes et chemins et les rendre moins glissants ; les arbres nécessaires pour la construction des ponts seront abattus, les rampes pour le passage de ces ponts faites rapidement ; les ouvriers et les outils seront tenus à portée des points où leur emploi sera jugé utile.

» Les convois de vivres seront laissés en arrière. Il en sera de même des réserves de munitions ; mais elles précéderont ces convois, afin que le remplacement des munitions puisse être effectué en temps opportun.

» Dès aujourd'hui, des distributions de vivres et de munitions devront être faites dans chaque corps.

» Le ravitaillement de ces munitions pendant le combat ne saurait être opéré utilement qu'autant que l'emplacement exact des réserves sera parfaitement connu des commandants de corps et de divisions.

» Le 18e corps devra, s'il est nécessaire, assurer pendant le combat les besoins en munitions de la division Cremer.

» Le général en chef se tiendra autant que possible sur la route d'Aibre à Héricourt.

» Le général de division commandant en chef la première armée.

» *Signé :* C. BOURBAKI. »

Vous voyez avec quel soin minutieux cet ordre a été préparé, et comme tout a été prévu.

Le général, non content des prescriptions contenues dans l'ordre du 14 janvier, télégraphiait encore au général Cremer, pour être bien assuré que le mouvement de la gauche s'exécuterait comme il l'avait ordonné :

Onans, 14 janvier 1871, 2 h. du soir.

« J'attaquerai demain 15. Reliez-vous avec le général Billot ; mettez-vous en route assez tôt pour arriver sur la Lisaine dès six heures du matin ; suivez la route directe de Lure à Héricourt le moins longtemps possible, afin de ne pas vous rencontrer avec la gauche du 18e corps ; quittez-la dans ce but, si c'est possible, avant Beverne.

» Vous avez pour mission d'opérer un mouvement tournant à notre extrême gauche, en vous jetant tout d'abord dans le bois de la Brisée, après avoir passé la Lisaine à 2 kilomètres en amont de Chagey et vous dirigeant sur Mandrevillars et Echenans.

» Vous subordonnerez votre action à celle du 18ᵉ corps qui pourra passer par Chagey et Luze ; c'est au commandant de ce corps que vous auriez à vous adresser s'il devenait urgent de remplacer les munitions dépensées.

» Vous observerez avec soin les routes ou chemins qui permettent de se porter de Belfort sur notre flanc gauche, notamment par Chénebier et Chalonvillars.

» Si le mouvement général de l'armée réussit, vous devez occuper à la fin de la journée le village d'Argiésans et les positions avoisinantes; le 20ᵉ corps tiendra Héricourt; le 18ᵉ sera entre le 20ᵉ et vous.

» *Signé :* C. BOURBAKI. »

A neuf heures du soir, le général prévenait le ministre de son attaque pour le lendemain ; il se plaignait toujours de ce que les vivres n'arrivaient pas et de ce que ces retards entravaient sa marche :

Onans, 14 janvier 1871, 9 h. du soir.

« J'ai ordonné pour demain, au point du jour, l'attaque de Montbéliard et d'Héricourt ; la division Cremer, qui est à Lure, est chargée de concourir au mouvement tournant de la gauche de l'armée.

» Le général Rolland a prescrit, d'après mes ordres, au 54ᵉ de marche de menacer la ligne de retraite des défenseurs de Montbéliard ; j'ai invité le colonel Bourras

(commandant de francs-tireurs indépendants) à coopérer aux mouvements du 54ᵉ.

» Les vivres arrivent toujours à grand'peine, en raison de la distance qui nous sépare de Clerval, du nombre encore insuffisant de nos voitures, et surtout de l'état de nos routes.

» Le 15ᵉ n'a ses vivres qu'incomplètement assurés aujourd'hui.

» *Signé :* C. BOURBAKI. »

Pour compléter ces instructions et ne laisser aucune chance contre lui, le commandant en chef télégraphiait encore au général Rolland, à Besançon :

Onans, 14 janvier 1871, 9 h. du soir.

« J'ai ordonné pour demain, au point du jour, l'attaque de Montbéliard et d'Héricourt ; veuillez recommander encore au 54ᵉ d'entrer en action de son côté en même temps que nous.

» Merci de vos affectueux compliments pour la journée d'hier.

» *Signé :* BOURBAKI. »

Le général Bourbaki télégraphiait enfin au colonel Bombonnel, le fameux tueur de panthères, qui, né à Dijon, y avait levé une légion connue sous le nom de

légion Bombonnel où étaient entrés beaucoup de jeunes gens du grand séminaire de cette ville. Chargé de remonter la Saône en éclairant les deux rives, le colonel demandait des instructions de Gray où il se trouvait. Le général lui répondait :

Onans, 14 janvier 1871, 9 h. 15 du soir.

« Vous me demandez où vous devez vous porter avec vos compagnies ; je vous ai prescrit, le 7 janvier, de remonter la Saône et de l'éclairer sur les deux rives. Nous sommes trop loin pour que ce soit encore utile. Tenez-vous en communication avec Langres, et dirigez la majeure partie de votre monde sur Luxeuil et Epinal. Renseignez-moi le plus souvent possible.

» *Signé :* C. BOURBAKI. »

Le 15 enfin on commença l'attaque.

IX

Bataille de trois jours devant Montbéliard, Héricourt et le mont Vaudois.

Comme je l'ai dit plus haut, l'ennemi en se retirant avait eu le temps de se fortifier sur cette ligne de la Lisaine, et nous y attendait.

L'ordre de marche du général vous indique bien, mes chers enfants, les positions que devait occuper l'armée depuis Montbéliard et le Doubs jusqu'à Chénebier, passant par la rive gauche de la Lisaine, Héricourt, Luze et Chagey.

L'attaque commença. Malheureusement, par suite de circonstances que je n'ai pas à apprécier ici, le 18ᵉ corps et la division Cremer n'arrivèrent en ligne qu'à quatre heures du soir, au lieu de six heures du matin, et par conséquent beaucoup trop tard pour que le mouvement pût donner les résultats qu'en avait attendus le général.

Le général Bourbaki, n'entendant pas tonner le canon du 18ᵉ corps, s'inquiéta et envoya officiers sur officiers pour savoir ce que devenait ce corps et hâter son entrée en ligne.

Craignant pour la gauche du 20ᵉ corps qui n'était plus jointe à la droite du 18ᵉ, il fit avancer la réserve et la plaça entre Héricourt et Couthenans, sur la route qui relie ces deux points. A deux heures trente, il recevait du général Pallu, commandant la réserve, un billet au crayon :

15 janvier 1871, 2 h. 30 du soir.

« Le général Clinchant craint d'être tourné par la route d'Héricourt à Couthenans et de Couthenans à Champey; je viens de voir un officier d'ordonnance.

» Aucune nouvelle ici du 18ᵉ corps. Je fais activer l'arrivée des batteries du colonel Venot. En reconnaissant les hauteurs en face de la Lisaine, mon escorte et moi, ainsi que des tirailleurs du 29ᵉ, avons été salués par une dizaine d'obus; j'ai quelques blessés; je prends mes dispositions à mesure que ma troupe avance ou arrive.

» Signé : Pallu. »

Les inquiétudes du général étaient des plus vives. Que devenaient le 18ᵉ corps et la division Cremer?

Enfin, à quatre heures, on entendit leur canon; et à quatre heures et demie, le général recevait du général Pallu un second billet au crayon ainsi conçu :

15 janvier 1871, 4 h. 15 du soir.

« Le 18ᵉ corps est dans Couthenans; il n'y a plus d'inquiétude sur le côté qui gênait le général Clinchant; j'ai six pièces qui battent depuis vingt minutes les batteries prussiennes de front; je vais les prendre d'écharpe, dans dix minutes, avec mes douzes autres pièces; l'effet sera irrésistible. Tout paraît aller bien de ce côté.

» *Signé* : PALLU. »

Le soir, voici quels étaient les résultats.

Le 15ᵉ corps s'était emparé de Montbéliard, moins la citadelle, qui aurait dû être rasée depuis quelques années, mais qui, ne l'étant pas, servit à l'ennemi pour nous empêcher de passer dans cette ville.

Le 20ᵉ corps s'était emparé d'une partie de Héricourt.

C'étaient les seuls petits succès remportés dans la journée.

Dans l'après-midi de ce-même jour 15 janvier, le général recevait de Gambetta une dépêche des plus flatteuses :

Bordeaux, 15 janvier 1871, 2 h. du soir.

« J'ai envoyé à Paris les résultats heureux de vos opérations dans l'Est. L'entreprise a été approuvée

unanimement par tous; les résultats déjà obtenus les ont remplis de confiance. Je leur ai dit combien vous aviez déployé de qualités, d'énergie et de brillante bravoure dans les divers combats qui ont eu lieu. Je suis personnellement heureux de vous exprimer, en mon nom et en celui de tous mes collègues, la confiance complète que nous avons mise en votre loyauté; et, pour ma part, je me félicite tous les jours de n'avoir jamais douté des grandes qualités militaires que vous deviez mettre au service de la France envahie. Je compte bien recevoir promptement de vous de plus complètes et plus fortifiantes nouvelles.

» *Signé :* Gambetta. »

Plus tard, dans la soirée, il reçut une nouvelle dépêche du ministre, de même date :

Bordeaux, 15 janvier 1871, 2 h. 40 du soir.

« J'ai examiné fort attentivement quelle paraît être la meilleure route à suivre pour atteindre le but que vous poursuivez.

» La route par Épinal, quoique plus directe et par cela même fort tentante, offre deux grands inconvénients : 1° à cause des neiges, le chemin par Lure, Luxeuil, Plombières, encaissé dans la montagne, peut être très difficile; par Giromagny et Remiremont, il

serait sans doute pire encore; 2° considération peut-être plus grave, la ligne de communication par Lure et Épinal, ou bien offre un ravitaillement très malaisé si l'on s'appuie sur Besançon et la voie de terre, ou bien est exposée à être coupée si l'on emprunte la voie ferrée, Dijon, Gray, Vesoul. Il se pourrait même que l'ennemi, descendant en forces de Chaumont, coupât l'ensemble des communications, Dijon, Dôle, Mouchard, en sorte qu'on serait tout à fait suspendu dans les Vosges. Ce qui le donne à craindre, c'est précisément la concentration entre Chaumont et Châtillon, où il doit y avoir 60 000 hommes prêts à descendre sur Chaumont, si vous remontez sur Épinal.

» Au contraire, en marchant dans la direction de Chaumont, vous gardez votre double ligne de ravitaillement, Dijon, Gray, Chalindrey, et Dijon, Vesoul, Jussey, Chalindrey. En outre, vous suivez des routes beaucoup moins menacées par les neiges. Je suis donc d'avis qu'après avoir dispersé l'armée assiégeante de Belfort, vous reveniez sur Vesoul et Combeaufontaine. Là, nous examinerons quelle sera à ce moment la situation de l'ennemi. S'il est toujours concentré, comme aujourd'hui, autour de Chaumont, il faudra vous porter directement sur lui, par la double route de Combeaufontaine à Langres et à Bourbonne-les-Bains, et vous remporterez la victoire de Chaumont, en suite de la-

quelle vous marcherez sur Châlons-sur-Marne. Si au contraire l'ennemi, dépassant Chaumont, s'est avancé dans la direction de Neufchâteau, Nancy, vous marcherez de Combeaufontaine sur Neufchâteau par Jussey et Lamarche, et vous remporterez la victoire de Neufchâteau, en suite de laquelle vous marcherez sur Pagny, d'où vous intercepterez les voies ferrées de l'ennemi.

» Je vous ai dit que nous songions à vous prêter appui. A cet effet, nous dirigeons, ces jours-ci, un corps de 85 000 hommes de Bourges sur Clamecy et Troyes, de manière à inquiéter fortement la concentration opérée à Chaumont, et à barrer le chemin aux petits détachements qui viennent de Paris pour la grossir. Je calcule que ce corps sera entre Troyes et Chaumont, à peu près à la même époque que vous serez vous-même sur le point de remporter la victoire de Chaumont ou de Neufchâteau.

» En ce moment, comme j'ai dit, je n'estime pas les forces groupées autour de Chaumont à plus de 60 000 hommes, et je doute qu'avant votre arrivée elles atteignent 100 000 hommes. Or, vous avez vous-même plus que cela, sans compter le nouveau corps dont je vous parle, et sans compter, non plus, les forces de Garibaldi, chargées de protéger votre gauche entre Langres et Dijon. Je n'ai pas encore reçu votre dépêche.

» *Signé :* DE FREYCINET. »

Que penser de telles dépêches, de la prétention de dicter de son cabinet des ordres à un général auquel on laisse la responsabilité des événements, dans l'ignorance où l'on est de l'état déplorable de l'armée ?

M. de Freycinet parle de 85 000 hommes : pas un seul n'a paru. Le 15ᵉ corps devait avoir 40 000 hommes : il en avait 15 000. Étaient-ce au moins des hommes valides, bien vêtus, bien nourris? Non ; des malheureux qui allaient être bientôt réduits à l'état où était arrivée l'armée de l'Est, mourants de faim, de fatigue, de froid; et c'est dans ces conditions qu'on prétendait remporter des victoires à Chaumont et à Neufchâteau !!!

Quels efforts cependant on obtenait de ces soldats !

Dans la nuit, le général Bourbaki télégraphiait au ministre, après avoir établi son quartier général à Aibre :

Aibre, 15 janvier 1871, 1 h. 55.

« L'armée s'est battue toute la journée; ce soir, nous occupons Montbéliard (sans le château), Vyans, Tavey, Byans, Coisevaux, Couthenans et Chagey.

» Demain, nous recommencerons au point du jour, et quoique nous ayons devant nous beaucoup plus de forces qu'on ne s'y attendait, en hommes et surtout en puissante artillerie, j'espère, demain, pouvoir occuper

Héricourt, Brévilliers, enfin la route d'Héricourt à Belfort.

» *Signé :* BOURBAKI. »

Le lendemain 16, le combat recommença; mais, malgré une lutte des plus vives, toutes les tentatives de passage échouèrent. Le général Cremer seul parvint, après un combat acharné et sanglant, à s'emparer de Chénebier, point des plus importants pour la sécurité de l'ennemi, mais cet avantage fut le seul de la journée sur toute la ligne.

Vers midi, le général recevait un billet au crayon du général Pallu lui rendant compte de la situation :

16 janvier 1871, 11 h. 45 du matin.

« Le 18ᵉ corps (division Pilatrie) accomplit dans ce moment un mouvement qui a pour objet de contribuer à tourner Chagey, et de donner la main au général Bonnet sur les derrières de Chagey ; ce mouvement vient de s'accomplir en face de cinq batteries prussiennes établies sur le versant du mont Vaudois ; nos troupes étaient en masse compacte, et j'ignore pourquoi l'ennemi n'a pas abîmé nos troupes. Dès que je verrai les batteries prussiennes essayer de contrarier notre mouvement, j'ouvrirai le feu ; jusque-là, je crois qu'il est préférable que je réserve mon action ; j'ai adressé

au général en chef, il y a une heure, une note indiquant que le brouillard m'avait enlevé toute vue et que je prenais mes mesures pour agir de concert avec le 18e corps, et non pour agir isolément.

» *Signé* : Pallu. »

Le général envoyait à chaque instant ses officiers dans toutes les directions pour porter des ordres et demander des nouvelles.

Vers deux heures, je rapportais un billet au crayon du général Billot, auprès de qui j'avais été envoyé :

16 janvier, 1 h. 25.

« M. d'Eichthal vous rendra compte de la situation, qu'il a vue par lui-même. Le Vaudois et ses batteries dominent toujours la plaine, ainsi que je l'ai dit au colonel Leperche ; il me paraît indispensable de tourner fortement par la gauche les positions de l'ennemi avant de songer à les attaquer de front.

» Le général Cremer, avec qui je suis en communication, s'est battu hier à Étobon, et il combattait encore ce matin en continuant son mouvement sur le hameau de Généchier. J'ai porté la division Penhoat tout entière de ce côté pour appuyer ce mouvement, qui me paraît le plus important.

» La division Bonnet appuie à gauche pour débor-

der Chagey et le tourner. La division Pilatrie s'étend de Couthenans jusqu'à 500 mètres environ de Chagey, à la lisière du bois et sous le canon du Vaudois; je juge inutile de déployer mon artillerie, qui a souffert beaucoup hier, jusqu'au moment définitif.

» Du reste, le terrain est très mauvais, et la seule route par laquelle je puisse faire déboucher mon artillerie est complètement enfilée par le Vaudois.

» *Signé :* BILLOT. »

Je pus voir par moi-même que toutes les fois que le général Billot essayait de se servir de ses canons sur la lisière du bois, immédiatement ils étaient réduits au silence par les batteries du mont Vaudois, qui les culbutaient et tuaient hommes et chevaux.

Le général en chef passa la plus grande partie de cette journée (16) auprès des batteries engagées du général Pallu de la Barrière, et vers le soir il alla à la droite du général Billot, qui avait été assez maltraitée.

Il n'osait pas s'éloigner de cette position centrale, car il craignait d'être percé sur un des points de la ligne de combat : il voulait être à même de parer à pareille éventualité, qui aurait eu pour résultat de couper l'armée en deux et de laisser sans aucun moyen de ravitaillement la partie qui se serait trouvée à gauche. C'est pour ce motif qu'il resta avec le 20e corps

et la réserve, qui, par les retards apportés par le 18ᵉ corps et la division Cremer le 15, se trouvaient en première ligne.

Au même moment, le général Bourbaki apprit que les distributions de vivres se faisaient très mal à Clerval, qu'il y avait même pillage et gaspillage dans cette gare. Il s'empressa de télégraphier à l'intendant en chef Friant, à Besançon :

Aibre, 16 janvier 1871, 10 h. 45 du matin.

« Si vous ne pouvez être personnellement à Clerval, envoyez-y l'intendant Bilio avec tous les pouvoirs, afin de ne pas laisser absorber par un seul corps les ressources de tous les autres. Il faut que les désordres qui me sont signalés cessent sur-le-champ.

» *Signé* : BOURBAKI. »

Ces instructions ne furent pas suivies, et le désordre continua.

Enfin, le soir, à dix heures, le général télégraphiait au ministre :

Aibre, 16 janvier 1871, 10 h. du soir.

« L'armée a combattu encore toute la journée ; hier, nous avons gagné du terrain sur toute l'étendue de notre front ; aujourd'hui, nous nous sommes maintenus

dans nos positions; nous ne nous sommes avancés que par notre gauche qui occupe Chénebier; une brigade de la division Peytavin est dáns Montbéliard, mais le château tient encore; une attaque vigoureuse a été dirigée contre l'ennemi par Bethoncourt, elle n'a pas réussi; un instant nous avons été maîtres de quelques maisons de Héricourt, il n'a pas été possible de les conserver.

» Demain matin nos efforts seront renouvelés; j'espère que, le mouvement tournant par notre gauche pouvant enfin s'accomplir, ils seront couronnés de succès; s'il en était autrement, il y aurait lieu d'aviser aux mesures à prendre ultérieurement, mais je ne songerai que demain soir à modifier le plan adopté, après avoir épuisé tous les moyens d'obtenir le succès de ce côté.

» Les forces de l'ennemi sont considérables et son artillerie formidable; le terrain, par sa configuration et par les obstacles de toute nature qu'il présente, facilite beaucoup la résistance qu'il nous oppose.

» *Signé* : BOURBAKI. »

Le lendemain 17, nouvelles tentatives aussi infructueuses que celles de la veille.

Le général suivit toute la ligne d'attaque, et consulta les commandants de corps d'armée. tous furent d'avis

qu'il était impossible de passer et qu'il fallait battre en retraite. Le général Clinchant, commandant le 20ᵉ corps, alla jusqu'à dire que quant à lui, il serait déjà parti la veille.

C'est alors que le général Bourbaki, voyant que Belfort, que nous allions secourir et qui devait parfaitement entendre notre canon depuis trois jours, ne semblait pouvoir faire aucun effort pour nous tendre la main, tenant compte comme il le devait de l'avis de ses commandants de corps, et recevant les mauvaises nouvelles de son flanc gauche, décida la retraite.

Les nouvelles étaient, en effet, mauvaises pour l'armée; voici quelques-unes des dépêches que recevait le général en chef :

Préfet Côte-d'Or à Intérieur et Guerre, Cremer à Vesoul, général Bourbaki, général division Besançon.

1º — Dijon, 17 janvier 1871, midi 40.

» Confirmation précédentes dépêches, relatives à marche de l'ennemi. Mouvement sur Gray continue entre Montbard et Gray par Chanceaux, Lamargelle, Is-sur-Tille, Lure, Mirebeau et Fontaine-Française. Les régiments étaient les 2ᵉ, 72ᵉ, 54ᵉ, 60ᵉ et 42ᵉ cavalerie, cinq batteries d'artillerie. Ces troupes avaient la couronne sur l'épaule et les initiales R. V. G. (environ

15 000 hommes). Éclaireurs sur droite, venus à Savigny-le-Sec, Gémeaux, Viévique et Autrey. Autre colonne prussienne venue de Grancey occupe Selongey, Véronnes, Chazeuil; envoie éclaireurs à Autrey environ 5 000 hommes.

» Chemin de fer interrompu entre Gray et Auxonne.

» Ici 20 000 garibaldiens qui, depuis quatre jours, auraient pu, sinon arrêter, du moins contrarier, ce mouvement entre Chanceaux et Is-sur-Tille.

» Canons pour Langres, subsistances militaires, matériel, destinés à général Cremer, partis hier soir, sont rentrés à Dijon sur avis de gare de Gray. Si Gray eût été occupé par corps français, j'aurais obligé trains à continuer sur Gray.

» *Signé :* Luce Villard. »

Général Pélissier à Guerre, Bordeaux; directeur artillerie, Toulouse; général commandant de la division, Lyon; général Bourbaki, à Onans.

2° — Dijon, 17 janvier 1871, 4 h. du soir.

« Un train composé de tout un matériel d'artillerie, canons, fusées, cartouches, dirigé sur Langres sous la conduite du garde d'artillerie Godefroy, a été obligé de revenir d'Auxonne à Dijon, Gray étant occupé ou au moins fort menacé par l'ennemi.

» Que faut-il en faire? Par quelle voie le diriger sur Langres, où il est peut-être attendu?

» *Signé :* Pélissier. »

Guerre à général Garibaldi, Dijon.

3° — Bordeaux, 17 janvier 1871, 5 h. 25 du soir.

« Des trains de matériel de guerre partis, ce matin, de Dijon à Gray, ont dû rétrograder de Gray à Dijon. En outre, ils dérangent toutes combinaisons pour approvisionnements. Ce fait nous étonne et nous inquiète. Comment se peut-il faire que l'ennemi ose se montrer dans le voisinage de votre brave armée? Est-ce que la vigilance du général Bordone sommeillerait? Nous ne pouvons le croire. Nous vous prions de nous rassurer bien vite et nous dire si nous devons faire garder Gray par des forces distinctes des vôtres. »

Général Garibaldi à Guerre, Bordeaux.

4° — Dijon, 17 janvier 1871, 8 h. 40 du soir.

« Une colonne de 1 200 hommes, commandée par le colonel Lobbia, était hier à Fontaine-Française pour exécuter une mission confiée par vous au commandant Kauffmann. 2 500 hommes de nos francs-tireurs sont

échelonnés depuis Viteaux, Verrey, Saint-Seine et Val-Suzon.

» Divers engagements ont eu lieu hier sur la route d'Is-sur-Tille, fortement occupée par les ennemis; si je dois défendre Dijon, il m'est impossible d'occuper Gray.

» *Signé :* Garibaldi. »

Préfet Côte-d'Or à Gambetta; général de division, Besançon; général Bourbaki et de Serres, Besançon.

5° — Dijon, 17 janvier 1871, 9 h. 15 du soir.

« Je vous ai prévenu du mouvement de l'ennemi; ces mouvements continuent par Is-sur-Tille et Selongey, c'est-à-dire de Montbard à Is-sur-Tille et de Châtillon à Selongey. Demain 30 000 ennemis peuvent être à Gray et à Champlitte, et après-demain 40 à 45 000 hommes.

» Il faut que je sache où est de Serres. Il ne s'agit pas de préserver Dijon, qui avec 4 000 hommes peut être garanti, mais d'empêcher que Cremer et armée de de l'Est ne soient pris en queue.

» Avons ici 20 000 garibaldiens prévenus par moi depuis cinq jours.

» Voici derniers renseignements certains : ennemi à Autrey; ont passé à Baigneux environ 20 000 hommes d'infanterie, artillerie, 1 000 à 1 200 voitures, quan=

tité énorme de bétail, équipages de ponts. Régiments 72ᵉ, 55ᵉ, 11ᵉ, 54ᵉ, 60ᵉ, 24ᵉ, 92ᵉ prussiens venant de Versailles.

» *Signé :* LUCE VILLARD. »

Je pourrais encore reproduire bien d'autres dépêches; mais vous n'avez qu'à vous reporter aux ouvrages déjà indiqués pour savoir ce qui se passait.

Je veux pourtant en citer une qui me paraît donner une idée de ce qu'était l'armée de Garibaldi.

Chef d'état-major armée des Vosges à de Freycinet, guerre, Bordeaux.

Dijon, 17 janvier 1871, 9 h. 45 du soir.

« Gray n'a jamais été menacé; ce n'est pas pour l'heure objectif ennemi, et sa possession ne compromettait en rien approvisionnements armée Bourbaki.

» C'est parce que je veille trop que je n'en dis pas davantage ce soir, et les dépêches qui ont provoqué celle qu'avez envoyée au général et à laquelle il a répondu autrement que l'aurais fait moi-même, ne m'ont pas troublé un seul instant. Ai répondu à ce sujet à Bombonnel, préfet, Pélissier, etc; mais surtout à administration chemin de fer, qui nous cause les plus grands ennuis.

» L'ordre d'arrêter convois et évacuer gares était stupide; mais, entre autorité, division, subdivision, préfet et tant d'autres, on ne sait à qui s'en prendre. Soyez tranquille, à demain matin.

» *Signé :* BORDONE. »

Tel est le langage, telle est la conduite des hommes qui étaient chargés de garder le flanc gauche de l'armée et ses derrières !

Le même soir 17, le général Bourbaki télégraphiait au ministre :

Aibre, 17 janvier 1871, 11 h. du soir.

« J'ai fait exécuter une attaque générale de l'armée ennemie depuis Montbéliard jusqu'au mont Vaudois, en cherchant à faire franchir la Lisaine à Béthoncourt, Bussurel, Héricourt, et à m'emparer de Saint-Valbert. J'ai essayé de faire opérer par mon aile gauche un mouvement tournant destiné à faciliter l'opération; les troupes qui en étaient chargées, ont été elles-mêmes menacées et attaquées sur leur flanc, elles ont à peine gagné les bords de la Lisaine.

» Nous avons eu devant nous un ennemi beaucoup plus nombreux que les renseignements recueillis ne permettaient de le supposer, et pourvu d'une formidable artillerie.

» Les renforts lui ont été envoyés de tous côtés; il a pu, grâce à ces conditions favorables, comme à la valeur de la position qu'il occupait, aux obstacles existants à notre arrivée ou créés par lui depuis, résister à tous nos efforts, mais il a subi des pertes sérieuses. N'étant pas parvenu à réussir le 15 janvier, j'ai fait recommencer la lutte le 16 et le 17, c'est-à-dire pendant trois jours; malheureusement, le renouvellement de nos tentatives n'a pas produit d'autre résultat, malgré la vigueur avec laquelle elles ont été conduites. L'ennemi toutefois a jugé prudent de se tenir sur une défensive constante.

» Le temps est aussi mauvais que possible; nos convois de vivres et de munitions nous parviennent très difficilement. En dehors des pertes causées par le feu de l'ennemi, le froid, la neige, les marches et le bivouac dans ces conditions exceptionnelles ont causé de très grandes souffrances.

» De l'avis des commandants de corps d'armée, j'ai décidé, à mon grand regret, que l'armée occuperait de nouvelles positions à quelques lieues en arrière de celles sur lesquelles nous avons combattu. Nous pourrons, de la sorte, nous ravitailler plus facilement; nous aurons besoin de nous compléter en officiers, en hommes de troupe et en chevaux.

» J'établirai demain mon quartier général à Arcey, après-demain à Geney.

» Là, suivant les nouvelles et après avoir reçu vos avis, nous verrons quel est le meilleur parti à tirer de la situation.

» Si l'ennemi se décidait à nous suivre, j'en serais enchanté; peut-être nous offrirait-il ainsi l'occasion de jouer à nouveau la partie dans des conditions beaucoup plus favorables.

» Je vous prie de me faire savoir tout ce que vous pourrez entendre concernant les mouvements de l'ennemi dans les directions de Vesoul, de Gray et de Dijon.

» Je vous adresserai le plus promptement possible un rapport sur les combats de Villersexel et d'Arcey et sur les faits qui se sont accomplis dans les trois journées de lutte de la première armée contre les positions d'Héricourt.

» Je vous demanderai d'accorder des récompenses que vous jugerez bien méritées par la valeur et l'énergie de ceux que je vous proposerai.

» *Signé* : C. BOURBAKI. »

Les souffrances des malheureuses troupes pendant ces trois journées furent terribles. Les hommes étaient épuisés par la fatigue, le froid, la faim, par des combats successifs: la démoralisation était arrivée à son comble. Le verglas empêchait toute espèce de ravitaillement;

les chevaux tombaient et ne se relevaient plus, les convois restaient en route.

Une faible partie seulement des troupes pouvaient être cantonnées, le reste était obligé de bivouaquer; les hommes devaient rester éveillés toute la nuit pour éviter la congélation; car avec la neige et le bois vert dont on pouvait disposer on obtenait de la fumée, mais ni flamme ni chaleur.

Les chevaux étaient réduits à l'état de squelettes et pour se nourrir rongeaient l'écorce des arbres, les rais des roues des voitures, des affûts de canons et caissons, et allaient jusqu'à se manger mutuellement les crins.

J'ai vu là des hommes coupant des lanières de chair ou plutôt de cuir sur le corps des chevaux tués et gelés, presque se les disputer et les manger à moitié crues.

Le nombre des congélations était considérable.

La population, de son côté, ne pouvait pas venir au secours de nos malheureux soldats, les Allemands ayant tout pillé en se retirant.

Ceux qui n'étudieront cette campagne que sur la carte pourront peut-être dire : Pourquoi le général Bourbaki n'assembla-t-il pas son armée sur la route de Lure à Frahier, et pourquoi n'a-t-il pas essayé le passage par cette direction, où la Lisaine n'était plus un obstacle et où il n'avait qu'un seul flanc menacé

par les formidables positions occupées par l'ennemi?

Cette pensée lui vint en effet, et il n'y renonça que devant l'impossibilité où il se trouvait de se séparer de Clerval, où étaient, dans les wagons, sa réserve d'artillerie, ses vivres, choses indispensables chaque jour pour renouveler les munitions et permettre aux hommes de se nourrir à peu près.

Voilà ce qui l'a forcé à rester attaché à Montbéliard, Béthoncourt, Héricourt et Chagey, pour sauvegarder, même pendant l'attaque, Clerval qui était indispensable à l'existence de l'armée; car il ne pouvait s'en éloigner même pendant quarante-huit heures, à cause du ravitaillement par navette qui se faisait chaque jour.

X

Retraite sur Besançon. — Projet de transport de l'armée à Auxerre. — Retraite sur Pontarlier.

Les ordres étant donnés, le 18 la retraite commença. Le général espérait la faire lentement et sans trop de débandade.

Le 24e corps devait se retirer par la rive gauche du Doubs et occuper Pont-de-Roide, Clerval et le Lomont avec ce qui s'y trouvait déjà de forces, et tenir avec vigueur dans ces montagnes.

Les 18e, 15e, 20e corps et la division Cremer devaient se retirer lentement par la rive droite du Doubs, entre l'Oignon et cette rivière.

Le général Bourbaki établit son quartier général à Arcey.

Là, il reçut du ministre la dépêche suivante :

Bordeaux, 18 janvier 1871, 3 h. 30 du soir.

« Quand la France connaîtra vos dépêches, elle ne pourra que rendre hommage à la bravoure de la première armée, à l'énergie, au sang-froid et aux capacités de son chef.

» La première armée a fait tout ce que les circonstances permettaient de faire ; elle ne pouvait à la fois vaincre un ennemi supérieur en nombre et les éléments. Elle a le droit d'être fière de sa conduite.

» Deux corps d'armée, celui de Zastrow et le 6ᵉ corps, sont signalés comme suivant la route Semur, Is-sur-Tille et Champlitte. Il doit bien y avoir là une quarantaine de mille hommes que je suppose se rendre vers la route de Vesoul à Langres, pour tourner à droite sur Combeaufontaine. Autant qu'on en peut juger par des dépêches assez confuses, le gros de cette force doit être actuellement à la hauteur de Gray, vers Fontaine-Française.

» L'armée de Garibaldi, renforcée cependant de mobilisés, n'a rien fait pour les inquiéter. Dans ces conditions, je crois qu'il pourrait devenir dangereux pour vous, à un moment donné, de stationner devant l'armée de Belfort, tandis qu'une nouvelle force vous prendrait par derrière.

» Peut-être un parti préférable serait-il de se dérober rapidement devant cette armée, en laissant, par exemple, pour l'observer le 15ᵉ corps, qui serait à peine en mesure de vous suivre, et en prenant avec vous les 18ᵉ, 20ᵉ et 24ᵉ pour livrer bataille aux deux corps dont je viens de parler.

» C'est une simple indication, bien entendu, que je

vous donne, vous laissant absolument juge de ce que vous pouvez et devez faire dans les circonstances où vous êtes.

» Notre 25ᵉ corps d'armée, actuellement à Vierzon, devait partir avant-hier pour faire la diversion que vous savez. En présence de l'échec de Chanzy, et n'ayant plus que ce corps pour protéger tout le sud-ouest et le centre de la France, nous avons dû ajourner son départ. Si, après étude, vous jugiez absolument indispensable pour vous-même que cette diversion fût opérée, coûte que coûte, dites-le-nous, et nous verrons ce qu'il sera possible de faire. Mais ne perdez pas de vue, je le répète, que ce corps est actuellement notre seule force disponible au sud-ouest de la Loire.

» *Signé* : DE FREYCINET. »

Vous voyez dans quels termes M. de Freycinet rend justice à la première armée et à son commandant en chef. Cette dépêche n'a fait que rendre plus poignante la douleur qu'ont causée à tous les dépêches que vous lirez plus loin, et qui, en poussant le général Bourbaki au désespoir, l'amenèrent à sa fatale résolution.

Le 18 au matin, avant de quitter Aibre, le général en chef télégraphiait au général Rolland, pour lui donner ses instructions :

Aibre, 18 janvier 1871. 10 h. 10 du matin.

« Après trois jours de lutte, je n'ai pu enlever les positions occupées par l'ennemi ; je me décide à me replier sur Besançon.

» Des forces ennemies me sont signalées comme traversant la Côte-d'Or ; il importe que mon aile gauche soit protégée par la Saône et par l'Oignon. Recommandez le prompt achèvement des ponts du Doubs de Clerval à Besançon ; faites couper les ponts de l'Oignon et ceux de la Saône dès que l'approche de l'ennemi sera signalée. Rappelez dans Besançon la 3e légion du Rhône, qui est à Baume ; faites garder l'Oignon entre Voray et Harnay, et exécutez sur les routes, surtout dans les pentes, les coupures nécessaires.

» Je prescris au général Pélissier de renforcer de deux bataillons la garnison d'Auxonne, et au commandant de cette place de faire couper et garder le pont de Pesmes.

» Recommandez l'exécution de cet ordre.

» J'établis aujourd'hui mon quartier général à Arcey.

» *Signé* : C. BOURBAKI. »

Le même soir, il demandait encore si les ponts étaient rétablis sur le Doubs, pour pouvoir y faire passer troupes et artillerie de la rive droite sur la rive gauche :

Arcey, 18 janvier 1871, 4 h. du soir.

« Les ponts de l'Isle, de Clerval et de Baume-les-Dames, sont-ils en bon état et susceptibles de supporter le passage de l'artillerie? Faites occuper aussi solidement que possible la position de Blamont. Dites-moi si vous croyez nécessaire que je renforce les troupes qui s'y trouvent.

» Activez la destruction des ponts de la Saône, d l'Oignon, et rendez-moi compte.

» *Signé* : C. BOURBAKI. »

Il télégraphiait au ministre pour lui donner des nouvelles :

Arcey, 18 janvier 1871, 9 h. du soir.

« D'après les rapports que j'ai reçus jusqu'à présent, l'ennemi n'a point inquiété le mouvement que nous avons exécuté aujourd'hui pour commencer notre retraite sur Besançon. Les 15e, 24e, 20e corps, ont d'ailleurs conservé à peu près les mêmes positions qu'hier; le 18e et la division Cremer se sont repliés en se rapprochant du 20e; nous continuerons demain; j'établirai mon quartier général à Soye.

» La menace de l'ennemi du côté de Gray et de Pontarlier est sérieuse. Je prends mes dispositions pour qu'elle ne soit pas suivie d'une attaque combinée avec l'armée qui occupe la Lisaine; je me trouverais placé

dans de très fâcheuses conditions si je ne pouvais éviter le combat, ayant le Doubs à dos et le flanc droit aux prises avec les 90 000 hommes contre lesquels je viens de lutter pendant trois jours. Je m'inspirerai des circonstances et je vous ferai connaître, au fur et à mesure, la situation de l'armée, les nouvelles que j'aurai de l'ennemi, et les moyens que je me proposerai d'employer pour atteindre le but que je vous indique : mettre l'armée en mesure de tenir de nouveau l'ennemi en échec. Je regrette de n'avoir pu être informé à temps de l'approche de forces aussi considérables que celles qui me sont signalées ; je regrette aussi que les troupes concentrées à Dijon n'aient pas même essayé de retarder leur marche.

» *Signé :* BOURBAKI. »

Les promesses faites sur ce dernier point, à Baugy, lors du départ, n'avaient pas été tenues.

On devait envoyer 100 000 mobilisés, il y en avait à peine 15 000 ; Garibaldi devait opérer, il se reposait tranquillement à Dijon.

A onze heures, le général Bourbaki remerciait le ministre de sa flatteuse dépêche :

Arcey, 18 janvier 1871, 11 h. 55 du soir.

« Je suis très sensible aux encouragements que vous me donnez et à l'appréciation que vous faites, par

votre télégramme de ce jour, des efforts tentés par la première armée. Je regrette vivement obligation de battre en retraite.

» Je cherche à le faire dans les meilleures conditions. Le mouvement de Pontailler rend cette tâche bien difficile. J'attendrai à être plus complètement renseigné sur attitude de l'armée de Belfort, comme sur les projets du 6ᵉ corps et du corps Zastrow, pour prendre un parti.

» Je craindrais un échec en laissant au 15ᵉ corps seul le soin de maintenir armée de Belfort, qui est aujourd'hui de 90 000 hommes. Je ne vous demanderai de faire agir le 25ᵉ corps qu'autant que la situation deviendrait assez critique pour rendre cette mesure indispensable. Je ferai tout ce qui dépendra de moi pour que la première armée accomplisse le plus énergiquement possible la tâche qui lui incombe; après avoir pourvu à sa sécurité, je m'efforcerai de rendre son rôle plus actif.

» J'accepte pour M. de Serres, comme pour moi, les encouragements contenus dans votre dépêche. J'ai déjà eu occasion de vous dire combien le concours qu'il me prête en toute circonstance m'est précieux.

» *Signé* : C. BOURBAKI. »

Le ministre lui télégraphia dans la nuit pour approuver son mouvement sur Besançon :

Bordeaux, 18 janvier 1871, 11 h. 40 du soir.

« J'ai reçu votre dépêche. Ainsi que je vous l'ai déjà télégraphié, je vous approuve entièrement de ne pas être demeuré en présence de l'armée de Belfort. Le parti que vous prenez de vous rabattre sur Besançon est de beaucoup le plus sage, dès l'instant que les fatigues de votre armée et les difficultés du ravitaillement ne permettent pas en ce moment une rapide offensive dans une autre direction.

» Il n'est que trop vrai que ni le général Pélissier, ni le général Garibaldi, n'ont fait ce qu'ils auraient pu et dû pour gêner la marche de l'ennemi.

» Il conviendrait, je pense, surtout en ce qui concerne Garibaldi, d'arrêter un plan de coopération parfaitement net, que vous lui feriez connaître soit de vive voix par M. de Serres, soit par notre intermédiaire. D'un autre côté, nous opérerons, s'il le faut absolument, une diversion sur Troyes ou Chaumont. Répondez-moi à cet égard et dites-moi à quelle date, d'après vos propres projets, le 25e corps devrait quitter Vierzon.

» Nous souhaitons d'ailleurs que vous n'ayez plus besoin de ce concours. Je vous informe, à titre de renseignement, que Dijon a en ce moment-ci plus de 25 000 mobilisés dans ses murs, sans compter les troupes de Garibaldi, et qu'un certain nombre de ca-

nons sont en voie de prendre position pour défendre la ville.

» *Signé :* DE FREYCINET. »

Le 19, le général Bourbaki, comme il l'avait annoncé au ministre, transporta son quartier général à Soye.

Le ministre ouvre enfin les yeux sur la conduite de Garibaldi, et alors ce ne sont plus des compliments qu'il fait *à cette brave armée et à son vaillant chef,* mais des reproches fort durs et, malheureusement pour l'armée de l'Est, trop justement mérités.

Guerre à général Bordone, Dijon.

Bordeaux, 19 janvier 1871, 2 h. 15 du soir.

« Je ne comprends pas les incessantes questions que vous me posez pour savoir qui commande, non plus que les difficultés qui surgissent toujours au moment où, dites-vous, vous allez faire quelque chose. La situation est bien simple, vous commandez l'ancienne armée des Vosges et les mobilisés de l'Isère. Vous avez pleins pouvoirs pour défendre le pays, et vous jouissez exactement des mêmes prérogatives que tous les commandants en chef. Vous êtes le seul qui invoquiez sans cesse des difficultés et des conflits pour justifier sans doute votre inaction. Je ne vous cache pas que le gou-

vernement est fort peu satisfait de ce qui vient de se passer. Vous n'avez donné à l'armée de Bourbaki aucun appui, et votre présence à Dijon a été absolument sans résultats pour la marche de l'ennemi de l'ouest à l'est. En résumé, moins d'explications et plus d'actes, voilà ce qu'on vous demande.

» *Signé :* DE FREYCINET. »

Le lendemain, le ministre fit proposer au général Bourbaki par M. de Serres un nouveau plan :

Guerre à de Serres, Soye.

Bordeaux, 19 janvier 1871, 3 h. 50 du soir.

« Je vous prie de demander au général Bourbaki ce qu'il penserait du plan suivant :

» Toute l'armée redescendrait rapidement entre le Doubs et l'Oignon, vers Besançon. On laisserait entre Auxonne et Besançon une force suffisante pour tenir en respect, sous les murs de ces deux places, une armée ennemie. Tout le reste de l'armée, sous le commandement du général Bourbaki, s'embarquerait à Besançon et se rendrait par chemin de fer à Nevers. Si ce mouvement est bien combiné, et je me charge de le concerter avec la Compagnie, il devra se faire en six jours. Pendant ce temps, le 25e corps se rendrait à

la Charité et passerait sous les ordres de Bourbaki. L'ensemble des forces se réunirait à Clamecy, pour de là se diriger sur Auxerre, Troyes, Châlons-sur-Marne, et finalement opérer jonction avec l'armée de Faidherbe, qui est actuellement près de Saint-Quentin.

» Ce plan m'est suggéré par la pensée que le mouvement tenté dans l'Est est irrévocablement manqué, et qu'il ne faut point s'acharner à le poursuivre.

» L'attention de l'ennemi est éveillée; il a eu le temps de se concentrer, et désormais le général Bourbaki le trouvera en forces supérieures dans toutes les directions. Au contraire, par la nouvelle ligne que j'indique, on trompe l'ennemi, qui pendant quelques jours continuera à chercher Bourbaki dans l'Est, et on opérera, sur les armées de Paris et d'Orléans, une seconde puissante diversion, qui obligera l'ennemi à détacher une nouvelle couche de forces.

» Quant à Bourbaki, s'il marche avec rapidité, il aura vraisemblablement la ressource de se réfugier, à la dernière extrémité, sous la protection des places du Nord.

» *Signé :* DE FREYCINET. »

Quel que pût être l'avantage de ce projet, M. de Serres, qui voyait dans quel état de misère et de démoralisation était l'armée, impuissante à soutenir même

une faible défensive, aurait dû prévenir le ministre qu'il était impraticable d'exécuter ce qu'il proposait sous peine d'une destruction totale en rase campagne.

Le soir, le ministre télégraphiait au général lui-même :

Bordeaux, 19 janvier 1871, 7 h. 5 du soir.

« M. de Serres a dû vous communiquer un plan que je propose. Plus j'étudie la question et plus je me convaincs que vous devez vous rabattre vers Besançon avec toute la rapidité possible.

» Ainsi que je l'ai dit, je ne crois pas que vous soyez menacé entre Gray et Pontailler. Aucun renseignement, ici, ne nous confirme la présence de l'ennemi dans cette direction. Enfin, je crois que vous ne devez chercher une vigoureuse offensive que sur un autre théâtre que celui où vous êtes.

» *Signé :* DE FREYCINET. »

Le même jour, le général, dans son rapport quotidien, disait ce qui suit :

Soye, 19 janvier 1871, 10 h. 30 du soir.

« Le mouvement général de l'armée a été continué aujourd'hui. Sur quelques points, l'ennemi a essayé de nous inquiéter ; il a été accueilli par un feu nourri, qui l'a obligé de se tenir à distance.

» Il nous suit, mais très mollement. J'apprends à l'instant l'évacuation de la position de Blamont.

» Je dirige cette nuit même une division du 24ᵉ corps sur Pont-de-Roide ; le reste du corps partira le 21 de Clerval dans la même direction, de façon à assurer complètement la position en occupant le Lomont ; j'établirai demain mon quartier général à Baume-les-Dames.

» J'ai prescrit au général Pélissier d'envoyer à Auxonne deux bataillons de mobilisés.

» Le 15ᵉ corps prendra position demain en arrière du ruisseau de Soye ; le 20ᵉ, à Romain, Mésandans et Huanne ; le 18ᵉ, en arrière de Rougemont ; la réserve générale de l'armée et le régiment de marche de chasseurs d'Afrique, entre Avilley et la Tour-de-Sçay.

» *Signé* : BOURBAKI. »

Le 20, le général arrivait à Baume-les-Dames où il séjourna le 21.

Il donnait en arrivant ses instructions à l'intendant Friant :

Baume-les-Dames, 20 janvier 1871, 7 h. du soir.

« Assurez à Clerval huit jours complets de vivres pour le 24ᵉ corps ; faites replier sur Baume-les-Dames l'excédent d'approvisionnement, et assurez dans cette

ville huit jours de vivres pour les autres corps d'armée. Demain, partie du 24ᵉ corps occupera Clerval, partie Pont-de-Roide; le reste du corps sera cantonné dans le voisinage de la route de Clerval à Pont-de-Roide.

» L'armée appuiera sa droite à Baume-les-Dames où je maintiendrai mon quartier général, sa gauche à l'Oignon vers Moncey; la réserve générale se tiendra en arrière de la gauche vers l'Oignon. Je me maintiendrai dans ces positions jusqu'à ce que le ministre ait arrêté les opérations ultérieures.

» Venez à Baume; je serai peut-être en mesure de vous faire connaître ses intentions.

» *Signé :* BOURBAKI. »

Le soir, à dix heures, il envoyait sa dépêche journalière :

Baume-les-Dames, 20 janvier 1871, 10 h. du soir.

« Le mouvement que je vous ai annoncé hier s'exécute aujourd'hui. Demain, l'armée appuiera sa droite au Doubs, sa gauche à l'Oignon vers Moncey. Partie du 24ᵉ corps occupera Clerval; le reste du corps sera cantonné dans le voisinage de la route de Clerval à Pont-de-Roide, sur les pentes du Lomont; la réserve générale se tiendra en arrière de la gauche vers l'Oignon.

» Je maintiendrai mon quartier général à Baume-les-Dames.

» M. de Serres a dû vous adresser un télégramme pour vous faire connaître la communication qu'il m'a fait connaître en votre nom ; sa réponse est l'expression de ma pensée, et je suis tout disposé à mettre le projet à exécution dès que les détails seront complètement réglés. En faisant le mouvement à trop court rayon par Auxonne, je m'exposerais à être menacé sur l'un de mes flancs et arrêté comme je le suis en ce moment.

» Les effectifs en hommes et en chevaux ont été sensiblement réduits par le feu de l'ennemi et par les intempéries.

» Je vous demanderai de me ménager les ressources nécessaires pour les compléter.

» P. S. — Le général Bressolles me rend compte qu'il occupe Blamont et Pont-de-Roide.

» *Signé :* BOURBAKI. »

Le général acceptait le plan du ministre avec certains changements ; mais s'il s'y soumettait, c'était dans l'espoir de retirer ses troupes de ce pays de montagnes et de neige, de les soustraire au froid rigoureux qui ne cessait pas et qui faisait tous les jours de nombreuses victimes. Il espérait aussi, une fois sorti

de cette région de l'Est, pouvoir donner à l'armée quelques jours de repos.

Mais, hélas! comme vous le verrez tout à l'heure, tous ces beaux projets furent déjoués, et l'armée perdue pour la France après avoir subi les souffrances les plus épouvantables et les tortures morales et physiques les plus douloureuses.

Le 24, le général Bourbaki répondait au général Bressolles qui lui demandait des ordres :

Baume-les-Dames, 24 janvier 1871, 5 h. du matin.

« Vous êtes sur les lieux, par conséquent plus à même que moi d'apprécier la meilleure répartition à faire de vos forces. Je vous donne toute latitude à cet égard, en vous rappelant le but à atteindre : occuper la position de Blamont et s'y fortifier pour en assurer la possession; tenir solidement à Pont-de-Roide; conserver Clerval le plus longtemps possible; ne faire sauter le pont de Clerval qu'en cas de nécessité absolue.

» *Signé :* Bourbaki. »

Le même jour, M. de Serres communiquait au général une nouvelle dépêche du ministre, au sujet de l'exécution du plan projeté.

Le général répondait dans ces termes :

Baume-les-Dames, 21 janvier 1871, 1 h. 45 du soir.

« M. de Serres m'a communiqué votre télégramme de cette nuit. Je crois qu'il est indispensable que les points d'embarquement soient multiples, Besançon étant position centrale où se chargerait la plus grande partie du parc et du matériel d'artillerie. L'infanterie pourrait se charger depuis Baume-les-Dames jusque au-dessus de Besançon.

» La concentration du matériel devrait se faire par trains tout formés (bataillon de 1 000 hommes ou batterie), afin d'éviter le besoin d'une composition de trains aux gares d'embarquement. La concentration première et celle successive se ferait mieux à petite distance de Besançon, et non à cette gare même, fortement occupée par l'intendance avant. Quand au débarquement, il y a avantage à multiplier les stations et à adopter toutes celles à moins de deux journées de marche du point de concentration, qui reste admis conformément à votre programme, en gagnant cependant le plus de hauteur possible vers le Nord, au-dessus de Nevers.

» Embarquement commencerait dès que l'attitude de l'ennemi, ou nos positions défensives entre Besançon et Oignon, couvriraient contre tout danger d'un engagement sérieux avant la fin de l'opération.

» Dès maintenant, je crois que le commencement pour le matériel, parc et parties accessoires, peut être fixé au 22 ou 23, et à Besançon.

» *Signé :* Bourbaki. »

Le général exprimait ses plaintes à l'intendant en chef Friant au sujet des vivres qui n'arrivaient pas et qui n'étaient pas parvenus à Besançon :

Baume-les-Dames, 21 janvier 1871, 8 h. du soir.

« Je suis désolé que tous les approvisionnements ne soient pas venus à Besançon, comme je vous l'avais prescrit, et je ne comprends pas que l'inspecteur du chemin de fer ne vous ait pas obéi. Si nous avions des ailes, nous assommerions certainement l'avant-garde prussienne ; mais nous n'avons que des pieds endoloris par la fatigue et le verglas ; on marche, et on marchera encore cette nuit.

» Les coupables sont les 30 000 hommes qui sont à Dijon et qui n'ont rien fait pour protéger l'aile gauche de l'armée ; le monde ne nous manque ni à notre droite, ni devant nous. Quant à Mouchard, j'espère que les régiments que j'envoie empêcheront qu'on attente à cette voie ; du reste, à deux ou trois jours d'ici, nous serons en force sur ce point.

» *Signé :* Bourbaki. »

Les événements allaient se précipiter.

On se battait enfin à Dijon, mais avec un rideau de troupes qui laissait passer le gros de l'ennemi, cherchant à couper la retraite de l'armée française sur Lyon.

Le 21 janvier, à onze heures cinquante du soir, le général expédiait le télégramme quotidien au ministre :

Baume-les-Dames, 21 janvier 1871, 11 h. 50 du soir.

« Sans ajouter entièrement foi à toutes les dépêches que je reçois concernant l'effectif et les mouvements de l'ennemi du côté de la Saône et du bas Oignon, je suis obligé de reconnaître que je dois hâter mon mouvement sur Besançon. On s'est battu à Dijon et Dôle est occupé ; j'envoie ce soir même, par chemin de fer, du monde à Mouchard.

» Si je trouve une bonne occasion, j'attaquerai l'ennemi ; mais si je ne crois pas être en force, je me tiendrai sur la défensive en passant sur la rive gauche du Doubs, afin de ne pas combattre dans des conditions douteuses, avec une rivière à dos.

» Demain, je concentrerai mes forces en les rapprochant de Besançon après avoir fait refluer les *impedimenta*, partie par la rive droite et partie par la rive gauche du Doubs.

» Le 24e corps occupe Clerval, Blamont, Pont-de-

Roide, la route de Clerval à Pont-de-Roide; une division du 15ᵉ corps occupera demain Baume-les-Dames; le reste de ce corps, ainsi que le 20ᵉ, le 18ᵉ, la division Cremer et la réserve générale, occuperont les positions depuis Roulans jusqu'à Luzans, et de ce point jusqu'à Pouligney.

» J'établirai mon quartier général à Roche. Si l'ennemi se trouvait en force, il ne serait plus possible d'exécuter le mouvement en chemin de fer dont nous sommes convenus, à moins de passer par Bourg et Mâcon.

» *Signé :* BOURBAKI. »

Pendant cette journée, le ministre avait définitivement pris toutes ses mesures, et donné ses dernières instructions aux compagnies de chemin de fer, à M. de Serres et au général Bourbaki, pour l'exécution du mouvement. Mais il était trop tard.

Le général, craignant pour les approvisionnements qui se trouvaient à Clerval, donna l'ordre au général Bressolles de les faire passer sur la rive gauche du Doubs:

Baume-les-Dames, 21 janvier 1871, 8 h. 15 du soir.

« Prenez de suite, à la gare de Clerval, cinq jours de vivres sur vos voitures, et au moins trois jours sur le

sac de vos hommes; faites aussi immédiatement, en plus, un dépôt sur la rive gauche du Doubs, où vous pourrez vous ravitailler.

» *Signé :* BOURBAKI. »

Dans la nuit, il recevait du ministre la dépêche suivante :

Bordeaux, 21 janvier 1871, 11 h. 20 du soir.

« L'ensemble des dépêches parvenues depuis vingt-quatre heures indique que l'ennemi, infléchissant son mouvement, par suite, sans doute, de la connaissance du vôtre, cherche à couper vos communications de chemin de fer avec Dijon et avec Lyon. Il paraît avoir été repoussé à Dijon, mais il s'est emparé de Dôle, et il marche sans doute sur Arc-Senans. Son insuccès à Dijon semble indiquer qu'il n'est pas encore en très grande force; cependant il y a lieu de se préoccuper sérieusement de cette situation, et peut-être feriez-vous bien, s'il en est encore temps, de diriger des forces sur le point menacé.

» En tous cas, je crois que ce doit être un motif pour vous de précipiter votre mouvement le long du Doubs, pour ne pas risquer de vous laisser envelopper.

» Les renseignements que j'ai ne sont pas assez précis pour que je puisse vous donner aucune direc-

tion positive. Je me borne à appeler votre attention sur cette tentative de l'ennemi, pour le cas où elle ne vous aurait pas été suffisamment signalée.

» *Signé :* DE FREYCINET. »

Maintenant, ce n'est plus de la rapidité que l'on demande, mais de la précipitation !

En attendant, le général Rolland, qui commandait la place de Besançon, se montrait justement préoccupé de la situation dans laquelle on le laissait, et il télégraphiait au ministre et au général Bourbaki :

Besançon, 24 janvier 1871, 3 h. 10 du soir.

« Vous me placez dans une situation épouvantable. Besançon est défendu aujourd'hui par cinq bataillons qui n'ont pas de cartouches. Je suis menacé par la gauche, Marnay, Pin et Pesmes, et si l'attaque est sérieuse, le chemin de fer de Dôle à Besançon et de Dôle à Mouchard peut être coupé. J'ai mis à Marnay et à Pin deux bataillons de mobilisés de la Haute-Saône ; ils sont insuffisants si ce n'est pas une simple démonstration de l'ennemi ; devant nous, à Voray et à Lussey, je n'ai que 300 hommes ; aujourd'hui, un régiment de lanciers a pris une panique affreuse ; soixante hommes des grand'gardes sont partis au grand galop jusqu'à Besançon, semant l'épouvante.

» Je suis monté à cheval et ai brûlé la cervelle au premier que j'ai rencontré; j'ai cassé en face du régiment un lieutenant, qui descendait la grand'garde sur les lieux, et qui n'a pas su arrêter les fuyards.

» Demain, cour martiale pour deux.

» J'ai donné sept bataillons et deux batteries au 24e corps. J'ai envoyé sur le plateau de Blamont et la rive gauche du Doubs six bataillons et neuf pièces de montagne pour garder cette position. Il ne me reste que les mobilisés, qui ne savent pas tenir un fusil et n'ont pas de cartouches, et parmi eux, pas un officier, un sous-officier ou un caporal qui sache ce que c'est qu'une consigne et soit capable de la faire respecter. Je saurai me faire tuer, mais cela ne sauvera pas la place, qu'il est impossible de défendre dans ces conditions.

» Le général commandant la 7e division,

» *Signé :* Rolland. »

Le 22, le général Bourbaki transportait son quartier général à Roche, et télégraphiait au ministre :

Roche, 22 janvier 1871, 3 h. du soir.

« Jusqu'à présent, rien ne m'indique un mouvement rapide de l'armée de Belfort à notre suite; la présence d'une partie du 24e corps à Pont-de-Roide et Blamont

n'a pu que favoriser cette attitude d'observation ; ce même corps garde Clerval ; une division du 15ᵉ gardera Baume ; la division Dastugues de ce même corps est partie pour protéger Mouchard ; l'infanterie doit débarquer à Quingey, l'artillerie suit la voie de terre.

» Si l'ennemi n'est pas en nombre suffisant à Dôle, je chercherai à profiter de la situation qu'il se sera ainsi faite pour l'attaquer dans de bonnes conditions avec le gros de mes forces.

» Selon les renseignements qui me parviendront, je prendrai ce parti, ou bien je ferai passer successivement les corps d'armée sur la rive gauche du Doubs, en couvrant ce mouvement par l'occupation des positions en avant de Besançon. Aujourd'hui, les *impedimenta* des 15ᵉ et 20ᵉ corps passent sur la rive gauche ; ceux du 18ᵉ et de la réserve générale se parquent en avant de l'enceinte de Besançon ; les troupes de ce corps exécutent en ce moment le mouvement que je vous ai annoncé hier ; le 15ᵉ corps venant prendre position de Roulans à Luzans ; le 20ᵉ, de Corcelles à Marchaux ; le 18ᵉ et la division Cremer, de Marchaux à Auxon-le-Dessous ; la réserve générale, à Pouligney.

» *Signé :* BOURBAKI. »

Puis, dans la nuit, le général envoyait la dépêche journalière :

Roche, 22 janvier 1871, 11 h. du soir.

« L'ennemi ne nous a pas inquiétés dans nos mouvements aujourd'hui ; il a passé l'Oignon sur plusieurs points ; sa présence a été constatée par des reconnaissances à une faible distance de Besançon, il doit occuper Saint-Vit.

» Son intention paraît bien être de couper la ligne de communication de Besançon avec Lyon.

» Vous savez que la division Dastugues a été transportée à Quingey pour s'opposer à l'exécution de ce projet.

» Une autre division du 15ᵉ corps gagnera demain, par les voies ordinaires, Avenoy et Larnod, se faisant précéder par la cavalerie jusqu'aux ponts de Thoraise et de Torpes, qui sont menacés. Si les circonstances le rendaient nécessaire, elle forcerait sa marche.

» La division Peytavin gardera Baume-les-Dames jusqu'à nouvel ordre.

» Le 24ᵉ corps continue à occuper les positions de Blamont, Pont-de-Roide et Clerval.

» Je concentrerai demain le reste de l'armée sur la rive droite du Doubs, en avant de Besançon ; le 20ᵉ corps occupera les positions du pont de Chalèze au mont Chailloz, près Miserey ; le 18ᵉ, celle de Miserey à Franois, avec ordre de fouiller les bois compris entre sa gauche et le Doubs ; la réserve générale s'établira à

Clerval, sur la route de Paris, en avant de Saint-Fergeux, face à ces bois.

» Dès que le 15ᵉ corps aura achevé son mouvement, je ferai franchir le Doubs aux *impedimenta* du 18ᵉ corps et de la réserve, qui parqueront dans le voisinage de Saône et de la Vèze.

» La totalité des *impedimenta* de l'armée se trouvera ainsi mise à l'abri, sur la rive gauche du Doubs.

» J'établirai mon quartier général à Besançon.

» J'ai prescrit de garder le mieux possible les abords des ponts du Doubs en aval de Besançon, et de fouiller la forêt de Chaux, en confiant ce soin spécialement aux francs-tireurs.

» J'active le plus possible l'exécution de ces diverses dispositions.

» *Signé* : C. BOURBAKI. »

L'affreuse débâcle commençait, comme vous allez le voir par un billet du colonel Bousson au général Rolland, daté du 22, à deux heures vingt-cinq minutes du soir, mais qui n'a dû arriver que le 23 tard ou même le 24, et que le général Rolland transmit au général Bourbaki :

Pont-de-Roide, 22 janvier 1871, 2 h. 25 du soir.

« Armée est partie au pas de course cette nuit avec

une célérité curieuse. On a abandonné les corps sans vergogne. Les Prussiens ont refait le pont de l'Isle à notre barbe. On m'a ordonné de venir prendre position en avant de Pont-de-Roide sur rive gauche. On ne m'a pas dit que Blamont était abandonné; je suis arrivé après marche de nuit dérobée à l'ennemi. Tout le monde avait disparu. Je suis éreinté. Je suis ici avec deux bataillons. Prussiens derrière, Prussiens devant. Mes hommes et moi sommes éreintés. J'ai envoyé mobilisés et artillerie à Crevisiers. J'avais promis au général Bressolles partir le dernier; je tiens parole. Je m'en irai par la montagne quand je serai reposé. Télégraphe coupé. Je refuse formellement d'être général comme me propose Bressolles. Je ne me sens pas capable de commander à de pareilles troupes.

» *Signé :* BOUSSON. »

Le 23, le général arrivait à Besançon.

Avant de quitter Roche, à neuf heures du matin, il donna de nouveaux ordres au général Bressolles :

Roche, 23 janvier 1871, 9 h. du matin.

« Faites remplacer la division du général Peytavin, qui est à Baume-les-Dames, par deux bataillons de votre corps d'armée; la division Peytavin, aussitôt remplacée, se mettra en route pour Thoraise et Torpes : à

cet effet, elle ira à Besançon dans un jour et le deuxième jour à Thoraise ; elle prendra le chemin qui sera le plus facile, après s'être assurée par renseignements et éclaireurs qu'elle peut, comme je le crois, le faire sans inconvénient.

» *Signé :* BOURBAKI. »

Puis au général Dastugues, en route pour Mouchard :

Roche, 23 janvier 1871, 9 h. 44 du matin.

« Protégez Arc-et-Senans ; opposez-vous à la destruction du pont du chemin de fer sur la Loue ; les autres divisions de votre corps d'armée vous arrivent.

» *Signé :* BOURBAKI. »

Le général arriva à Besançon, où les mauvaises nouvelles abondaient. Comme je l'ai déjà dit, Garibaldi et Pélissier se laissaient amuser à Dijon ; puis enfin un corps ennemi se présenta et un combat de trois jours eut lieu. L'ennemi fut arrêté.

Le ministre combla Garibaldi et son armée de félicitations, comme s'ils eussent sauvé la France.

Malheureusement, ils n'avaient servi qu'à une chose, à laisser passer le général Manteuffel, accouru en toute hâte de Versailles avec un certain nombre de troupes. Le général ennemi, ramassant en route tout ce qui était

disséminé, tomba sur le flanc gauche de l'armée française, en passant derrière le corps d'armée qui se battait dans ce but à Dijon; il fit tous ses efforts pour tourner l'armée par le sud en lui coupant la route de Lyon.

La voilà donc, cette malheureuse armée, acculée à la frontière de la Suisse par l'armée de Werder descendant du nord et celle de Manteuffel venant de l'ouest, lui coupant les routes du sud. C'est dans ce petit espace que le général Bourbaki va se débattre et succomber.

Que Dieu vous préserve, mes chers enfants, de voir un spectacle pareil à celui qu'eut alors sous les yeux notre bon et excellent général! surtout toi, mon cher William, qui seras peut-être appelé à prendre part à la guerre lorsque le jour de la revanche sera arrivé.

A peine descendu de cheval, le général, inquiet de savoir ce qui avait été fait pour les vivres, m'envoya chercher l'intendant en chef Friant, avec ordre de ne rentrer qu'avec lui.

Pendant ce temps, il télégraphiait au général Peytavin :

Besançon, 23 janvier 1871, midi 45.

« Laissez deux bataillons à Baume, en leur recommandant de se bien garder et de ne se retirer que de-

vant des forces supérieures ou sur un ordre donné ; prescrivez que, dans ce cas, le pont soit détruit complètement ; ils seront relevés par deux bataillons du 24⁰ corps, et vous rejoindront aussitôt après leur avoir remis le service et les consignes.

» Mettez-vous en route aujourd'hui même avec toute votre division, moins ces deux bataillons, pour rejoindre votre corps d'armée à Quingey ; ne suivez la rive droite du Doubs qu'autant que vous seriez certain de pouvoir le faire sans danger ; prévenez-moi de la direction que vous prendrez, et donnez des instructions précises aux deux bataillons laissés en arrière, pour qu'ils vous rejoignent facilement.

» *Signé :* BOURBAKI. »

Je revins avec l'intendant en chef, et la conversation suivante s'engagea entre le général et lui :

« Eh bien, monsieur l'intendant, nos distributions où en sont-elles? Pour combien de temps avons-nous des vivres à Besançon? — Pour cinq jours, mon général, et pour quinze en prenant ceux de la place. »

Le général resta atterré! Voilà donc ce que valaient les promesses du ministère.

Depuis le 19 décembre, jour où à Baugy avait été pris l'engagement de *bonder* Besançon de vivres, de munitions, d'effets d'habillement et d'équipement, le

général n'avait fait que rappeler cette promesse. Il arrivait dans la place avec une armée affamée, épuisée, sans vêtements, sans souliers, sous un ciel rigoureux, une énorme quantité de neige couvrant le sol, et on lui dit que s'il campait autour de Besançon, il mangerait les vivres de la garnison et des habitants.

Dans la soirée, il reçut de M. de Freycinet une dépêche lui conseillant de battre l'ennemi et de secourir Garibaldi !!!

Bordeaux, 23 janvier 1871, 5 h. 5 du soir.

« L'ennemi attaque vraisemblablement Dijon demain avec de grandes forces. Ne pouvez-vous faire un mouvement qui prête appui à Garibaldi ? Il y aurait peut-être là une belle occasion de punir l'ennemi de sa témérité à opérer entre vous et Garibaldi.

» *Signé* : DE FREYCINET. »

Il était impossible de prendre une offensive quelconque ; il ne s'agissait plus que d'une chose : s'efforcer de mettre la malheureuse armée à l'abri d'une destruction totale.

Le ministre rappela M. de Serres. Il est plus que probable que le délégué à la guerre, prévoyant la catastrophe terrible qui allait éclater, a voulu retirer son délégué à lui, pour laisser peser sur le malheureux

général Bourbaki toute la responsabilité, après l'avoir contrarié bien souvent, par des dépêches et des insinuations qui annonçaient une ignorance complète des choses de la guerre et où perçait une animosité aussi puérile qu'injuste.

Bordeaux, 23 janvier 1871, 10 h. 25 du soir.

« Le transport en chemin de fer étant indéfiniment ajourné, votre présence à Besançon ne me paraît plus aussi utile. Je vous prie donc de rentrer à Bordeaux aussitôt que vous vous serez entendu avec le général Bourbaki ; j'aurais désiré vous laisser auprès de lui, mais les circonstances m'obligent à vous rappeler. Vous lui en exprimerez tous mes regrets.

» *Signé :* C. DE FREYCINET. »

Le 24 janvier, c'est-à-dire dans la nuit du 23 au 24, les nouvelles devinrent de plus en plus mauvaises. Le général annonça ces nouvelles au ministre, en se plaignant qu'aucun approvisionnement n'eût été préparé pour l'armée, et qu'on ne l'eût pas tenu au courant que des forces *considérables* marchaient contre lui :

Besançon, 24 janvier 1871, minuit 5.

« Les 2ᵉ et 7ᵉ corps d'armée prussiens ont commencé à couper communication avec Lyon. Ils passent le

Doubs et peut-être la Loue. En me hâtant le plus possible, je ne sais si je parviendrai à les reconquérir. Je prendrai demain un parti, selon les renseignements que je recevrai. Il est au moins étonnant qu'aucun avis de la marche de forces aussi considérables ne me soit parvenu en temps opportun. Intendant Friant, malgré les promesses, n'a pas réuni à Besançon approvisionnements suffisants pour l'armée.

» *Signé :* BOURBAKI. »

Le général étant malheureux et l'armée dans un état impossible à décrire, les récriminations, les reproches de lenteur, recommencent, et on est loin des dépêches du ministre et de son délégué remplies d'éloges pour la bravoure, le sang-froid, l'intelligence de la guerre du général Bourbaki.

La réponse à la dépêche qui précède ne se fit pas attendre :

Bordeaux, 24 janvier 1871, 9 h. 40 du matin.

« Je reçois votre dépêche de cette nuit minuit cinq. Vous dites que vous n'avez pas été prévenu du mouvement de l'ennemi sur Dijon, Dôle et Mouchard. Vous n'avez donc pas reçu la dépêche que je vous ai envoyée le 21 à dix heures du soir, par laquelle je vous faisais connaître cette marche de l'ennemi, son

intention de vous couper de Lyon, et j'insistais sur l'opportunité pour vous de précipiter (c'était mon expression) votre mouvement vers le midi. »

J'interromps la citation pour montrer la contradiction entre cette dépêche et les précédentes. En effet, le ministère, le 23 janvier, à cinq heures cinq du soir, avait télégraphié au général, quoique connaissant parfaitement la situation de l'armée, de se porter en avant pour sauver Garibaldi. Or, s'il savait déjà le 21 que des forces *considérables* menaçaient de cerner le général, il ne devait pas le pousser à se diriger sur Dijon, et encore moins lui faire les reproches qu'il lui faisait aujourd'hui, alors que le général avait donné tous les ordres nécessaires pour empêcher ce qui arrivait. Mais pour qu'il pût réussir, il eût fallut être obéi, et ensuite avoir des troupes dans un autre état physique et moral que celui dans lequel était celles qu'il commandait.

« D'ailleurs, c'était votre souci de vous renseigner par vous-même dans une région si voisine de votre armée. »

Le général avait toujours été à peu près renseigné, mais jamais d'une manière vraie. Un seul homme avait dit la vérité, le préfet de la Côte-d'Or, M. Luce Villard, et le ministère avait dit au général de ne pas le croire parce qu'il exagérait beaucoup la vérité.

« Je ne m'explique pas qu'aujourd'hui encore, et en

présence des faits significatifs qui s'accomplissent à côté de vous et menacent si sérieusement vos communications, vous vous borniez à me dire que vous prendrez un parti demain, selon les renseignements que vous recevrez. Votre parti devrait être déjà pris et même exécuté. Vous auriez dû envoyer des forces importantes sur Mouchard et sur Dôle. Je suis convaincu que sur ces deux points, il n'y a pas 15 000 hommes.

» Par conséquent, avec deux bonnes divisions, vous auriez pu les déloger et préserver la voie de Besançon à Lyon. En tous cas, vous auriez pu leur faire cruellement expier leurs dégâts. Vous connaissez, du reste, mon opinion sur l'ensemble de vos mouvements : autant j'admire votre attitude sur le champ de bataille, autant je déplore la lenteur avec laquelle l'armée a manœuvré avant et après les combats. Le pays n'est pas fait autrement pour les Prussiens que pour vous, et cependant je vois l'ennemi vous gagner constamment de vitesse et accomplir une entreprise à côté de vous avec une célérité, une audace et un bonheur incroyables. »

Le délégué à la guerre montre dans ce passage de sa dépêche une ignorance complète de l'état de l'armée ! Pourquoi n'a-t-il pas, suivant ses promesses, protégé le flanc gauche? Pourquoi n'a-t-il pas, suivant ses engagements, bondé Besançon de vivres, de munitions et de

tout ce qui était indispensable à l'armée? Pourquoi ne l'a-t-il pas pourvue des transports nécessaires? Pourquoi n'a-t-il pas fourni à la cavalerie, à l'artillerie, au train des équipages, les fers à crampons et les clous à glace sans lesquels les chevaux ne pouvaient se tenir sur les routes couvertes de verglas? Pourquoi n'a-t-il pas fait réquisitionner dans les villages, sous peine d'incendie et de mort, tout ce dont l'armée avait besoin? Parce qu'il ne pouvait matériellement pas tenir ses promesses, et parce qu'un général qui aurait réquisitionné dans ces conditions eût été le lendemain arrêté et condamné à mort. Et voilà pourquoi les Allemands marchaient si vite et si bien.

C'est navrant de lire les dépêches adressées au général Garibaldi à côté de celles adressées à un général qu'on avait perdu.

« Selon moi, vous n'avez aujourd'hui qu'un parti à prendre, c'est de reconquérir immédiatement et sans perdre une minute les lignes de communication que vous avez si regrettablement perdues, et de prévenir la chute de Dijon, que les tentatives renouvelées de l'ennemi pourraient amener, malgré l'héroïsme de Garibaldi.

» Je vous prie de dire à M. de Serres que, conformément à ma dépêche d'hier, je désire qu'il rentre le plus tôt possible à Bordeaux.

» *Signé :* DE FREYCINET. »

Pendant ce temps, la débâcle de l'armée s'accentuait.

Le 24ᵉ corps avait abandonné ses positions, que le général lui ordonna de reprendre.

Besançon, 24 janvier 1871.

« J'apprends à l'instant que vous abandonnez Pont-de-Roide et les positions du Lomont; vous transgressez mes ordres; réoccupez immédiatement Pont-de-Roide de votre personne jusqu'à ce que l'ordre soit rétabli.

» Je vous ai prescrit d'occuper Pont-de-Roide, Anteuil, Glainans; d'avoir un détachement sur la rive gauche, de deux bataillons, pour que l'on ne puisse pas reconstruire les ponts.

» Vous devriez laisser une division bien établie pour ce service; il est des plus importants, et vous en êtes personnellement responsable.

» Si vous aviez à abandonner Pont-de-Roide, n'abandonnez à aucun prix les défilés du Lomont, qui sont et doivent rester infranchissables pour l'ennemi.

» Accusez-moi réception du présent ordre.

» *Signé* : BOURBAKI. »

Ordre inutile dans l'état de démoralisation où était l'armée. Pas un général n'aurait pu l'arrêter, pas même le ministre de la guerre s'il eût été là. Le sort en était jeté, l'armée de l'Est devait périr!

Le général s'empressa de répondre à la dépêche du délégué à la guerre :

Besançon, 24 janvier 1871, 8 h. 30 du soir.

« Quand vous serez mieux informé, vous regretterez le reproche de lenteur que vous me faites ; les hommes sont exténués de fatigue, les chevaux aussi ; je n'ai jamais perdu une heure ni pour aller ni pour revenir ; je viens de voir tous les commandants de corps d'armée ; »

Le général avait en effet convoqué à Château-Farine un conseil de guerre où il avait réuni tous les commandants de corps d'armée et le général Cremer, et tous, sauf le général Billot, avaient émis l'opinion que la retraite par Pontarlier et le Jura était seule possible.

« Ils sont d'avis que nous prenions la route de Pontarlier, c'est la seule direction que l'état moral et physique des troupes permette de prendre ; vous ne vous faites pas une idée des souffrances que l'armée a endurées depuis le commencement de décembre.

» J'avais envoyé une division en chemin de fer pour s'emparer de Quingey et de Mouchard, et une autre à Busy, les deux commandées par le général Martineau ; elles se sont reliées. Pendant que j'ai visité aujourd'hui les troupes de la rive droite du Doubs, le général Borel est allé placer lui-même à Busy celles du 15ᵉ corps,

pour les maintenir sur ces positions et faire occuper les ponts de la Louc les plus voisins.

» Entre Dôle, Quingey et Mouchard, il y a deux corps d'armée ennemis, le 2ᵉ et le 7ᵉ; demain je compte faire partir le plus vite possible trois divisions pour garder toutes les positions dont nous avons besoin et s'emparer de Pontarlier. Si ce plan ne vous convenait pas, je ne saurais vraiment que faire ; croyez que c'est un martyre d'exercer un commandement en ce moment. J'avais prescrit au général Bressolles de garder le plateau de Blamont et les hauteurs de Lomont, de laisser des postes à l'Isle, à Clerval, à Baume-les-Dames, pour empêcher le rétablissement des ponts, et d'affecter une division avec les mobilisés à cette mission ; j'apprends à l'instant que ces positions sont abandonnées et j'ordonne de les réoccuper.

» Si vous croyez qu'un de mes commandants de corps d'armée puisse faire mieux que moi, n'hésitez pas, comme je l'ai déjà dit, à me remplacer.

» *Signé* : C. BOURBAKI. »

Il recevait peu après une dépêche du ministre datée :

Bordeaux, 24 janvier 1871, 1 h. 59 du soir.

« Je crois qu'il serait extrêmement dangereux pour vous de demeurer autour de Besançon, où le mieux qui

pourrait vous arriver serait d'être désormais paralysé. Il faut à tout prix sortir de cette situation et effectuer par voie de terre, avec les 15e, 18e et 20e corps, le trajet que vous deviez effectuer en chemin de fer. Ainsi, il faut, avec les forces que j'indique, gagner le plus vite possible Nevers, ou mieux encore, la région Auxerre, Joigny, Tonnerre. Vous trouverez dans cette région une vingtaine de mille hommes que j'y ai disposés pour vous y recevoir.

» Dans quelle direction précise devrez-vous faire ce mouvement? C'est à vous naturellement de la déterminer d'après la position et les conditions du théâtre de la guerre. Mais il faudrait faire en sorte que ce mouvement profitât à reprendre Dôle, protéger Dijon et débarrasser nos communications ferrées au-dessus de Besançon.

» Quant aux corps de Cremer et de Bressolles, vous auriez soin de leur assigner de bonnes positions, pour protéger votre propre mouvement.

» Je répéte en terminant qu'il faut vous hâter et que votre grand intérêt est, si je ne me trompe, de vous retirer à tout prix, avec les trois corps susindiqués.

» *Signé* : DE FREYCINET. »

Le général Bourbaki resta confondu en recevant cette dépêche! Prendre l'offensive! mais avec quoi? Il ne

pouvait espérer qu'une chose : se glisser entre la Suisse et l'ennemi par le Jura, et encore n'était-il pas déjà trop tard ?

Il répondit :

Besançon, 24 janvier 1871, 9 h. du soir.

« Votre dépêche me prouve que vous croyez avoir une armée bien constituée. Il me semble que je vous ai dit souvent le contraire. Du reste, j'avoue que le labeur que vous m'infligez est au-dessus de mes forces, et que vous feriez bien de me remplacer par Billot ou Clinchant.

» Je vous ai envoyé une longue dépêche ce soir, j'attends la réponse avec impatience.

» Les deux divisions du 24e corps qui doivent se rallier n'arriveront qu'après-demain ; mais je commence mon mouvement demain, à moins d'ordres contraires. Ma santé est très altérée.

» Signé : C. BOURBAKI. »

Depuis sa sortie de Metz, le général avait toujours été triste. La manière dont il avait été traité par le ministère de la guerre n'avait pas peu contribué à augmenter cette tristesse. Depuis le combat d'Arcey il était devenu sombre, irritable, et il était pris d'un tel dégoût que nous étions convaincus dans son entourage

que dans un moment de désespoir il finirait par se tuer. Nous n'étions malheureusement pas loin du moment où ces tristes prévisions devaient se réaliser. Les dépêches du ministre ou de son délégué, allant jusqu'à l'accuser insidieusement de manquer d'énergie et d'activité, mirent le comble à la mesure.

Dans la nuit, le général recevait de nouvelles instructions :

Bordeaux, 24 janvier 1871, 11 h. 5 du soir.

« Sans nouvelles de vous ce soir, je reviens avec une nouvelle insistance sur la nécessité pour vous de vous dégager. Il faut que vous quittiez Besançon avec les corps que j'ai indiqués dans une précédente dépêche, et que vous vous portiez vers la région que j'ai également indiquée. A vous de déterminer le moment et la direction de votre mouvement, mais il est nécessaire qu'il se passe à bref délai. Cela est nécessaire, non seulement au point de vue militaire, mais encore pour rassurer le pays, qui commence à être inquiet sur le sort de votre armée.

» Les renseignements du jour confirment ce que nous savions sur le mouvement de l'ennemi par Dijon, Dôle et Mouchard. Je suis même porté à croire que l'ennemi reçoit des renforts dans cette direction, qui débouchent par Is-sur-Tille. Pour peu donc que vous tardiez, vos

difficultés pour vous dégager augmenteront sensiblement.

» Cette situation se dessinant, peut-être vaudrait-il mieux ramener la totalité de vos forces, en assurant seulement la garnison de Besançon.

» La partie des forces que vous ne conserveriez pas définitivement serait laissée en relation avec Garibaldi. Elle conserverait la disponibilité de ses mouvements, tandis que si vous la laissez autour de Besançon, il est à craindre qu'elle ne soit bientôt réduite à en grossir la garnison et à tenir un rôle purement passif.

» *Signé* : DE FREYCINET. »

Le 25, le cercle de fer qui entourait l'armée et la place de Besançon se resserrait encore davantage.

Le général Bourbaki répondit au ministre :

Besançon, 25 janvier 1871, minuit 45.

« La marche que vous me prescrivez, impossible; c'est comme si vous ordonniez à la deuxième armée d'aller à Chartres. J'ai une armée sur droite évaluée à 90 000 hommes; au centre et à gauche, deux corps d'armée, 2e et 7e, qui viennent de Dôle, la forêt de Chaux et Quingey.

» Dans mes trois corps d'armée je n'ai pas 30 000 combattants. Dôle est le lieu d'une grande concentra-

tion; des batteries sont établies sur les routes. Si je vais jusqu'à Dôle, je ne reviendrai pas à Besançon et je ne passerai pas plus loin. Je vois une seule chance, route de Pontarlier, et ceci d'accord avec commandants de corps d'armée. Je n'ai passable que trois quarts de 18e corps, 6 000 hommes de réserve et une bonne partie de la division Cremer. Je puis de Pontarlier gagner la vallée du Rhône, couvert par un masque de troupes, mais je ne puis avoir espérance battre forces supérieures. Répondez-moi de suite, je vous prie.

» *Signé :* BOURBAKI. »

A trois heures cinquante-cinq, il télégraphiait de nouveau :

Besançon, 25 janvier 1871, 3 h. 30 du soir.

« J'éprouve le besoin d'insister auprès de vous sur les dangers que présenteraient toutes opérations de la première armée sur Nevers, Auxerre et Tonnerre, quelque désirable qu'en soit la réalisation.

» L'état moral de l'armée est très peu solide. Elle ne pourrait enlever Dôle. En outre, il nous faudrait passer entre deux rivières occupées par l'ennemi, exécuter ainsi une double marche de flanc, passer la Saône à Auxonne, et pour peu que l'ennemi, profitant de

cette situation, menace nos derrières, accepter le combat ayant la Saône à dos, avec un seul point de passage.

» L'ennemi ne peut se concentrer aussi rapidement sur une de ses ailes que sur son centre, et plus il me suivra vers le sud, plus il découvrira sa propre ligne de communication.

» Si je puis le devancer à Salins, mon mouvement se trouvera réduit comme distance, comme difficulté des routes que couvre la neige, et comme temps.

» J'ai dirigé ce matin trois colonnes : la division Cremer, la réserve générale de l'armée et une division du 20e corps, qui s'arrêteront ce soir sur les bords de la Loue, à Cléron et à Ornans, et qui continueront leur route demain, soit dans la direction de Salins, soit dans celle de Pontarlier, suivant les circonstances.

» Ma grande préoccupation est d'assurer la subsistance des hommes. Elle sera bien réduite si Besançon ne possède toutes les ressources que j'avais demandé d'y accumuler. L'intendant Friant prétend vous avoir signalé, à diverses reprises, l'impossibilité d'atteindre le résultat voulu à cause de l'encombrement des voies ferrées.

» Il importe peu qu'il soit ou non responsable de cet état de choses; elle ne m'en cause pas moins une situation extrêmement difficile.

» Je reçois votre télégramme de cette nuit réclamant des nouvelles. Je vous ai télégraphié hier soir, à huit heures trente minutes et à neuf heures, et cette nuit, à minuit quarante-cinq minutes.

» Quant à présent, je ne puis que chercher à me dégager et non à percer la ligne ennemie.

» *Signé :* BOURBAKI. »

Le général prenait ses précautions pour sa marche dans le Jura, et s'adressait au préfet de ce département :

Besançon, 25 janvier 1871, 9 h. 30 du soir.

« Réunissez promptement les gardes nationales pour défendre notamment les défilés permettant de se rendre à Lons-le-Saulnier, Salins, Pontarlier. Je vous appuierai sur-le-champ. Faites faire des abatis ; obstruez les routes par lesquelles l'ennemi peut se présenter devant nous ; détruisez les voies ferrées de Salins, de Pontarlier, de Lons-le-Saulnier, surtout les travaux d'art ; faites sauter le viaduc de Montigny ; les trous sont faits.

» Envoyez-moi tous les renseignements que vous vous procurerez sur les forces et sur les mouvements de l'ennemi.

» *Signé :* BOURBAKI. »

Il apprenait à ce moment que le 24ᵉ corps était dans le plus grand état de désordre et presque en fuite, et il disait au général Bressolles :

Besançon, 25 janvier.

« Arrêtez votre mouvement si malencontreux de retraite. Je me porte en avant avec tout le 18ᵉ corps. Demain, nous refoulerons l'ennemi. J'appuierai ma gauche aux collines qui bordent la rive gauche du Doubs.

» Portez-vous en deux colonnes, l'une sur Vaudrivilliers, l'autre sur Passavant. De mon côté, je me dirigerai par Nancray et Bouclans sur Côte-Brune d'une part, et de l'autre par Bouclans sur Vauchamps et Dammartin.

» Prenez vos meilleures troupes, que chaque général soit à la tête de celles placées sous son commandement. Je compte vous voir refouler l'ennemi sur Pont-les-Moulins. Rappelez le général Commagny que vous me dites s'être dirigé sur le Russey au lieu de passer par Pierre-Fontaine. Exigez impérativement l'exécution de mes ordres.

» *Signé* : BOURBAKI. »

C'est la non-exécution de ce mouvement, où le malheureux général Bourbaki comptait se faire tuer, qui

fut cause, avec les reproches acerbes et injustes du ministère, du coup de pistolet du lendemain.

Il donna encore des ordres au général Cremer pour son mouvement, ce qui amena un échange de dépêches entre eux :

Besançon, 25 janvier 1871, 10 h. du soir.

« Je suis obligé de retarder le départ des colonnes devant vous suivre, en raison du passage de quelques milliers d'ennemis sur la rive gauche du Doubs, contre lesquels j'envoie des forces.

» N'en continuez pas moins l'opération dont vous êtes chargé, mais avec prudence. Faites occuper et garder avec soin les passages divers de la Loue. Tâchez d'occuper Salins ou les plateaux au-dessus de Salins, et de nous assurer la possession de la voie ferrée de Pontarlier. Je charge le préfet du Jura et le sous-préfet de Pontarlier de réunir les gardes nationales, de leur faire occuper les défilés, de détruire la voie ferrée, surtout les ouvrages d'art. Envoyez des émissaires à Salins pour savoir si l'ennemi l'occupe et en quelle force, et pour encourager le commandant des forts à la résistance et lui annoncer notre approche. Tenez-moi au courant de ce que vous ferez et de ce que vous apprendrez. Indiquez-moi le poste télégraphique le plus voisin de votre quartier général. Je vous

annoncerai le départ des troupes appelées à vous suivre.

» *Signé :* Bourbaki. »

Le général Cremer répondit :

Ornans, 25 janvier 1871, 10 h. 50 du soir.

« Je reçois votre dépêche disant de continuer mon opération et m'ajoutant d'occuper Salins. Ces deux choses, marche sur Pontarlier et occupation de Salins, me semblent aussi difficiles de front que faciles chacune en particulier. Je ne puis mener que l'une des deux. Veuillez me définir ma mission, et me dire mon objectif, que je croyais être Pontarlier. Dois-je envoyer un détachement à Salins, et préparer la marche dans ce sens, ou dois-je aller occuper Pontarlier ? Je tiens mes ordres de mouvements tout prêts dans les deux hypothèses, et j'attends votre décision pour les envoyer.

» *Signé :* Cremer. »

Le général Bourbaki donna alors ses dernières instructions au général Cremer :

Besançon, 25 janvier 1871.

« Prenez la route de Chantrans, Bolandoz, Nans-sous-Sainte-Anne et Salins, sans rester dans cette ville.

Occupez les hauteurs, et gardez les positions de Saizenay, Clucy, Cernans, Thésy, Grange, Guneval, le col de Villeneuve, où se croisent les routes d'Arbois, de Salins et le chemin de fer de Pontarlier, Andelot et le plateau de Supt.

» Vous emmènerez avec vous votre propre division et celle du 20ᵉ corps; vous laisserez à Ornans le général Pallu et sa réserve. Le général Pallu enverra sa cavalerie sur le plateau d'Étalans, où il trouvera les ressources nécessaires.

» Prescrivez en mon nom au général Pallu que les routes soient désencombrées des bagages, et que ces bagages, après le départ de vos troupes, soient parqués aux environs de Malbrans, Merey et Montrond; tâchez d'exécuter cette marche en un seul jour.

» *Signé :* Bourbaki. »

Le général recevait dans la soirée une longue dépêche du ministère :

Bordeaux, 25 janvier 1871, 2 h. 30 du soir.

« Vos dépêches chiffrées d'hier au soir ne sont arrivées ici que ce matin après dix heures. Elles n'ont été déchiffrées et je n'ai pu en prendre lecture que vers une heure. Je m'empresse d'y répondre. Je suis tombé des nues, je l'avoue, à leur lecture. Il y a huit

jours à peine, devant Héricourt, vous me parliez de votre ardeur à poursuivre le programme commencé, et aujourd'hui, sans avoir eu à livrer un seul combat, après avoir fait des mouvements à peine sensibles sur la carte, vous m'annoncez que votre armée est hors d'état de marcher et de combattre, qu'elle ne compte pas 30 000 combattants, que la marche que je vous conseille vers l'ouest ou le sud est impossible, et que vous n'avez d'autre solution que de vous diriger sur Pontarlier. Enfin, vous concluez par me demander mes instructions.

» Quelles instructions voulez-vous que je donne à un général en chef qui me déclare qu'il n'y a pas d'autre parti à prendre?

» Puis-je, je vous le demande, prendre la responsabilité d'un de ces échecs qui suivent trop souvent la détermination qu'on impose à un chef d'armée?

» Je ne puis que vous manifester énergiquement mon opinion, mais je n'ai pas le droit de me substituer à vous-même, et la décision en dernier lieu vous appartient. Or mon opinion est que vous exagérez le mal. Il me paraît impossible que votre armée soit réduite au point que vous dites. Le commandement d'un bon chef ne peut pas, en si peu de temps, laisser une telle désorganisation s'accomplir.

» Je crois donc que, sous l'impression de votre der-

nier insuccès, vous voyez la situation autrement qu'elle n'est; en second lieu, je crois fermement que votre marche sur Pontarlier vous prépare un désastre inévitable. Vous n'en sortirez pas. Vous serez obligé de capituler ou de vous jeter en Suisse. Quelle que soit la direction que vous preniez pour sortir de Pontarlier, l'ennemi aura moins de chemin à faire que vous pour vous barrer le passage. Ma conviction bien arrêtée, c'est qu'en réunissant tous vos corps, et vous concertant au besoin avec Garibaldi, vous seriez pleinement en force pour passer soit par Dôle, soit par Mouchard, soit par Gray, soit par Pontailler; vous laisseriez ensuite le 24ᵉ corps et le corps Cremer en relation avec Garibaldi, et vous continueriez votre mouvement en prenant, autant que possible, pour objectif les points indiqués dans mes dépêches précédentes; et si l'état de votre armée ne permettait réellement pas une marche aussi longue, vous vous dirigeriez vers Chagny pour y stationner, ou pour vous y embarquer. Remarquez que, dans la position que vous allez prendre, vous ne couvrirez pas même Lyon.

» Telle est, général, mon opinion; mais je le répète, vous seul êtes juge en dernier ressort, car vous seul connaissez exactement l'état physique et moral de vos troupes et de leurs chefs.

» *Signé :* DE FREYCINET. »

Cette dépêche est injuste sous tous les rapports.

Depuis huit jours, les choses avaient bien changé, les souffrances n'avaient fait qu'augmenter et le moral baisser.

On ne marche pas, dit le délégué; mais pour marcher, il faut manger et se reposer; il faut que les chevaux de l'artillerie, de la cavalerie et surtout des convois puissent se tenir. Or, cela était impossible dans l'état des chemins!

Le général Bourbaki ose demander des instructions! Mais qui l'y a obligé, si ce n'est le ministère lui-même, qui lui a retiré toute initiative, et cela de la manière la plus formelle?

On voulait pouvoir se décerner des éloges quand les affaires allaient bien; mais quand elles allaient mal, on voulait se dégager et faire retomber la responsabilité sur autrui.

Puisque le délégué n'avait pas confiance dans le général Bourbaki, pourquoi ne pas lui avoir retiré son commandement, ou tout au moins ne pas avoir laissé M. de Serres auprès de lui? Toujours par la même crainte de la responsabilité. Et puisque le ministre ne croyait pas que l'état de l'armée décrit par le général était exact, pourquoi ne le faisait-il pas constater par des personnes en qui il avait confiance? Il aurait su que si le général exagérait, c'était plutôt en bien.

Le général parlait de 30 000 combattants : je certifie que si on avait eu à combattre dans les conditions où l'on était, il n'y aurait pas eu 10 000 hommes offrant une résistance sérieuse. Si on avait mis à la disposition du général des troupes comme celles qu'il commandait à Metz, il n'aurait reculé devant rien.

On le menaçait de se voir jeter en Suisse; mais il valait mille fois mieux se réfugier sur un territoire neutre où le matériel et l'honneur étaient saufs, que de capituler en rase campagne ou par la faim à Besançon : le moindre mouvement en avant dans la direction de Dôle eût été une destruction totale de l'armée et pour le pays une honte de plus.

A une heure du matin, le 26, le général répondait par une dépêche dont voici un extrait :

Besançon, 26 janvier 1871, 1 h. du matin.

« Je fais occuper les débouchés de Salins et les passages de la Loue ; j'avais chargé le général Bressolles de faire garder les défilés du Lomont ; j'apprends que son corps d'armée a fui tout entier presque sans combattre; je pars avec le 18ᵉ corps pour tâcher de reconquérir les positions perdues.

» Vous me dites de m'entendre avec Garibaldi : je n'ai aucun moyen de correspondre avec lui ; mais si

vous ne faites pas attaquer l'ennemi sur ses communications, je me considère comme perdu.

» Je tiendrai le plus longtemps possible de Salins à Pontarlier et aux Monts Lomont; c'est tout ce que je puis faire avec les soldats que j'ai. Secourez-moi donc par tous les moyens, et aussitôt que je verrai la possibilité de me jeter sur Dôle, j'en profiterai, soyez-en bien sûr.

» Vu l'état moral et physique de l'armée, et tant que l'ennemi tiendra l'Oignon, le Doubs et la Saône, je ne pourrai tenter pareille entreprise.

» Croyez-le bien, en ne faisant pas assurer mes derrières, vous m'avez laissé aux prises avec 140 000 hommes.

» *Signé :* BOURBAKI. »

Enfin, le 26 janvier, à sept heures quarante, au moment de monter à cheval, il recevait du ministère :

Bordeaux, 25 janvier 1871, 5 h. 33 du soir.

« Plus je réfléchis à votre projet de marcher sur Pontarlier et moins je le comprends. Je viens d'en parler avec les généraux du ministère, et leur étonnement égale le mien! N'y a-t-il point erreur de nom? Est-ce bien Pontarlier que vous avez voulu dire? Pontarlier, près de la Suisse? Si c'est là, en effet, votre objectif,

avez-vous envisagé les conséquences? Avec quoi vivrez-vous? Vous mourrez de faim certainement. Vous serez obligé de capituler ou d'aller en Suisse; car pour vous en échapper, je n'aperçois aucun moyen. Partout vous trouverez l'ennemi devant vous et avant vous.

» Le salut, j'en suis sûr, n'est que dans une des directions que j'ai indiquées, dussiez-vous laisser vos *impedimenta* derrière vous et n'emmener avec vous que vos troupes valides. A tout prix il faut faire une trouée. Hors de là vous vous perdez.

» *Signé :* DE FREYCINET. »

C'en était trop pour le général; la mesure était comble.

Si les généraux du ministère et M. le délégué à la guerre eussent assisté, cinq jours plus tard, à l'entrée en Suisse de la malheureuse première armée, ils eussent compris combien le général Bourbaki avait eu raison de se refuser à faire en avant quelque mouvement que ce fût. Et si, quelques jours plus tard encore, ils eussent fait une tournée dans les lieux d'internement, ils auraient vu dans quel état de santé étaient hommes et chevaux, et ils eussent encore mieux compris la résistance du général.

XI

26 janvier 1871. — Tentative de suicide. — Arrivée de madame Bourbaki.

Nous voici arrivés au 26 janvier 1871, date cruelle dans la vie du général Bourbaki; ce jour-là, aucune douleur ne lui fut épargnée.

Pour vous raconter ce qui s'est passé, je ne puis mieux faire que de reproduire la relation qu'en donne le colonel Leperche dans son journal quotidien.

Jeudi 26 janvier 1871.

« Le froid est peu intense, mais les routes sont glissantes; elles le deviennent surtout à partir de midi, alors qu'un commencement de dégel se produit à la surface des parties gelées.

» Après les émotions de la veille et de la nuit, les mauvaises nouvelles reçues, nous montons à cheval avec le général à huit heures du matin. La tristesse est peinte sur sa figure. Mieux que personne il se rend compte de la gravité de la situation, plus que personne il en éprouve un violent chagrin.

» En approchant de la porte Reivotte, il constate

avec peine que le 18ᵉ corps n'a pas encore achevé son mouvement; il rencontre des batteries d'artillerie arrêtées par des encombrements. Plus loin, c'est l'infanterie qui marche avec peine et qui se croise avec des traînards de la 3ᵉ légion du Rhône. Le général Rolland, homme honnête par excellence, plein de droiture, mais possédant au plus haut degré la rudesse du marin, se trouve sur les lieux : il recommande aux hommes de serrer à leur distance pour ne pas allonger la colonne. Il accompagne pendant quelques instants le général Bourbaki, puis prend congé de lui en lui serrant la main.

» Nous ne tardons pas, en suivant la superbe route en corniche qui conduit au village de Morre, à rencontrer des voitures d'artillerie, des voitures de réquisition, des voitures de toute sorte encombrant de plus en plus la route sans avoir de possibilité de les dégager. Aucune des prescriptions si sages du général n'avaient été observées : les voitures étaient sur deux et trois de front, beaucoup placées obliquement et dételées, leurs conducteurs étant absents. Aucun fractionnement du convoi n'avait été opéré pour permettre de réparer les fautes commises, de parer aux circonstances imprévues. Personne ne semblait d'ailleurs s'être préoccupé des ordres donnés : les hommes, quelquefois même les sous-officiers auxquels on s'adressait étaient incapables

de faire connaître le service ou le corps auquel ils appartenaient.

» A peine trouvait-on, de loin en loin, un officier ou un sous-officier à qui l'on pût s'adresser. En maints endroits il était presque impossible de passer à cheval entre les voitures. Ce spectacle attrista profondément le général. Après avoir essayé en vain, sur plusieurs points, de faire cesser l'encombrement, voyant tout le mouvement arrêté, il se retourna vers moi et me dit : « Notre mouvement ne pourra pas être exécuté en » temps opportun, mon pauvre ami ; l'armée est » perdue. »

» En parlant ainsi le général paraissait navré, il avait la mort dans l'âme. J'essayai de lui faire entendre quelques paroles d'espérance ; il ne parut pas y ajouter foi. Je lui promis de m'employer de mon mieux à faire cesser ces encombrements en gagnant le plateau et faisant marcher la tête le plus rapidement possible.

» Nous nous rendîmes alors à la bifurcation des routes de Maiche et de Pontarlier, que précède immédiatement un tunnel. Là, le général Bourbaki, aidé de ses officiers, déploya toute l'énergie possible pour engager sur la route de Maiche l'artillerie et les bagages du 18ᵉ corps (car les bagages, malgré les ordres donnés, se trouvaient au milieu de la colonne au lieu de se tenir à 6 ou 8 kilomètres en arrière) et pour engager

sur celle de Pontarlier comme dans un petit chemin plus à droite en sortant du tunnel, et les faire parquer en dehors de la route, toutes les voitures, notamment celles du grand parc de l'artillerie de l'armée, qui avaient été mises en route en même temps que les troupes du 18ᵉ corps, sans que l'ordre en eût été donné.

» Toutes ces voitures n'ont pas peu contribué à accroître les embarras de la route.

» La pente à la sortie du tunnel était assez grande, surtout en raison de l'état de la route, pour produire à chaque instant des accidents : les chevaux glissaient, tombaient, et l'on avait toutes les peines du monde à les relever. J'ai dit quelle était l'absence des cadres ; je dois ajouter que l'inexpérience des hommes était entière : aucun d'eux ne savait enrayer convenablement ; les uns ne mettaient pas même le sabot, d'autres se contentaient de le placer sous la roue, ce qui suffit dans les conditions ordinaires, mais ce qui ne remplit qu'imparfaitement le but avec un état si exceptionnel des voies de communication. Nous étions obligés, presque pour chaque voiture, de faire engager la chaîne et les sabots dans les rais de la roue, quelquefois même de procéder personnellement à cette opération.

» Malgré tous ces efforts et malgré l'emploi de chemins ou sentiers permettant à l'infanterie seule de

passer, le mouvement des troupes s'exécutait avec une lenteur désespérante. Le général descendit à quelques centaines de mètres du tunnel, afin de s'assurer de la marche de la colonne ; il reçut au bord de la route plusieurs dépêches qui opérèrent sur son esprit le plus mauvais effet : celle de M. de Freycinet le poussant à aller du côté de Dôle et d'Auxonne, et celle du général Martineau l'informant qu'il ne pouvait plus répondre de son corps d'armée, et qu'en cas d'abandon des positions occupées actuellement par le 15ᵉ corps, il serait indispensable de n'opérer de mouvement que pendant la nuit, lui causèrent le plus violent chagrin. Il s'entretint de la situation avec le général Borel et le général Billot. Ce dernier déclara qu'il aurait fallu marcher sur Auxonne le jour où la question avait été discutée à Château-Farine, mais qu'il n'était peut-être plus temps d'adopter ce parti. J'émis mon avis, et après avoir rappelé les dangers de l'opération sur Auxonne depuis le jour où l'ennemi était devenu maître du cours de l'Oignon et de ceux du Doubs et de la Saône, je dis que je croyais qu'il valait mieux persévérer, alors même qu'on se trouvait engagé dans une voie qui n'était pas jugée la meilleure ; qu'en admettant que la meilleure solution de la question fût, contrairement à ma pensée, la percée par Auxonne, nous devions nous garder de songer à opérer sur la rive droite du Doubs, alors que notre

concentration se trouvait opérée sur la rive gauche, qu'il fallait, à tout prix, continuer le programme tracé, de façon à occuper Salins, à glisser derrière le ravin qui y descend du sud au nord, à gagner Champagnole et la rive gauche de l'Ain, et à descendre le long de cette rive, afin d'avoir l'un des flancs protégé par cette rivière dont les ponts devraient être coupés au préalable.

» Le général Billot présenta encore des observations. « Eh bien ! lui dit le général Bourbaki, si vous êtes aussi » convaincu, prenez sur-le-champ le commandement, » je vous le cède avec grand plaisir, surtout si vous » pouvez tirer l'armée d'embarras. » Il récusa énergiquement la proposition.

» Nous remontâmes alors jusqu'à la maison du cantonnier, voisine de la bifurcation des routes de Maiche et de Pontarlier. J'y entrai quelques instants, afin d'examiner à nouveau les routes permettant de continuer notre mouvement sur Salins et celles à utiliser dans le cas où nous devrions nous replier sur Pontarlier ; puis nous fîmes un léger repas, à la suite duquel le général Billot vint trouver le général Bourbaki et le prévenir qu'il allait porter son quartier général à Nancray et pousser ses troupes jusqu'à Bouclans.

» Nous ne tardâmes pas à retourner à Besançon ; nous fîmes la route à pied, les chevaux nous suivant

tenus en main. L'encombrement était encore énorme, quoique moins grand que le matin. Voitures et troupes circulaient en tous sens. Une grande quantité de voitures du train auxiliaire du 20e corps gravissaient la route concurremment avec d'autres; des troupes de cavalerie stationnaient sur la route même; enfin la 3e légion du Rhône, sous l'influence salutaire du général Rolland sans doute, sortait de la place pour marcher sinon à l'ennemi, du moins dans la direction de ce dernier.

» Je ne connais pas de spectacle susceptible de causer un souci plus grand à tout homme aimant l'armée, aimant son pays, surtout lorsque cet homme exerce le commandement en chef, que celui du désordre existant dans les impedimenta et empêchant les forces dont il dispose de se mouvoir, d'arriver à temps sur les points où leur présence est nécessaire.

» Plus je vais, plus je suis convaincu qu'on ne saurait donner d'ordres assez précis et formels pour la conduite des convois (le général n'avait pas manqué à ce devoir) et qu'il faut en exiger la stricte exécution en envoyant partout des officiers d'état-major avec mission d'exiger de chaque commandant de colonne ou de convoi tous les renseignements ou explications désirables.

» Le général devait avoir les mêmes pensées que moi, mais ne disait mot; il observait un silence absolu

que je ne comprenais que trop, car il faisait naître en moi de bien tristes pressentiments.

» Nous rentrâmes à Besançon peu de temps avant la chute du jour, et le mouvement du 18ᵉ corps n'était pas encore achevé.

» Le général reçut plusieurs personnes, entre autres l'intendant Friant et le lieutenant-colonel de Bigot. Le premier lui dit qu'il n'avait pas encore reçu de nouvelles des deux intendants envoyés par lui à Pontarlier pour régler les arrangements relatifs à l'alimentation des troupes en transit ou autrement par la Suisse.

» Le lieutenant-colonel de Bigot, qui connaît admirablement le pays, lui parla de la nature des routes et chemins, ainsi que des positions défensives existant sur les deux rives du Doubs.

» Le général me demanda du papier, une plume et de l'encre que je lui remis aussitôt. Je le priai de m'autoriser à rédiger avec lui le canevas de l'ordre de mouvement de demain après avoir reçu communication de ses instructions; il se contenta de me faire connaître quelles elles étaient et me prescrivit d'aller avec de Bigot chez le général Borel, afin d'y procéder le plus rapidement possible à la rédaction de l'ordre.

» D'après sa volonté, le mouvement de retraite devait continuer sur Salins ou au besoin sur Pontarlier. Besançon devait être protégé par deux divisions : l'une,

du corps Clinchant, sur la rive droite ; l'autre, la meilleure du corps Martineau, sur la rive gauche. La division du corps Clinchant, appelée à ne pas être séparée du reste de l'armée, devait traverser Besançon pendant la nuit, et le mouvement général commencer dès demain matin, afin de ne pas perdre de temps et de ne pas consommer inutilement de vivres à la place de Besançon.

» Toutes les mesures nécessaires devaient être prises pour que les routes fussent rendues libres pendant la nuit. Aucune voiture ne devait y stationner. Les hommes devaient prendre le plus de munitions et de vivres possible ; les caissons et les voitures vides, ainsi que les pièces non susceptibles d'être attelées, devaient être laissés dans le voisinage de Besançon et s'en rapprocher le plus possible ; les bagages devaient être abandonnés au besoin.

» Ordre devait être donné de procéder à toutes les réquisitions nécessaires, afin de ménager le plus possible les ressources emportées dans le sac.

» Enfin, le général m'avait recommandé de faire envoyer par de Bigot un homme sûr du pays pour aller à la recherche du 24e corps d'armée, avec promesse de recevoir une bonne récompense à son retour.

» Pendant nos allées et venues de la chambre du général à la mienne et réciproquement, j'avais été pré-

venu que le général avait envoyé chercher son revolver qui se trouvait dans ses fontes, à l'écurie même. J'avais compris qu'il voulait en finir avec la vie, et j'avais recommandé qu'on cachât le revolver et qu'on lui dît qu'il avait été perdu ou volé.

» En rentrant encore une fois dans ma chambre avec de Massa, je trouvai le caoutchouc et le revolver du général sur mon lit. Je remis sur-le-champ le revolver à de Massa en lui recommandant de le cacher chez lui soigneusement. Puis, comme le général m'avait recommandé de hâter le plus possible le travail, je me rendis sur-le-champ chez le général Borel. J'aperçus le général sortant en même temps que moi. Cette sortie me préoccupa et je ne pus me l'expliquer.

» Notre travail chez le général Borel était commencé, les bases en étaient arrêtées, les dispositions et l'avis relatifs au départ s'expédiaient; il ne restait plus qu'à faire l'ordre de mouvement proprement dit, c'est-à-dire à indiquer les directions à suivre par chaque colonne.

» Je me proposais, vu mon inquiétude, de retourner près du général, et j'en manifestais l'intention, les bases de l'ordre de mouvement étant complètement arrêtées, lorsque le général Borel me dit : « Je tiens,
» puisque jusqu'à ce jour le général m'a envoyé ses
» ordres par écrit, que vous me fassiez connaître aujour-
» d'hui ses intentions dans les mêmes conditions. »

» J'étais donc resté dans la chambre du général Borel, et je rédigeais la note qu'il m'avait demandée.

» Tout à coup entre le commandant de Massa, qui m'annonce en pleurant que le général s'est tiré un coup de pistolet dans la tête ; il ne peut me dire encore si la blessure est mortelle.

» J'accours avec le général Borel, je trouve le général Bourbaki étendu sur son lit la figure ensanglantée ; je lui dis en pleurant tout mon chagrin ; il me répond qu'il m'aime bien aussi, qu'il a pensé à moi en écrivant quelques instants auparavant ses dernières volontés ; il ajoute en souriant que le docteur Noguès se trouvait dans sa chambre au moment de l'événement, qu'il y était resté pour le surveiller, et qu'après s'être étendu sur son lit en annonçant l'intention de reposer, pendant que le docteur se tenait devant la cheminée, il avait fermé les rideaux et, avec mon propre revolver, à défaut du sien, s'était porté le coup qui devait le tuer.

« Je n'ai point oublié le docteur dans les quelques » mots que j'ai laissés, me dit encore le général ; j'ai » écrit, en m'adressant à lui : Docteur, sans rancune. » Le général insista pour que ni le général Borel ni moi ne restions près de lui ; il nous congédia impérativement en nous recommandant de nous occuper le plus promptement possible de l'ordre de mouvement et de l'envoi des diverses expéditions à chaque corps d'armée.

» Au moment où nous nous retirions, entrait le docteur Noguès accompagné du docteur Mathis que le docteur Noguès était allé chercher, sachant combien le général serait heureux d'être soigné par lui.

» Je ne fis qu'une apparition chez le général Borel, et le priai de me dispenser d'achever le travail que j'avais commencé. Puis je réclamai en faveur de d'Eichthal et de de Massa un ordre de se rendre à Bordeaux, afin d'informer le gouvernement de l'événement de ce soir. De Massa avait surtout à faire connaître les raisons déterminantes de la résolution du général (nature des dépêches de M. de Freycinet et de celles de ses commandants de corps d'armée, surtout de ceux des 15e et 24e). Quant à d'Eichthal, je l'ai chargé spécialement de se rendre près de Mme Bourbaki, chez Mme Festugières, au château de Ruat, près le Teich, et d'annoncer la triste nouvelle à Mme Bourbaki, en lui remettant une lettre de moi sur laquelle le docteur a ajouté quelques mots.

» Tous deux sont partis dans la voiture de M. Tournier pour Pontarlier, un peu avant minuit.

» Je leur ai recommandé de télégraphier de Genève à l'amiral Fourichon et à Mme Festugières, pour les informer tous deux de ce qui venait de se passer, les rassurer, et leur recommander de cacher le malheur à Mme Bourbaki jusqu'à l'arrivée de d'Eichthal près d'elle.

» Pendant ce temps, le général Borel convoquait les commandants de corps d'armée et télégraphiait au ministre de la guerre l'événement survenu, en le priant de désigner le plus promptement possible le successeur du général Bourbaki.

» De son côté, le général Rolland informait le ministre de ce malheureux événement, ajoutant qu'il devait être attribué à l'appréciation des récentes opérations du général. »

Dans cette même nuit, et heureusement après le malheureux coup de pistolet, arrivait la dépêche relevant le général de son commandement :

Bordeaux, 26 janvier 1871, 5 h. 56 du soir.

« En face de vos hésitations et du manque de confiance que vous manifestez vous-même sur la direction d'une entreprise dont nous attendions de si grands résultats, je vous prie de remettre votre commandement au général Clinchant. Jusqu'à ce que cette remise soit effective et efficace, vous assurerez sous votre responsabilité l'exécution des mesures que commande l'intérêt de l'armée.

» *Signé :* Léon Gambetta. »

Quels remords le ministre et son délégué ont dû avoir, en apprenant la funeste nouvelle, d'avoir expédié cette dépêche!

Voilà, mes chers enfants, la vérité sur ce triste événement. Les vrais coupables sont ceux qui, tranquillement assis devant une table, dans une chambre bien chaude, avec toutes les commodités de la vie, exigeaient des mouvements impossibles, pour ne pas dire insensés, d'une armée exposée aux souffrances les plus terribles du froid et de la faim, manquant de tout, et qui était dans un état de désorganisation complète.

Il n'y a que ceux qui étaient présents à l'armée à cette époque qui pouvaient comprendre ce que souffraient les derniers défenseurs de la patrie. Ce n'étaient plus des hommes, c'étaient des machines inertes ne cherchant qu'à se chauffer et à manger; et c'est à ce moment qu'on voulait faire prendre l'offensive, en accusant le général Bourbaki de lenteurs, de faiblesses, d'hésitations; ils n'ont pas osé dire pusillanimité et trahison, mais je suis convaincu qu'on le pensait à Bordeaux.

Personne, excepté dans son entourage, ne connaissait les tortures auxquelles était soumis le malheureux général Bourbaki. Depuis quelque temps nous nous attendions au malheur qui nous frappait : aussi prenions-nous toutes les précautions possibles pour le prévenir. Rien n'y fit, et la fatalité s'accomplit.

Comment peut-on ne pas admirer le courage et le sang-froid de cet homme prenant toutes les mesures,

donnant tous les ordres pour que l'armée ne souffrit pas de sa mort!

Le général a voulu se tuer parce qu'il ne pouvait supporter la malveillance dont il était l'objet, et parce que le ministère, dans ses dernières dépêches, le rendait responsable des événements qui s'accomplissaient : prévoyant que l'armée serait probablement obligée de se réfugier en Suisse, il ne voulut pas y entrer avec elle ; il préféra, en cherchant à mourir, enlever tout prétexte à se voir accuser de l'y avoir conduite par trahison.

Et quelle fatalité pesait sur cette armée et sur son chef! L'armistice se concluait deux jours plus tard (28 janvier), et quoique l'armée de l'Est en eût été exclue, elle aurait pu rester tranquillement autour de Besançon et y attendre la paix, puisqu'il y avait pour elle et la ville quinze jours de vivres dans cette place. Deux jours plus tôt, l'armistice aurait sauvé l'armée et son général en chef.

Je continue le journal du colonel Leperche :

« Je ne me suis présenté de nouveau dans la chambre du général que lorsque j'ai pu être en mesure de lui assurer que tous les ordres de mouvement pour demain étaient transmis.

» Le général me questionna longuement à ce sujet, puis il me raconta les circonstances dans lesquelles il avait tenté de se suicider.

» Sous l'influence des dépêches de M. de Freycinet, dont le fond et la forme lui déplaisaient tant, et qui le poussaient à accomplir une opération insensée (celle de la marche sur Dôle, Auxonne, Dijon, Auxerre, Tonnerre et Joigny), que le général Billot seul, à l'exclusion des autres commandants de corps d'armée et de Cremer, considérait comme possible; sous l'influence des dépêches de ses commandants de corps d'armée, l'informant qu'ils ne pouvaient plus compter sur leurs troupes; sous l'influence d'actes et de mouvements de toute nature dénotant l'exactitude des appréciations de ces derniers; sous l'influence notamment de l'abandon par le 24ᵉ corps de tous les points dont la garde lui était confiée, le général, après avoir tenté encore une fois de lutter contre le sort et donné des instructions pour assurer la sécurité de l'armée dans les limites du possible, avait voulu se faire tuer à l'ennemi.

» C'est ce qu'il comptait faire ce matin, si le général Billot était arrivé à temps pour engager une action quelque peu sérieuse. Il me rappela qu'il avait voulu exiger de moi que je ne me joignisse pas à lui dans cette circonstance, sous prétexte que j'étais fatigué, que j'avais été privé de sommeil dans ces derniers temps, que j'avais besoin de repos.

« N'ayant pu être assez heureux, me dit le général, » pour recevoir une balle dans une circonstance glo-

» rieuse comme mon petit Lucien (c'était un neveu du
» général, fils de sa sœur Mme Le Breton, qui s'était
» engagé au 1er voltigeurs de la garde et avait été tué à
» l'attaque du château de Ladonchamps à Metz), j'ai
» voulu en finir autrement avec la vie. C'est alors que
» je réclamai mon revolver. Quand on me fit connaître
» qu'il était perdu ou qu'on l'avait volé, je compris
» qu'on se doutait de mon projet et qu'on voulait s'op-
» poser à son exécution. Je me fis désigner un bon
» armurier et lui demandai un revolver à acheter. Ce
» dernier ne put m'en promettre un que dans une heure
» au moins. Je trouvai qu'il valait mieux en finir tout
» de suite, surtout au point de vue de la promptitude
» avec laquelle il convenait que les ordres fussent expé-
» diés et qu'une décision fût prise après ma mort. J'allai
» dans votre chambre, certain que j'étais de ne pas vous
» y trouver, puisque je vous avais envoyé travailler à
» l'état-major général, j'y pris votre revolver et je m'en
» servis en présence du docteur en trompant sa vigi-
» lance. Toutes mes mesures étaient prises pour que
» ma tentative réussît ; je m'étais étendu sur mon lit,
» j'avais dirigé le bout du canon sur la tempe droite,
» sans l'y appliquer, le maintenant au contraire à quel-
» ques centimètres de la tempe, avec la main gauche,
» pendant que j'agissais sur la détente avec la main
» droite. »

» Il est miraculeux que le général ne se soit pas tué dans de semblables conditions : mon revolver est, en effet, du calibre 12 millimètres; la forme cylindro-conique de la balle devait faciliter la perforation du crâne, et, comme je viens de le dire, toutes les mesures avaient été prises par le général afin d'amener la réussite de son entreprise.

» Malgré tout, grâce à Dieu, il a été sauvé : la main gauche a été brûlée par la poudre à la sortie du canon, et le crâne a opposé une résistance telle que la balle s'est aplatie, exactement comme sur une plaque de fonte, en glissant sur une largeur de trois ou quatre centimètres vers la partie supérieure, jusque auprès de la racine des cheveux. C'est en ce dernier point que le docteur Mathis a dû pratiquer l'incision nécessaire pour procéder à l'extraction de cette balle.

» Quelques instants après s'être blessé, le général avait un peu perdu la mémoire des noms. A part cet instant très court, il n'a pas cessé un seul moment de jouir de la plénitude de ses facultés. Il a conservé toute sa présence d'esprit, et il a paru satisfait d'avoir pu tromper la vigilante surveillance du docteur Noguès.

» L'événement avait eu lieu entre sept heures et sept heures et demie. A minuit, le général causait encore très librement avec moi, me questionnait sur toutes les mesures prises pour assurer la retraite de l'armée dans

des conditions relativement favorables, me demandant quel serait son successeur, et, lorsqu'il m'enjoignit d'aller prendre du repos, me défendant de rester plus longtemps dans sa chambre. Il se préoccupait de tout et de tous comme s'il avait joui de la plénitude de la santé, et disait combien il regrettait le chagrin que la nouvelle de sa tentative causerait à sa chère femme et à tous les siens. Je le quittai bien ému de tout ce que j'avais vu, bien triste en songeant à la France, à l'armée.

Vendredi, 27 janvier.

» Le général Martineau est venu de très bonne heure prendre des nouvelles du général Bourbaki. Le général Clinchant, nommé au commandement en chef par télégramme arrivé cette nuit, et le général Borel, sont venus également de bonne heure s'enquérir de l'état du général Bourbaki, et me charger de lui faire leurs adieux.

» Le général Rolland, qui est un cœur honnête et droit, est venu ainsi que de Bigot s'enquérir avec grand intérêt des conditions dans lesquelles se trouvait le général. J'ai pu, Dieu merci, leur répondre qu'elles étaient aussi satisfaisantes que possible.

» Il est vraiment incroyable que le général ait supporté de la sorte une aussi violente secousse. Grâce au

général Rolland, j'ai pu rassurer le général Bourbaki sur la situation de l'armée. Nos troupes ont pu jusqu'à présent se retirer en bon ordre. Le plan auquel s'était arrêté le général Bourbaki, et que le général Clinchant a cru devoir maintenir, a pu jusqu'à présent être suivi sans qu'aucune complication soit survenue.

» Ce soir le directeur du télégraphe a fait demander au docteur Noguès, de la part du ministre, des nouvelles du général Bourbaki. Le docteur a fait connaître que l'état du blessé était, quant à présent, aussi satisfaisant que possible, mais que des accidents graves pourraient se produire d'ici à quelque temps. »

Je suis obligé, mes chers enfants, de vous parler du commandant de Massa et de moi-même pendant quelques instants.

Arrivés à Neufchâtel, nous envoyâmes les dépêches que nous avait indiquées le colonel Leperche; nous fûmes obligés d'y coucher. Le 28, nous partions pour Lyon par Genève. Par suite d'encombrements sur la ligne française nous n'arrivâmes à Lyon que dans la soirée; l'express pour Marseille était déjà parti. Nous fûmes donc obligés de coucher à Lyon, ce qui fit qu'en arrivant à Cette je trouvai une dépêche de l'amiral Fourichon me disant d'attendre dans cette gare Mme Bourbaki, qui devait y passer le matin. Le retard d'une nuit me l'avait donc fait manquer. J'abandonnai de Massa

et repris le premier train pouvant me ramener à Lyon, où je cherchai partout Mme Bourbaki, mais inutilement. Je repris ma route par Genève, Neufchâtel et Pontarlier. Arrivé là, je trouvai le général Clinchant et l'armée, c'était le 30 janvier. Je télégraphiai ma déconvenue au colonel Leperche, qui me répondit d'attendre. Le lendemain, à quatre heure du soir, l'ennemi fermait la route de Besançon.

L'armée se retira sur les Verrières, et le lendemain, 1er février, elle entrait en Suisse.

J'y entrai avec elle, désolé de n'avoir pu remplir ma mission, et de n'avoir pu rejoindre mon poste auprès de mon cher général.

Non, mes chers enfants, on ne peut imaginer un spectacle plus affreux que celui de l'entrée de cette malheureuse armée en Suisse. Il faut y avoir assisté pour croire à toutes les horribles souffrances que supportaient nos pauvres soldats.

Heureusement la brigade de réserve, commandée par le général Pallu de la Barrière, tint bon, arrêta l'ennemi quelque temps et permit de franchir la frontière; sans cela l'armée entière était faite prisonnière.

On sait comment nos malheureux soldats furent accueillis en Suisse. Partout, dans les hameaux comme dans les villes, chez les pauvres comme chez les riches, on les reçut avec les marques de la sympathie la plus

vraie; toutes les portes s'ouvraient devant eux, toutes
les mains se tendaient vers eux. Des comités se formèrent de tous côtés pour venir en aide aux internés,
des souscriptions furent ouvertes; en quelques jours,
on réunit des sommes considérables. Les femmes de
toutes les conditions se dévouèrent à soigner les blessés
et les malades. On était pris de pitié quand on entrait
dans les ambulances, dans les églises, transformées
en hôpitaux et remplies de soldats français : partout
des blessés, des infirmes, des hommes dont les pieds
ou les mains étaient congelés; on entendait jour et
nuit, comme un glas funèbre, la toux des malheureux
atteints de bronchite. En même temps, on était saisi
d'admiration pour ces jeunes femmes qui, s'improvi-
sant sœurs de charité, affrontaient les spectacles les
plus pénibles et soignaient de leurs mains les plaies
les plus rebutantes. Nos voisins se sont honorés par
cet acte d'humanité. La France n'oubliera jamais l'ac-
cueil que ses fils vaincus ont trouvé chez le peuple
suisse.

Vous pouvez vous imaginer ce que souffrait morale-
ment le général Bourbaki, qui, physiquement, allait
aussi bien que le permettait sa blessure. L'histoire de
cette campagne montre avec quelle abnégation elle
a été conduite par le général. Vous le voyez attirant
sur lui un gros de forces ennemies, afin de réduire le

plus possible l'effectif des troupes réunies devant Paris, certain qu'il était que le salut ne pouvait être cherché que dans un effort suprême tenté par la garnison de Paris, dont l'effectif et les moyens d'action étaient supérieurs à tout ce qui restait dans les autres parties de la France. Mais, en acceptant ce rôle, le général Bourbaki espérait pouvoir le remplir dans les meilleures conditions : on lui avait promis de jeter sur la Saône, le Doubs et l'Oignon plus de cent mille mobilisés, de bonder Besançon de munitions et de vivres ; rien de tout cela n'avait été fait, et l'incurie avait été poussée si loin que les mobilisés envoyés à Besançon n'y avaient même pas trouvé de munitions pour les fusils dont ils étaient armés.

Le 31 janvier, dans la nuit, le ministère, ayant appris par de Massa que le général était hors de danger, lui télégraphiait :

Bordeaux, 31 janvier 1871, 11 h. 55 du soir.

« C'est avec bonheur que j'ai appris par votre aide de camp, M. de Massa, que votre vie est hors de danger.

» J'estime en vous un brave et loyal soldat, qui a fait noblement son devoir sur les champs de bataille, et il m'eût été extrêmement douloureux de vous voir enlevé à la patrie.

» En vous parlant ainsi, je crois être l'interprète du pays tout entier, qui n'a jamais douté et certainement ne doutera jamais de la parfaite droiture de votre caractère. Je serais heureux d'apprendre que cette dépêche vous a trouvé en bonne voie de guérison.

» *Signé :* DE FREYCINET. »

Après toutes les dépêches que j'ai citées, après la manière dont le général Bourbaki avait été traité par le ministère, quelle valeur pouvait avoir cette dernière dépêche pour le général, pour sa famille, pour ses amis?

Le 1er février, Mme Bourbaki, accompagnée du docteur Marit, médecin inspecteur, arriva à Besançon; elle avait passé par Auxonne et Dôle.

Vous pouvez vous imaginer l'émotion éprouvée par le général et Mme Bourbaki se retrouvant en pareilles circonstances. Le général fut bien heureux d'avoir auprès de lui pour le soigner sa chère compagne.

Le 4 février, le docteur Marit, ayant obtenu de l'ennemi le visa de son laissez-passer pour retourner à Bordeaux, quitta le général et Mme Bourbaki, emportant beaucoup de lettres, dont deux du colonel Leperche, une à M. de Serres, l'autre à M. Sœhne.

Voici un passage de celle à M. de Serres, relative aux circonstances déterminantes de la tentative de suicide du général :

« Les télégrammes de M. de Freycinet tendant à lui démontrer qu'il apportait dans ses opérations une lenteur compromettante, et qu'il devrait, pour sauver l'armée, tenter de percer dans la direction d'Auxonne, alors que des commandants de corps d'armée appelaient son attention sur l'extrême fatigue de leurs hommes, que plusieurs d'entre eux déclaraient ne plus pouvoir les obliger à se battre, et que tous, moins le général Billot qui donnait la préférence au projet d'Auxonne, considéraient les directions de Salins et de Pontarlier comme les meilleures à suivre, placèrent le général dans l'alternative cruelle de se conformer aux ordres du délégué du ministre et de perdre l'armée (hommes et matériel) en la jetant dans le cul-de-sac formé par l'Oignon, le Doubs et la Saône, ou de les enfreindre en suivant la voie opposée, qui présentait de grandes difficultés de locomotion et de ravitaillement. Dans l'un et l'autre cas, il a pensé que des soupçons injustes pèseraient sur lui. Il n'a pu supporter cette idée. Après avoir donné ses ordres pour le mouvement qu'il jugeait le seul possible, il a voulu en finir avec la vie; il a pris, pour déjouer ma surveillance et celle du docteur Noguès, comme pour assurer l'effet de l'entreprise même, tous les soins possibles. Le hasard a été plus fort que lui.

» Ce qui l'avait le plus découragé, c'est la retraite du

24e corps, retraite opérée en laissant inoccupés les défilés du Lomont et les passages de Clerval et de Baume. En recevant cette nouvelle le 25 au soir, il ordonna au général Bressolles de reprendre les positions avec ses meilleures troupes, d'enjoindre aux généraux de marcher à leur tête pour les enlever; il prescrivit au 18e corps d'armée de passer sur la rive gauche du Doubs pendant la nuit, et d'exécuter le matin même un mouvement convergent sur Pont-les-Moulins. Le général espérait trouver là une bonne occasion de se faire tuer. Cette occasion lui échappa, le 24e corps n'exécutant pas l'ordre formel qu'il avait reçu, et le 18e ayant opéré si lentement son mouvement qu'il occupait seulement Nancray dans la soirée du 26... »

Voici maintenant un passage de la lettre à M. Sœhne :

« Le docteur Marit, à qui je dois d'avoir reçu votre lettre, vous dira que, par suite de circonstances tout à fait inexplicables, le général a la vie sauve et qu'il se remettra promptement sans doute de sa blessure. Je vous raconterai plus tard tout au long son histoire. Depuis la mission que lui avait donnée Bazaine, il souffrait de penser qu'on avait pu le soupçonner. Après avoir pris l'offensive vigoureuse que vous savez, il a dû, en raison de l'arrivée des 2e et 7e corps d'armée sur ses derrières, se replier sur Besançon, où il n'a trouvé ni vivres, ni munitions pouvant lui permettre d'y sé-

journer. On y avait envoyé 6 à 8000 mobilisés, sans songer à les pourvoir de munitions correspondant au calibre de leurs armes; les derrières n'avaient pas été protégés, malgré les promesses faites à diverses reprises d'occuper le cours de l'Oignon, du Doubs et de la Saône; et alors que les premières colonnes prussiennes exécutaient une marche de flanc devant Dijon, Garibaldi n'avait pas même paru songer à les attaquer, ou seulement à les menacer pour les retarder.

» Dans ces conditions, M. de Freycinet envoyait au général télégrammes sur télégrammes pour lui reprocher sa lenteur (alors que les commandants de corps d'armée déclaraient que leurs hommes étaient exténués de fatigue), et pour lui conseiller de marcher sur Auxonne au lieu de chercher à gagner Salins et subsidiairement Pontarlier. Le plan du ministre était inadmissible. Ouvrez une carte et jugez-le vous-même. Il aurait fallu marcher entre deux rivières (Oignon et Doubs) occupées par l'ennemi, s'enfoncer dans le cul-de-sac formé par ces deux rivières, en suivant deux routes qui longent précisément les deux rivières, se laisser attaquer sur les deux flancs, puis sur les derrières, au fur et à mesure qu'on se serait porté en avant. Il n'aurait plus resté qu'à faire face à l'ennemi pour le combattre avec la Saône à dos, et un seul et unique point de passage, Auxonne! C'était rendre un désastre

certain; nous aurions été témoins d'un désordre affreux à la suite duquel hommes et matériel auraient été complètement perdus.

» Au lieu de cela, le général voulait gagner Lyon, s'il était encore temps, en descendant l'Ain sur sa rive gauche, ou tout au moins prendre de bonnes positions défensives autour de Pontarlier, tirer ses approvisionnements de la Suisse directement ou en transit.

» Tous les chefs de corps moins un seul, le général Billot, approuvaient la résolution du général ; ils comptaient peu ou point, d'ailleurs, sur leurs troupes, et ils disaient au général toute leur pensée à cet égard.

» Le général se décida pour le parti qui devait sauver l'armée, mais il songea qu'en contrevenant aux ordres du ministre pour obtenir un résultat médiocre, il s'exposait à voir dénaturer ses intentions loyales. Son chagrin devint grand surtout lorsqu'il apprit que le 24e corps avait abandonné des positions importantes, et battu en retraite presque sans combattre. Il résolut de se faire tuer à l'ennemi, et prescrivit au général Bressolles d'occuper avec ses meilleures troupes les positions perdues, et au général Billot de concourir à cette opération. Le général Bressolles exécuta peu ou point l'ordre donné, et le général Billot n'obtint pas, grâce à sa lenteur, de meilleur résultat.

» De retour à Besançon, le général donna ses ordres

pour le lendemain, puis il tenta, mais en vain heureusement, de mettre son funeste projet à exécution.

» D'un côté on lui demandait l'impossible, de l'autre on ne se trouvait pas même en mesure d'atteindre les limites du possible. Telle est en quelques mots la cruelle situation qui lui était faite à Besançon. »

Si j'ai tellement insisté sur l'épreuve cruelle et terrible par laquelle le général venait de passer, c'est non seulement pour vous raconter le fait par lui-même, mais encore pour vous montrer l'état de souffrances physiques et morales où se trouvait cette pauvre armée, et pour prouver combien il est dangereux de vouloir diriger des opérations militaires de son cabinet, au lieu de laisser au général en chef l'entière liberté de ses mouvements et l'exécution d'un plan arrêté d'avance. Il est certain que si le ministre ou son délégué avaient été sur les lieux, ils n'auraient jamais donné les ordres qu'ils envoyaient par le télégraphe et qui étaient irréalisables.

XII

Départ de Besançon. — Arrivée à Lyon. — Rapport au ministre
de la guerre. — Les Angevinières.

Enfin, le 20 février, le général Bourbaki, se sentant en état de supporter les fatigues du voyage, ayant l'autorisation de son médecin, se mit en route avec Mme Bourbaki pour Lyon en passant par la Suisse.

Arrivé à Lyon, il s'y reposa quelques jours, et crut devoir envoyer au ministre de la guerre un compte rendu succint des opérations de l'armée de l'Est, en demandant sa mise en disponibilité vu l'état de sa santé.

Voici ce document :

Lyon, 3 mars 1871.

« Monsieur le ministre,

« J'ai quitté Besançon le 20 février et suis arrivé à Lyon, d'où je me propose de me rendre, par les voies possibles, aux Angevinières (commune de Saint-Loup, canton de Grez-en-Bouerre, département de la Mayenne). L'état de ma santé ne me permet en ce moment aucun service. Plusieurs mois de convalescence me sont né-

cessaires. J'ai donc l'honneur de vous demander de m'autoriser à résider jusqu'à nouvel ordre aux Angevinières.

» A la suite de chacun des faits de guerre qui se sont accomplis jusqu'au 26 janvier, j'avais réclamé à messieurs les commandants de corps de la première armée des rapports que je me proposais de vous transmettre. Ne les ayant pas reçus, je ne suis en mesure que de vous rendre un compte sommaire des opérations de la première armée. J'ai remis entre les mains de mon aide de camp, le colonel Leperche, ceux des télégrammes officiels, celles des lettres des commandants de corps d'armée, qui sont susceptibles de jeter un certain jour sur les événements, d'en faciliter l'examen. Le colonel Leperche aura l'honneur de se présenter à vous et de vous donner toutes les explications que vous jugerez bon de lui demander. Je puis en quelques mots vous faire la narration succincte des faits qui se sont succédé.

» Arrivé le 3 décembre à Bellegarde (Loiret), pour y prendre le commandement du 18e corps d'armée, je reçus, dès le lendemain 4, l'ordre de me rabattre sur Orléans avec mon corps d'armée et avec le 20e, dont je devais diriger les opérations, d'après les instructions que le ministre avait envoyées par le télégraphe.

» N'ayant reçu aucun ordre, aucun renseignement,

pendant la route, je me décidai à pousser de ma personne jusqu'à Châteauneuf-sur-Loire afin d'être à portée d'un poste télégraphique. J'y appris, à neuf heures du soir, que le 20º corps avait rencontré des forces ennemies peu importantes, qu'il avait soutenu avec elles un léger engagement, que l'évacuation d'Orléans s'effectuait, que l'armée de la Loire était percée par son centre et coupée en deux.

» Il ne me restait qu'à assurer la sécurité des 18º et 20º corps d'armée, en les faisant passer en toute hâte sur la rive gauche de la Loire ; il était urgent de les soustraire au danger qui les menaçait, car ils pouvaient se trouver aux prises avec la totalité de l'armée ennemie, en ayant un fleuve à dos. Cette opération s'exécuta pendant la nuit et dans la journée du lendemain 5, en utilisant les ponts de Jargeau et de Sully, que je fis couper aussitôt après. Il ne m'avait pas été possible de faire passer les troupes à Châteauneuf-sur-Loire, le pont de cette ville n'avait pas été réparé.

» Je manifestai alors l'intention de me replier sur Nevers en passant par Gien afin d'y prendre des vivres. Les 18º et 20º corps étaient dans un état de désordre résultant du fait d'une retraite précipitée, de l'absence de cadres suffisants, d'une organisation incomplète, d'une inhabileté à toutes les choses de la guerre, de marches longues et pénibles exécutées par une tempé-

rature de treize degrés au-dessous de zéro; le 15ᵉ corps était dans des conditions encore moins bonnes, car il avait fui jusqu'à Salbris.

» La situation était telle lorsque je reçus du ministre, le 5 au soir, à Sully, l'ordre de me diriger sur Melun et de me jeter dans la forêt de Fontainebleau. Je ne pouvais me charger de tenter l'exécution d'un pareil ordre : j'étais persuadé que toute tentative de cette nature aurait pour résultat de faire périr, soit par la faim, soit par le feu de l'ennemi, les hommes qui lui seraient ainsi livrés sans moyens de défense. Quelques heures après, je reçus heureusement le contre-ordre; mais il me fut prescrit de m'arrêter à Gien, et d'occuper fortement ce point.

» J'y arrivai le 6; dès le 7, l'ennemi se présenta devant la ville; il fut repoussé, mais des forces plus imposantes le suivaient. En outre, les ponts d'Orléans n'ayant pas été coupés, ma ligne de retraite pouvait, d'un instant à l'autre, se trouver compromise. Je me décidai donc à me replier sur Bourges, dans le but d'échapper à ce nouveau danger, de concentrer nos forces, et d'essayer d'apporter un peu d'ordre dans ces éléments confus qu'on appelait une armée. Pendant ce temps, le 15ᵉ corps était placé sous mes ordres, et je cessais d'exercer le commandement direct du 18ᵉ corps.

» Les conditions morales et physiques dans lesquelles se trouvaient les troupes, la rigueur du temps et le faux mouvement du 15ᵉ corps, qui, en se portant de Salbris sur Aubigny, contrairement à mes instructions, avait complètement découvert les routes d'Orléans à Vierzon et à Bourges, rendirent cette concentration très difficile. Elle s'effectua cependant, malgré le déplorable état des routes qui étaient couvertes de verglas, malgré l'absence de fers à crampons et de clous à glace pour les chevaux. En quittant Gien, j'avais prescrit de faire sauter le pont en pierre de cette ville, et de couper les ponts plus en amont sur la Loire, au fur et à mesure que l'ennemi se présenterait en forces suffisantes pour s'en emparer. Mon attention, au lieu d'être partagée, n'était plus fixée, dès lors, que du côté d'Orléans, où de fortes colonnes ennemies avaient franchi la Loire; quelques mouvements d'une importance moindre avaient lieu dans l'est, et causaient quelques inquiétudes du côté de Nevers.

» Je me proposais de donner aux troupes, soit autour de Bourges, soit encore plus en arrière, tout à fait à l'abri d'une attaque sérieuse de l'ennemi, quelques jours de répit. Je tenais à mettre de l'ordre dans les divers éléments, à remplir les vacances existant dans les cadres, à refaire les hommes, à leur procurer des souliers, à les mettre un peu à l'abri des souffrances

que la neige et le froid leur faisaient endurer; à protéger également les chevaux contre les intempéries qui en faisaient périr chaque jour un bon nombre.

» M. le ministre Gambetta, qui était venu à Bourges, m'autorisa à prendre ces diverses mesures. Mais à peine cette autorisation était-elle accordée que je reçus l'ordre de marcher par Blois au secours de l'armée du général Chanzy, qui se trouvait du côté de la forêt de Marchenoir, et qui battait en retraite devant l'ennemi.

» Pour arriver de Bourges à Blois, il m'aurait fallu marcher pendant six jours en offrant le flanc droit aux 70 000 Prussiens qui avaient franchi les ponts d'Orléans, et dont les éclaireurs venaient jusqu'à Vierzon.

» Cette opération, qui aurait été de plus longue durée si aux difficultés des routes s'était jointe la nécessité de combattre chemin faisant, aurait eu pour conséquence de nous faire courir les plus grands risques, puisque nous aurions trouvé la Loire occupée par l'ennemi quand nous y serions arrivés, et que nous aurions pu nous trouver dans l'obligation de combattre avec le Cher à dos.

» Je déclarai que, dans de semblables conditions, il me paraissait impossible de prêter au général Chanzy un secours efficace en temps opportun. J'ajoutai que

les risques courus par la première armée seraient de nature à occasionner un désastre, et que, dans le cas où il ne serait pas tenu compte de mes représentations, la tâche devrait être confiée à un autre que moi. En même temps, je conseillais au général Chanzy de battre en retraite sur Vendôme et le Mans, ou sur Blois et Tours. Malgré cela, pour lui venir en aide, je fis une démonstration en me portant en avant et ordonnant l'occupation de Vierzon. Je disposai mes trois corps d'armée comme si je devais exécuter le mouvement demandé. Je fis connaître encore au ministre que s'il entrait dans ses combinaisons de me faire rejoindre le général Chanzy, je devrais le faire en suivant la rive gauche du Cher, afin de mettre ainsi personnel et matériel à l'abri pendant cette marche de flanc.

» Le général Chanzy battit en retraite, et vingt-quatre heures après, Blois était abandonné comme je l'avais prévu. C'est alors que je reçus l'ordre de me rendre à Nevers afin d'y passer la Loire, de descendre le fleuve sur la rive droite, et de me diriger sur Montargis. Quoique très inquiet de ce qui adviendrait si les troupes du général Werder venaient à menacer pendant ce temps mon flanc droit et ma ligne de retraite, je pris mes dispositions pour exécuter ce mouvement audacieux. Il me fallait répondre à l'intention formelle du ministre de venir en aide, sans délai, aux défenseurs

de Paris en attirant de ce côté une partie des forces ennemies.

» Arrivé à Baugy le 19 décembre, j'y reçus la proposition de substituer à ce mouvement un autre plan. Il s'agissait de forcer l'ennemi à évacuer Dijon, Gray et Vesoul, de débloquer Belfort; puis, si ce résultat était obtenu, de me porter sur Langres et de tâcher de couper les communications de l'ennemi.

» Ce nouveau plan me souriait beaucoup plus que le premier; il me semblait plus fructueux.

» Malgré la neige qui couvrait la terre, le verglas des routes, le froid intense qui causait des souffrances réelles, je me mis en devoir de continuer le mouvement des troupes en les dirigeant par les voies ferrées sur Chalon-sur-Saône. L'emploi de ce mode de locomotion ne donna pas de résultats aussi satifaisants qu'il était permis de l'espérer au point de vue de la rapidité d'exécution.

» La concentration de l'armée était à peine effectuée que l'évacuation de Dijon en était la conséquence.

» Je me transportai de ma personne dans cette ville, pendant que les colonnes, suivant les voies ordinaires, gagnaient l'Oignon et franchissaient cette rivière.

» On m'avait promis que si j'obtenais ce premier succès, 100 000 hommes (gardes nationaux mobilisés

ou autres) seraient chargés, afin de me permettre de poursuivre le plan convenu, de garder le cours de la Saône ; que le général Pélissier et Garibaldi occuperaient solidement Dijon et Gray, que je me trouverais ainsi garanti sur mon flanc gauche et mes derrières, et que Besançon serait approvisionné de façon à me permettre de m'y appuyer si je me trouvais dans la nécessité de me replier.

» D'après ces données, après avoir fait évacuer Dijon par une simple manœuvre, j'obtins de la même manière l'évacuation de Gray et de Vesoul.

» Le 9 janvier, j'enlevai Villersexel ; le 13, Arcey. Ces deux villages occupent des nœuds de routes importants. Le premier, sur la route de Montbéliard à Vesoul, sur les bords de l'Oignon, commande la route de Lure à Besançon et celle qui de Belfort conduit à Besançon, en suivant les pentes septentrionales des hauteurs entre Doubs et Oignon. Le second est à l'intersection de la route de Vesoul à Montbéliard avec celle qui, partant de Belfort, permet de se rendre soit à l'Isle-sur-le-Doubs, soit à Baume-les-Dames et par suite à Besançon, en longeant les pentes méridionales de ces mêmes hauteurs.

» Le surlendemain du combat d'Arcey, je fis attaquer les lignes de la Lisaine, comprenant Montbéliard, Béthoncourt, Bussurel, Héricourt, le mont Vaudois,

Couthenans, Chagey, Chennebier. Afin de faciliter cette attaque et de diviser l'attention de l'ennemi, je prescrivis au général Rolland, commandant la 7ᵉ division militaire, de faire entrer simultanément en action toutes les troupes dont il pouvait disposer, de les faire déboucher par la rive droite du Doubs, de façon à menacer Montbéliard du côté d'Exincourt et de Sochaux.

» Mais depuis que nos opérations dans l'Est étaient commencées, l'ennemi avait reçu des renforts considérables venus de l'Alsace, de la Lorraine et du duché de Bade.

» J'avais choisi pour pivot de mon mouvement Montbéliard, où le 15ᵉ corps était entré dès le premier jour, s'emparant de la ville moins le château.

» Le 24ᵉ corps était devant Béthoncourt et Bussurel.

» Le 20ᵉ, devant Héricourt et le mont Vaudois.

» Enfin le 18ᵉ corps, grossi de la division Cremer, possédant plus de cent pièces de canon, devait exécuter le mouvement tournant destiné à faire tomber les fortes positions occupées par l'ennemi, et tenir en échec avec une partie de son monde les forces qui tenteraient de menacer son flanc gauche.

» J'avais fondé de grandes espérances sur le résultat de cet effort exécuté par près de 40 000 hommes à

mon extrême gauche, quoique ce chiffre fût bien supérieur à celui des combattants. Les difficultés de terrain et les retards apportés dans l'exécution des ordres que j'avais donnés au 18e corps rendirent infructueux les efforts tentés de ce côté.

» Après trois jours de lutte pendant lesquels nous n'avions gagné du terrain que pied à pied, la fatigue morale et physique de chacun m'était signalée par les officiers généraux; j'étais averti en outre que des troupes étaient en marche avec l'intention de me tourner.

» Pendant ce temps, les forces réunies à Dijon se laissaient amuser par un rideau de troupes ennemies n'ayant d'autre mission que de les occuper.

» Je me décidai à me replier sur Besançon. J'opérai ma retraite sans trop de hâte pour ne pas accroître le trouble causé dans l'armée par les combats livrés, par les nombreux cas de congélation, par l'état des routes, par la rigueur de la saison, par l'irrégularité et l'insuffisance des distributions de vivres. J'accomplis ce mouvement sans abandonner à l'ennemi un seul canon ni une seule voiture.

» Après avoir ordonné au 24e corps de passer sur la rive gauche du Doubs, afin d'occuper Pont-de-Roide, Clerval, Baume-les-Dames et le défilé du Lomont, je prescrivis au commandant de ce corps de se porter sur

Besançon en abandonnant aux troupes dépendant directement de la 7e division militaire et ayant déjà opéré sur la position de Blamont, le soin de défendre cette position ainsi que celle de Pont-de-Roide, mais de continuer à garder les autres points desquels il répondait.

» J'espérais trouver des vivres et des munitions de façon à pouvoir me maintenir quelque temps, au besoin, autour de Besançon. Ces vivres et ces munitions m'avaient été promis, et, dès le 4 janvier, j'avais appelé de nouveau sur ce point l'attention du ministre.

» Quelle fut ma douleur quand j'appris que les chemins de fer n'avaient pas fourni les transports nécessaires et que nous possédions à peine sept jours de vivres !

» En ajoutant aux ressources de l'armée celles constituant l'approvisionnement de la garnison, j'aurais été réduit au bout de vingt jours à laisser périr mon armée de faim et à la livrer pour ce motif à l'ennemi avec la place de Besançon. J'apprenais en même temps que Quingey et Mouchard étaient tombés aux mains de l'ennemi, malgré l'envoi en chemin de fer d'une division du 15e corps, que j'avais chargée d'occuper ces points afin de maintenir mes communications avec Lyon.

» Les troupes avaient souffert depuis deux mois tout ce qu'on peut souffrir de fatigues et de privations.

» Les ponts de la Saône n'avaient pas été détruits comme je l'avais ordonné.

» Je me décidai à essayer de me replier du côté de Salins ou, subsidiairement, de Pontarlier, afin de garder la vallée du Rhône.

» Le ministre, avisé par moi du projet que je cherchais à exécuter, me fit connaître que tout en me laissant la responsabilité des mesures adoptées, il pensait que je devais renoncer au parti que j'avais pris. Il m'engageait fortement à marcher sur Auxonne, à secourir Garibaldi, qui s'était laissé tromper par les Prussiens et qui m'avait laissé couper la retraite en ne retardant pas d'une heure la marche de flanc qu'ils avaient dû exécuter devant lui pour traverser la Saône.

» En supposant, ce qui est tout à fait invraisemblable, que cette opération fût praticable, il m'aurait fallu trois jours pour faire passer sur la rive droite du Doubs toutes celles des troupes de l'armée qui étaient déjà sur la rive gauche, ainsi que l'artillerie et les convois de vivres.

» L'armée se serait alors engagée entre deux rivières occupées par l'ennemi (l'Oignon et le Doubs); elle se serait enfoncée dans le cul-de-sac formé par ces ri-

vières et par la Saône, en suivant deux routes qui longent précisément ces rivières; elle aurait été attaquée sur ses deux flancs et sur ses derrières au fur et à mesure qu'elle se serait portée en avant. Elle se serait alors trouvée dans la nécessité de faire face à l'ennemi pour le combattre avec la Saône à dos et un seul point de passage, Auxonne !

» C'eût été préparer une catastrophe certaine, à la suite de laquelle hommes, canons, matériel de toute nature, auraient été entièrement perdus et seraient tombés au pouvoir de l'ennemi.

» Je persévérais donc dans mon projet de me glisser le long de la frontière de la Suisse, lorsque je reçus du commandant du 24ᵉ corps une lettre m'annonçant qu'à la suite d'une attaque exécutée par des forces insignifiantes, il avait abandonné les positions que je l'avais chargé de garder; que la 3ᵉ légion du Rhône s'était retirée de Baume-les-Dames à la débandade, et qu'elle avait communiqué sa panique aux autres troupes.

» Pendant ce temps, j'avais mis en route la division Cremer, une division du 20ᵉ corps et la réserve commandée par le général Pallu de la Barrière, afin d'occuper les routes par lesquelles la retraite me semblait encore possible. J'ordonnai au commandant du 24ᵉ corps de reprendre coûte que coûte le lendemain

26 les positions perdues et d'exiger que chaque général se tînt à la tête de ses troupes. Je le prévins en outre que je lui viendrais en aide moi-même avec le 18ᵉ corps.

» Mais, hélas! le 18ᵉ corps employa toute la nuit et toute la journée du 26 pour passer de la rive droite sur la rive gauche du Doubs en traversant Besançon. Quant au 24ᵉ, il continua sa retraite au delà de Vercel!

» Je vis clairement dès lors que cette armée courait le risque d'être internée en Suisse. Les événements ont prouvé depuis que cette nécessité même n'aurait pas été subie par la première armée, si l'armistice n'avait pas eu lieu, ou s'il n'avait été donné à mon successeur aucun ordre de l'observer avant que le commandant des forces ennemies eût reçu les mêmes instructions.

» Les dépêches ministérielles que je recevais n'appréciaient nullement le sacrifice immense que j'avais fait en acceptant une tâche impossible pour venir en aide à la garnison de Paris, en attirant à moi un total de 140 000 hommes environ, dont 50 000 avaient quitté l'armée de blocus dès les derniers jours de décembre. Elles ne tenaient aucun compte du rôle d'abnégation auquel je m'étais voué dans le but d'arriver, en périssant au besoin, sur les lignes de communica-

tions de l'ennemi, si un hasard inespéré me venait en aide. Elles rejetaient au contraire sur moi toute la responsabilité des faits douloureux qui se produisaient, sans reconnaître le peu de valeur des éléments placés entre mes mains, les effets de la température affreuse à laquelle l'armée avait été soumise, ceux de la continuité des marches qu'elle avait exécutées, et qui n'empêchaient pas d'ajouter à tous les autres reproches celui de lenteur.

» Elles ne tenaient compte non plus ni du manque si fréquent de vivres, ni de la non-réalisation des promesses faites de garder solidement le cours de la Saône pour couvrir mon flanc et mes derrières, et de remplir Besançon de vivres et de munitions.

» Dans ces conditions, je donnai les derniers ordres nécessaires pour continuer le lendemain le mouvement de retraite, puis je reculai devant la pensée que des appréciations injustes des causes de mon insuccès seraient la récompense de mes efforts.

» Je me tirai alors une balle dans le front. Par le plus grand des hasards, cette balle s'est aplatie comme sur une plaque de fonte et j'ai survécu à cet accident. Mais je souffre encore beaucoup de la tête. J'ai d'ailleurs une autre blessure ouverte à la jambe gauche. Un tel état physique ne saurait me permettre, quant à présent, de servir. Je demande donc à être placé

jusqu'à nouvel ordre dans la position de disponibilité.

» Veuillez agréer, monsieur le ministre, l'expression de mes sentiments respectueux.

» *Signé :* C. BOURBAKI. »

Le général s'achemina alors vers les Angevinières, où, dans un entier repos et avec les soins constants et si dévoués de Mme Bourbaki, il se remit complètement.

TROISIÈME PARTIE

I

Nomination au commandement du 14ᵉ corps d'armée et au gouvernement militaire de Lyon. — Dépêche de M. Thiers. — Lettre du ministre de la guerre. — Nomination au Comité de défense.

Au mois de juin 1871, quand on forma les corps d'armée, M. Thiers fit sonder le général Bourbaki pour savoir si sa santé lui permettait de prendre le commandant d'un de ces corps, et s'il l'accepterait.

Le général, ayant répondu affirmativement, ajouta qu'il serait très heureux de reprendre du service ; le chef du pouvoir exécutif lui envoya par le bureau télégraphique de Sablé la dépêche suivante :

Versailles, 18 juin 1871, 10 h. 55 du matin.

Pouvoir exécutif à général Bourbaki à Angevinières, commune de Saint-Loup, canton de Grez-en-Bouerre, Mayenne.

(Faire porter par exprès par le bureau de Sablé.)

« Mon cher général,

» Je suis charmé d'apprendre que votre santé vous

permet d'accepter un commandement. J'avais engagé le général de Cissey à vous écrire pour cet objet, et j'ai la grande joie de voir que nos espérances sont réalisées.

» Croyez à mes sentiments les plus vifs d'estime et d'amitié.

» *Signé :* A. THIERS. »

Enfin, le 22 juin, le ministre de la guerre, général de Cissey, le prévenait par la lettre suivante qu'il allait le nommer au commandement de Lyon.

MINISTÈRE DE LA GUERRE. — CABINET DU MINISTRE.

Versailles, 22 juin 1871.

« Mon cher général,

» M. le chef du pouvoir exécutif a le désir de vous confier le commandement de l'un des corps qui sont en voie de formation.

» J'ai été très heureux d'apprendre que l'état de votre santé vous permettait de l'accepter et d'affecter ainsi au pays le précieux concours de votre nom et de votre expérience.

» J'ai l'intention de vous donner le corps d'armée qui va se former à Lyon. Je vous prie de me faire connaître l'officier général que vous désirez avoir pour

chef d'état-major général ; je ratifierai avec plaisir le choix que vous m'exprimerez. Quant au *lieutenant-colonel Leperche*, je le laisserai auprès de vous, soit comme aide de camp, soit comme sous-chef d'état-major général, à votre choix.

» Recevez, mon cher général, l'assurance de mes sentiments les plus affectueux.

» Le ministre de la guerre,

» *Signé :* Général de Cissey. »

Vous voyez, mes chers enfants, en quelle haute estime les pouvoirs civil et militaire tenaient le général Bourbaki, puisque, malgré ses malheurs, ils n'hésitaient pas à lui confier un des deux plus grands commandements de l'armée française, et celui certainement où il fallait déployer le plus d'énergie, en même temps que le plus de modération et d'habileté : ce qui augmentait encore la difficulté, c'était l'état de surexcitation populaire qui ne pouvait cesser en un jour après notre déplorable guerre civile.

La nomination du général Bourbaki au commandement de Lyon était la plus belle réparation qu'on pût lui accorder, après la manière dont il avait été traité pendant son commandement dans l'Est.

Le 3 juillet 1871, il recevait la lettre de service l'investissant du commandement du 6ᵉ corps, devenu

plus tard le 14e, et du gouvernement militaire de Lyon.

Il fut un de ceux qui travaillèrent le plus et qui rendirent le plus de services dans notre réorganisation militaire. On le sentit si bien que, le 23 mai 1876, il fut appelé à faire partie du comité de défense.

II

Mise en disponibilité. — Adresse des Lyonnais. — Vers de M. de Laprade. — Mise au cadre de réserve. — Conclusion.

En février 1879, le général Bourbaki fut relevé de son commandement.

Voici son ordre au 14ᵉ corps et aux troupes du gouvernement militaire de Lyon :

GOUVERNEMENT MILITAIRE DE LYON ET 14ᵉ CORPS
D'ARMÉE.

Ordre général.

« Officiers, sous-officiers, soldats !

» Le gouvernement a jugé utile de me remplacer.

» Notre séparation me coûte les regrets les plus vifs. Retenu à Paris comme membre de la commission de classement, je ne puis aller vous dire adieu.

» Après huit années de commandement, j'ai la satisfaction de laisser le gouvernement militaire de Lyon et le 14ᵉ corps d'armée dans les meilleures conditions sous tous les rapports.

» Ce résultat, je le dois à vos efforts constants et dé-

voués, au zèle dont vous n'avez cessé de faire preuve, à tous les degrés de la hiérarchie.

» Je vous en remercie de tout cœur.

» Imbus du sentiment du devoir, animés de l'esprit de discipline, sans lequel une armée est indigne de ce nom ; pleins de respect pour vos chefs, qui savent vous donner l'exemple en toutes circonstances ; oublieux de vous-mêmes, dès qu'il s'agit de l'accomplissement de vos obligations, c'est avec fierté que je vous laisse tels à mon successeur, et que je me porte garant de vos solides qualités.

» Aimez notre chère France, comme vous avez appris à l'aimer à l'ombre du drapeau. N'oubliez pas que ceux-là seuls peuvent se dire animés de l'amour de la patrie, qui sont toujours prêts à verser leur sang pour elle !

» Si un jour elle est menacée, et si Dieu me conserve tel que je suis aujourd'hui, soyez assurés, dans quelque position que ce soit, de me voir accourir au milieu de vous.

» Au quartier général, à Lyon, le 12 février 1879.

» Le général de division gouverneur militaire de Lyon, commandant le 14ᵉ corps d'armée,

» *Signé* : C. BOURBAKI. »

A la suite de sa mise en disponibilité, les habitants de Lyon, reconnaissants de la sécurité qu'il avait as-

surée à la population de cette ville, lui offrirent une réduction du *Gloria Victis* de Mercié, qu'accompagnait l'adresse suivante :

« *Gloria Victis!* Oui, gloire aux vaincus! Nulle expression ne saurait mieux dire, général, le sentiment triste des Lyonnais, qui vous offrent ici l'hommage reconnaissant de leur souvenir.

» Mêlé depuis huit ans à notre vie, nous vous avons connu simple, énergique et bon, et la grande ville, rassurée par le caractère de son gouverneur, se reposait confiante dans sa ferme autorité.

» Elle unissait à vous dans son estime votre aimable et digne compagne, dont le noble cœur attirait notre unanime affection, tandis que les malheureux la vénéraient pour son inépuisable charité.

» En présence de la mesure qui vous atteint, nous aurions pu donner un libre cours à nos sentiments en faisant appel à l'opinion publique par la presse, couvrir ce livre des noms de tous vos amis inconnus, de vos amis si nombreux à Lyon, où jamais homme ne fut plus populaire que le légendaire et glorieux Bourbaki.

» Mais votre grand exemple nous a imposé le silence. Vous vous êtes incliné sans rien dire, respectueux avant tout de cette discipline militaire qui fut la con-

stante loi de votre longue carrière d'abnégation, de sacrifice et de dévouement à la patrie.

Adieu, général.

» Vos officiers, anciens compagnons des jours de triomphe et d'infortune, et vos soldats que vous avez formés dans le culte du devoir et du drapeau pour assurer au pays un plus sûr avenir, ne peuvent pas, comme nous, vous apporter ici leurs regrets et leurs sympathies ; mais votre départ, nous n'en doutons pas, les réunit avec nous dans la même triste pensée ; car ce n'est pas seulement un ami qu'on nous enlève aujourd'hui, l'armée perd en vous une de ses gloires les plus pures, un de ses chefs les plus aimés. »

Suivent les signatures, et il y en a trop pour être reproduites ici.

En même temps, le général recevait un autre témoignage bien précieux aussi. M. de Laprade, de l'Académie française, lui adressait des vers que vous lirez avec plaisir :

AU GÉNÉRAL BOURBAKI

Il nous vint du pays d'Alexandre et d'Homère,
Du pays où la Muse enfantait des soldats.
France ! tu l'as reçu de la Grèce ta mère.
Ce fier neveu d'Achille et de Léonidas.

A de pareils vaincus qu'importe la défaite?
Quand le devoir est fait, qu'importe le bonheur?
Au-dessus des partis il peut lever la tête,
Fidèle à ses seuls dieux..... la Patrie et l'Honneur.

Va! tu peux mépriser une atteinte vulgaire;
Tu gardes tes exploits, ton nom pur comme l'or.
Ce nom de Bourbaki, c'était un cri de guerre,
Tous nos vieux Africains le redisent encor.

Va! la France est toujours amoureuse des braves;
Et sitôt que les cœurs, sous un ciel plus serein,
Des viles passions ne seront plus esclaves,
Notre histoire inscrira ton nom sur son airain.

Lyon, le 2 mars 1879.

Le 22 avril 1881, le général Bourbaki fut mis, contrairement à l'esprit de la loi, à tous les précédents, et quoique ayant commandé en chef devant l'ennemi, dans le cadre de réserve.

La lettre par laquelle le ministre de la guerre lui annonce cette décision, contient le plus bel éloge qu'on puisse faire de l'homme, en même temps que la critique la plus sévère de la mesure qui le frappait.

Voici cette lettre :

MINISTÈRE DE LA GUERRE. — CABINET DU MINISTRE.

Paris, 20 avril 1881.

« J'ai soumis au conseil des ministres, conformément

à l'article 8 de la loi du 13 mars 1875, votre demande d'être maintenu sans limite d'âge dans la première section de l'état-major général.

» Je me suis appliqué à faire ressortir les services éminents que vous aviez rendus en exerçant successivement devant l'ennemi le commandement d'un corps d'armée de Metz et celui d'une des armées du gouvernement de la Défense nationale dans les circonstances les plus difficiles.

» J'aurais été heureux de voir couronner par cette distinction votre carrière si remplie, après vingt-quatre années de grade de général de division : aussi est-ce avec un très vif regret que je suis obligé de vous faire connaître que la décision du conseil des ministres n'a pas été conforme à mon désir.

» Je ne veux pas toutefois vous laisser quitter la première section du cadre d'état-major général, sans vous remercier au nom de l'armée et du pays pour les services que vous avez rendus pendant quarante-sept années consécutives.

» Cette longue carrière a été bien remplie. Vous avez pris une part glorieuse à toutes les luttes glorieuses de l'armée française en Afrique, en Crimée, en Italie, et vous avez donné de nouvelles preuves de dévouement et d'abnégation pendant la dernière guerre.

» Ce sont là des titres ineffaçables. Ils vous donnent

une place à part dans nos annales militaires, comme dans le souvenir de tous ceux qui vous ont connu. »

» Le ministre de la guerre,

» *Signé* : FARRE. »

Cette mise dans le cadre de réserve fut reçue par un cri d'indignation de l'armée et même de la plus grande partie de la population civile. Une manifestation à ce sujet commençait à s'organiser à Paris ; mais le général, modeste et discipliné, étouffa l'expression de ce blâme public. De toutes parts il reçut des lettres de ses camarades de l'armée ; je pourrais vous en donner un volume entier, mais je me bornerai à un extrait de celle que lui écrivit le maréchal Canrobert, doyen des maréchaux de France :

« Mon cher Bourbaki,

» En lisant ce matin l'officiel, ...
. . . .
. . . . j'ai besoin de faire appel à toute ma philosophie d'honnête soldat et au souvenir du traitement que la République d'Athènes infligea à Miltiade, à Aristide et à Thémistocle ! ! !

» Inutile de vous parler de mon chagrin et de mon indignation ; mais j'espère fermement que vous n'avez dit qu'au revoir à cette armée française dont vous avez

été et serez toujours un des plus glorieux et des plus aimés chefs.

» Votre vieux compagnon d'armes et ami sincère,

» *Signé* : M^{al} Canrobert. »

Subissant cette disgrâce avec la résignation que lui donne son noble caractère, le général Bourbaki n'a pas voulu prendre sa retraite à laquelle il avait droit, espérant toujours pouvoir prendre part à la revanche si elle devait avoir lieu.

Nous voici arrivés, mes chers enfants, au terme de mon travail. J'avais commencé à écrire ces pages pour vous seuls : cédant au désir de quelques amis qui m'en ont fait un devoir, je les offre au public. J'espère, en me bornant à la relation des faits, en m'appuyant sur les documents authentiques, avoir fait connaître la vie d'un homme qui n'a jamais eu d'autre but que l'amour de son pays et la grandeur de la France.

ANNEXE

Pour venir à l'appui de ce que j'ai dit, que l'armée entière de Metz croyait que le général en chef avait voulu se débarrasser de la présence du général Bourbaki, je cite ce passage du livre publié par le général Deligny :

« Le choix qui fut fait du général Bourbaki résultait de la nature des rapports que le général avait entretenus avec la famille impériale, mais tout particulièrement, à notre sens, du désir que l'on pouvait avoir, dans le conseil suprême, d'éloigner du conseil une personnalité que l'on jugeait gênante.

» La grande situation du général dans l'armée, son ardente nature, et les révoltes de son tempérament militaire, pouvaient faire craindre qu'il ne lançât, par instants, quelques notes discordantes dans un concert où l'on avait intérêt à voir un accord complet.

» Il partit mystérieusement le 24 septembre. »

(*Armée de Metz*, par le général Deligny, Munster, 1871, librairie de Theissing; — chap. VI, p. 40.)

FIN

PIÈCES JUSTIFICATIVES

Walmer Castle,
Deal.

Oct 4/70

M. le Général,

Je viens de recevoir une lettre de l'Ambassadeur de Prusse, dans laquelle il me dit

"I telegraphed to Head Quarters and received the following answer from

Count Bismarck about General Bourbaki. Prince Frederick Charles is instructed from here to permit and facilitate General Bourbaki's return to his post at Metz according to the latter's wishes — Regnier makes

the impression of being a
swindler, but seems to
have honestly wished to
serve the Empress Eugenie
in bringing Bourbaki
to her".

Agréez, M. le Général de
vous en prie, l'assurance

de mes sentiments les plus

distingués.

Granville

GRAND-DUCHÉ de LUXEMBOURG
TÉLÉGRAPHES.

FEUILLET DE RÉCEPTION.

Mois ... 1870.

Mod. C.
Bureau d ...
N° ...

Luxembourg de Trier

Numéro	Nature	Nombre de mots	MOMENT DU DÉPÔT.			AUTRES INDICATIONS DE SERVICE.
			Date	Heure	Minute	
57	s	42	6	6	40 s	

TÉLÉGRAMME.

General Bourbaki hotel de Cologne
Luxbg.

Da ich die autorisation zur Reise nach Metz persönlich einzuholen mich kann ich mich nicht [...] Sie zu bitten hierher zu kommen. Gegen Vorzeigung dieses Telegramms wird man [...] Ihnen das Ueberschreiten der [...] gestatten.

Stolz
Generalmajor

Reçu du bureau de Trier
le 6 10 à 6 heures 13 minutes du s
par ...
Transporté à destination par ... Lam

TAXES PERÇUES PAR LE BUREAU DESTINATAIRE. | fr. | ct.
1. Réexpéditions pour faire suivre
2. Transport par exprès ou estafette
3. Transmission sémaphorique
Total

Traduction OBSERVATIONS.
Obligé de voir personnellement votre autorisation d'entrer à Metz, je suis forcé de vous prier de vous rendre ici. En présentant ce télégramme, on vous autorisera à franchir la frontière prussienne.

Stolz, major général

26

GRAND-DUCHÉ de LUXEMBOURG.
TÉLÉGRAPHES.

FEUILLET DE RÉCEPTION.

Mod. C.
Bureau d

Mois d' OCT 1870.

Lux de Trier

Numéro	Nature	Nombre de mots	MOMENT DU DÉPOT.			AUTRES INDICATIONS DE SERVICE.
			Date	Heure	Minute	
60		40	6	9	40	

TÉLÉGRAMME.

Herrn General Bourbaki
Luxbg hotel de cologne.

Auf Befehl Sr. Königlichen Hoheit des Prinzen
Friedrich Carl habe ich Sie zu benachrichtigen
daß Sie in Luxemburg warten müssen
bis die von Sr. Majestät dem Könige von
Preußen erbetene Antwort eingeht.

Stoltz

Reçu du bureau de Trier
le 7.10. heures 4 minutes du 1
par fm Lux
Transport à destination par Lux

Transmis plus loin au bureau de
le , à heures minutes du
par

OBSERVATIONS

Par ordre de son Altesse Royale le Prince
Frédéric Charles, j'ai à vous prévenir que
vous devez attendre à Luxembourg
jusqu'à ce que la réception d'une réponse
demandée à la Majesté le Roi de Prusse.

Stolz major général

TAXES PERÇUES PAR LE BUREAU DESTINATAIRE. | fr | ct.
1 Réexpéditions pour faire suivre.
2. Transport par exprès ou estafette.
3. Transmission sémaphorique.
Total . .

GRAND-DUCHÉ de LUXEMBOURG.
TÉLÉGRAPHES.

FEUILLET DE RÉCEPTION.

Mod. C.
Bureau d
N°

Mois d... 8bre 187.

... Luxembg ... de ... Trier

Numéro.	Nature.	Nombre de mots.	MOMENT DU DÉPÔT.			AUTRES INDICATIONS DE SERVICE.
			Date.	Heure.	Minute.	
9bf	b	14	9	9	66	

TÉLÉGRAMME.

General Bourbaki Hôtel de Cologne Luxembourg

Die Entscheidung des Königs noch nicht eingegangen.

Stolz.

Reçu du bureau de ... Trier
le ... 9 ... 10 ... heures ... minutes du ...
par ... Trier

Transmis plus loin au bureau de
le ..., à ... heures ... minutes du
par

Transporté à destination par

OBSERVATIONS

La décision du Roi n'est pas encore arrivée.

Stolz.

TAXES PERÇUES PAR LE BUREAU DESTINATAIRE.	fr	ct.
1. Réexpéditions pour faire suivre		
2. Transport par exprès ou estafette . . .		
3. Transmission sémaphorique		
Total . .		

Armée du Rhin.

3ᵉ CORPS.

CABINET
DU MARÉCHAL
Commandant en Chef.

Ordre

Sa Majesté demande auprès le
Général le D[...]
Impériale, est
S'y rendre.

Le M[...]
Chef [...]

Metz 15.7.70

, le   187

...portium Rejente ayant
...personne Monsieur le
Bourbaki com... la ...
... ... est autorisé à

...l de France com... ...
... Rhin,
M. de ...

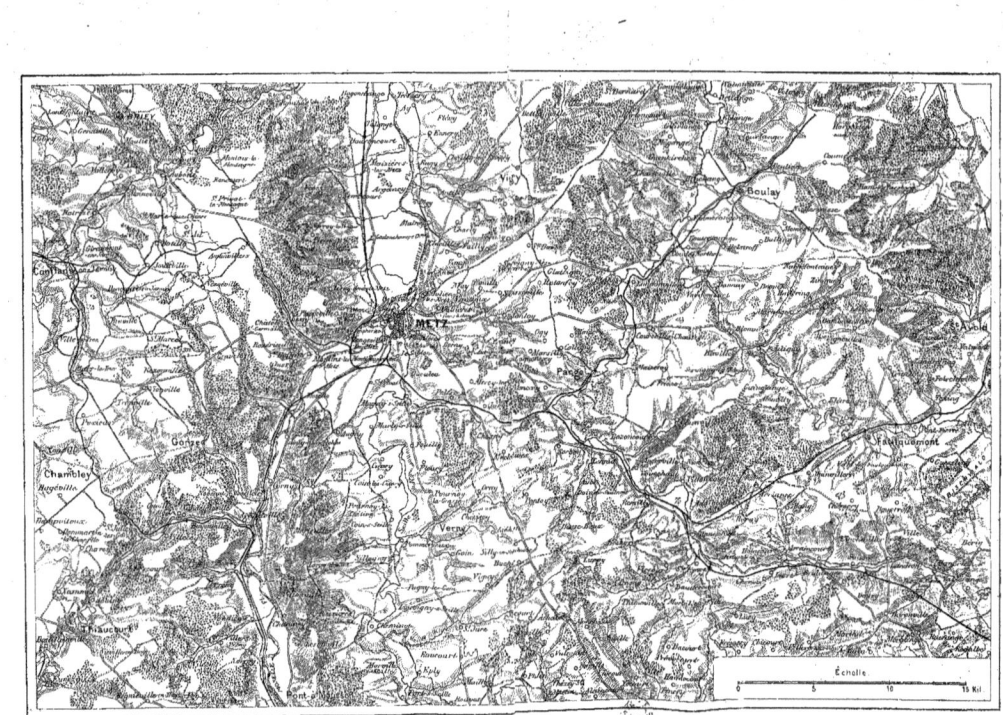

N° 1. — Carte de Metz et des environs.

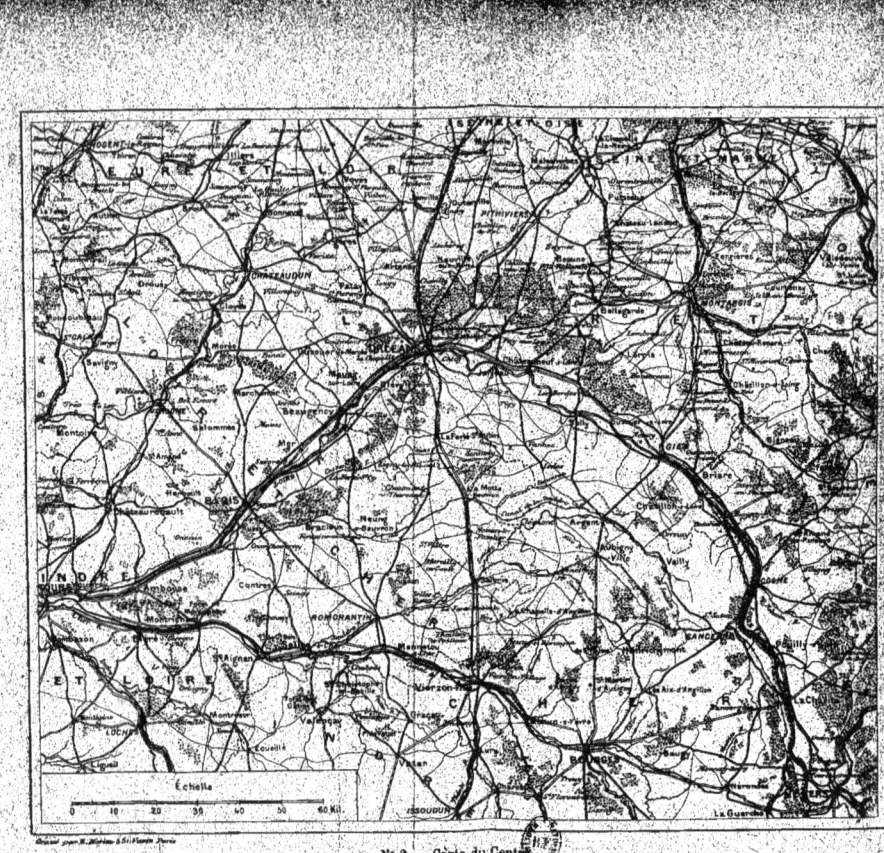

Nº 2. — Carte du Centre

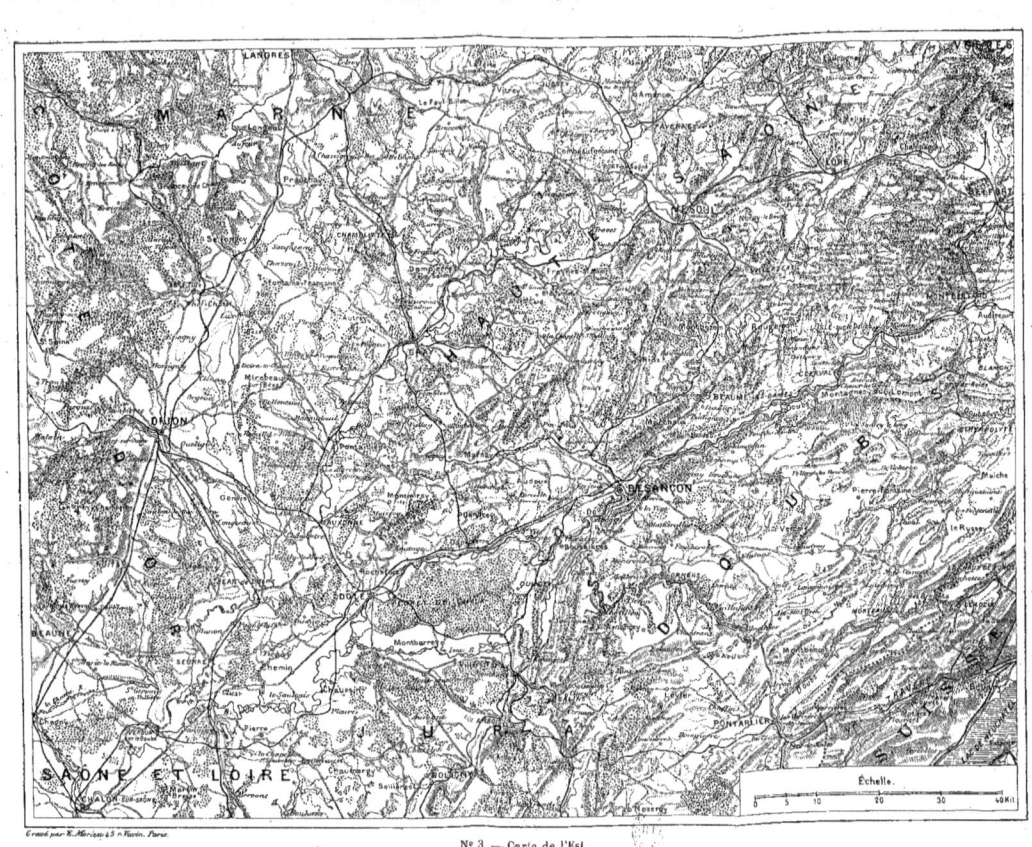

Nº 3. — Carte de l'Est.

TABLE DES MATIÈRES

A Madame Bourbaki . . . . page 5
A mes enfants 9

PREMIÈRE PARTIE

I. — Années de jeunesse. — Campagnes d'Algérie 17
II. — Campagnes de Crimée et de la grande Kabylie 32
III. — Campagne d'Italie. — Divers commandements en France. — Mission en Allemagne. — Nomination d'aide de camp de l'empereur. 41

DEUXIÈME PARTIE

I. — Guerre 1870-71. — Nomination au commandement en chef de la garde. — Retraite sur Metz. — Combat de Borny . . 47
II. — Batailles de Gravelotte et de Saint-Privat. — Journées des 26 et 31 août, 1er septembre. 55
III. — Sortie de Metz. — Mission en Angleterre. — Arrivée à Tours. 80
IV. — Lille. — Armée du Nord. 110
V. — Tours. — Armée de la Loire. — 18e corps. — Perte d'Orléans. — Combat de Gien. — 1re armée. — retraite sur Bourges. 127
VI. — Offensive sur Vierzon. — Marche sur Montargis. — Baugy. 150
VII. — La marche sur l'Est est décidée. — Transport de l'armée. — Arrivée à Chalon-sur-Saône. — Séjour à Chalon. — Évacuation de Dijon. 172
VIII. — Dijon. — Besançon. — Évacuation de Gray. — Bataille de Villersexel. — Évacuation de Vesoul. — Combat d'Arcey. 195

IX. — Bataille de trois jours devant Montbéliard, Héricourt et le mont Vaudois. . . . . page 258
X. — Retraite sur Besançon. — Projet de transport de l'armée à Auxerre. — Retraite sur Pontarlier 280
XI. — 26 janvier 1871. — Tentative de suicide. — Arrivée de madame Bourbaki. 336
XII. — Départ de Besançon. — Arrivée à Lyon. — Rapport au ministre de la guerre. — Les Angevinières. 365

TROISIÈME PARTIE

I. — Nomination au commandement du 14ᵉ corps d'armée et au gouvernement militaire de Lyon. — Dépêche de M. Thiers. — Lettre du ministre de la guerre. — Nomination au Comité de défense 382
II. — Mise en disponibilité. — Adresse des Lyonnais. — Vers de M. de Laprade. — Mise au cadre de réserve. — Conclusion. 386
Annexe. 394
Pièces justificatives 395

FIN DE LA TABLE DES MATIÈRES.

ERRATA

Page 32, ligne 1. — *Lisez* vous, *au lieu de* vo.
38, ligne 4. — *Lisez* répartis, *au lieu de* à répartir.
38, ligne 23. — *Lisez* faite, *au lieu de* aite.
50, ligne 11. — *Lisez* de Villers, *au lieu de* Villars.
74, ligne 14. — *Lisez* occuper, *au lieu de* cocuper.
94, ligne 4. — *Lisez* quarters, *au lieu de* quaters.
202, ligne 23. — *Lisez* gagner, *au lieu de* garder.
223, ligne 10. — *Lisez* fut, *au lieu de* ut.

EN VENTE À LA MÊME LIBRAIRIE

La Guerre de France (1870-1871), par Ch. DE MAZADE. Deux beaux vol. in-8°, avec carte figurative de l'invasion allemande en France. Prix. 16 fr.

Histoire de la guerre de 1870-1871, par le général baron AMBERT, ancien conseiller d'État. Un vol. in-8°, avec atlas. Prix. 10 fr.

Précis de la guerre franco-allemande, par H. FABRE DE NAVACELLE, colonel d'artillerie. 5° *édition*. Un vol. in-18, avec 13 cartes stratégiques. 4 fr.

Histoire diplomatique de la guerre franco-allemande, par Albert SOREL. Deux beaux vol. in-8° cavalier. Prix. 16 fr.

Ma Mission en Prusse, par le comte BENEDETTI. Un beau vol. in-8° cavalier vélin glacé. 3° *édition*. Prix. 8 fr.

Un Ministère de la guerre de vingt-quatre jours, du 10 août au 4 septembre 1870, par le général COUSIN DE MONTAUBAN, Cte DE PALIKAO. Un vol. in-8°, grande carte stratégique imprimée en cinq couleurs. 2° *édition*. 6 fr.

Campagne de 1870-1871 : La Première Armée de la Loire, par le général D'AURELLE DE PALADINES. Un superbe vol. in-8° cavalier, enrichi de quatre cartes stratégiques coloriées. Édition sur papier vélin. Prix. 15 fr.

Campagne de 1870-1871 : La Deuxième Armée de la Loire, par le général CHANZY. 8° *édition*. Un vol. in-18. Prix. 4 fr.

Campagne de 1870-1871 : Orléans, par le général MARTIN DES PALLIÈRES, commandant en chef le 15° corps d'armée. Un beau vol. in-8° cavalier, enrichi de trois grandes cartes stratégiques. Prix. 8 fr.

Campagne de 1870-1871 : La Guerre dans l'Ouest, par L. ROLLIN, ancien officier, avec un extrait de la Carte du Dépôt de la guerre. In-8°. 6 fr.

La Marine au siège de Paris, par le vice-amiral baron DE LA RONCIÈRE-LE NOURY. Un vol. in-8° cavalier, avec Atlas contenant dix grandes cartes et plans des travaux français et allemands. 2° *édition*. Prix. 10 fr.

Campagne de 1870-1871 : Siége de Paris, opérations du 13° corps et de la 3° armée, par le général VINOY. Un beau vol. in-8° cavalier, avec Atlas de quinze cartes stratégiques. Édition sur papier vélin. Prix. 15 fr.

Campagne de 1870-1871 : L'Armistice et la Commune. Opérations de l'armée de Paris et de l'armée de réserve, par le général VINOY. Un beau vol. in-8°, avec Atlas de cartes stratégiques. Prix. 10 fr.

Belfort, Reims, Sedan. — Campagne de 1870. Le 7° corps de l'armée du Rhin, par le prince Georges BIBESCO. 5° *édition*. In-8°, avec cartes. 8 fr.

La Marine française et la Marine allemande pendant la guerre de 1870-1871, par Édouard CHEVALIER. Un vol. in-18. Prix. 3 fr. 50

La Retraite de Mézières. — Campagne de 1870-1871, effectuée par le 13° corps d'armée, aux ordres du général VINOY, par Charles YRIARTE. Un vol. in-18. Prix. 1 fr.

Histoire du deuxième régiment de cuirassiers, ancien royal de cavalerie (1635-1876), d'après les archives du corps, celles du Dépôt de la guerre et autres documents originaux, par le Bon ROTHWILLER, major du 2° cuirassiers. Un vol. in-8°. Prix. 10 fr.